코리아의 가짜 영웅들

(Deportation Lie Heros of Korea)

사진으로 보는 코리아 개국

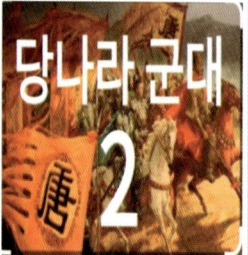

사진으로 보는 이순신 전공사기

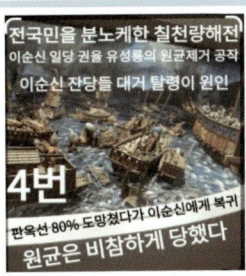

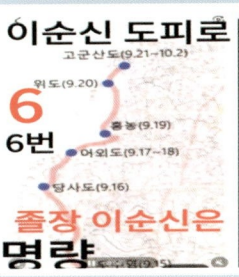

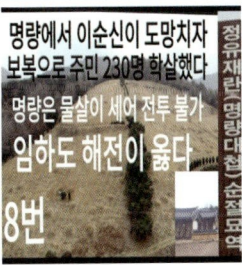
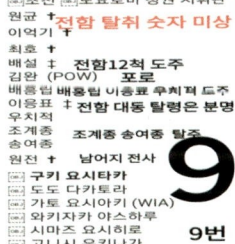

고려(코리아)를 개국한 태조 왕건은 호남 청년들의 참전이 없었다면 코리아의 개국은 불가능했다. 궁예를 중심으로 뭉친 충청북도와 경기도 강원도 세력으로부터 포위된 황해도 세력만, 가지고는 고려 개국은 어림없는 거사였을 것이다.

왕건의 아버지 왕융은 개성에서 손꼽히는 당시의 재벌급 상단을 운영했지만, 본래 큰 장사꾼이란? 이웃사람들에게 호평 받지 못한다. 왜냐하면 빈민들은 베풀수록 더 주기 바라는 특성상 부유한 장사꾼일수록 좋은 이웃이 되기가 어려우며 넉넉한 인심일수록 더욱 바라는 심리가 있기 때문이다. 딱히 그래서 라고 할 수는 없으나, 일반 서민들로부터는 전폭지지를 받지못했던듯하며 아버지는 왕건을 권력가로 키우고 싶은데 신라도 불안한 정정으로 아들을 출세시킬 방법이 마땅치 않았던 듯하다.

궁예에게 선을 대려했으나, 궁예도 불안하기는 마찬 가지라서 전전긍긍할 때 학살 위기에 처한 장보고 부하들이 목숨을 위탁하러 왔으며 이들을 만난 장사꾼의 머리루는 자본보다도 더욱 위력 있는 인적 자원임을 알아차리고 흔쾌히 받아주어 큰돈 들이지 않고 든든한 해상경비의 가병들을 얻은 셈이었다.

뜻밖에도 그들에게서 혁명군의 기질을 발견하여 그 뿌리인 호남 세력과 연계한 특수한 무사들을 거느리게 되어 장차 고려를 세우는 쾌거를 이루었다고 여겨진다.

사기를 크게 치면 큰 영웅이 된다..
거짓 일기를 잘 써서 영웅 된 이순신이란 위인도 게셨다.
지만, 무턱대고 거짓말 일기를 많이 쓴다고 모두 영웅 되는
것은 아니며 훗날 더 큰 사기꾼을 만나야 가능한데 생면부지
(生面不知)의 유신독재 정치 사기꾼을 통해서 영웅이 완성된
인물이며 그를 참, 영웅으로 추앙하는 수많은 팬(FAN)들도
가짜영웅 만드는 거짓말공장 쓰레기 찌꺼기들일 뿐이다.

1. 일본의 가르침을 계승하는 학문 ····· 9
2. 장보고 부하들을 학살 흉계 ····· 10
3. 현대적 무기들의 뿌리는 코리아다 ····· 14
4. 왕건이 선택한 호남청년들... ····· 17
5. 영어가 빌려간 코리안 언어 ····· 20
6. 왕융의 승부수 ····· 22
7. 새로운 왕도 철원 평야 ····· 24
8. *훈요8조 '車峴以南, 公州江外'의 완벽한 해석** ····· 26
9. 진짜 차현(車峴)은 하나뿐이다. ····· 29
10. (靑州人戶一千 入鐵圓城爲京) 삼국사기 궁예 열전 ····· 32
11. 왕건의 후대부터 망가진 혁명정신 ····· 40
12. 궁예에게 의탁될 수밖에 없는 충청도민심 ····· 50
13. 명성산(鳴聲山)의 통곡 ····· 59
14. (靑州人戶一千 入鐵圓城爲京) 궁예 열전 ····· 68
15. 호남 황해 인들이 개국한 코리아 ····· 72
16. 왕건의 훈요 8조가 잘못된 해석이란 증거 ····· 74
17. 신라의 당항성길 개척 충북 농 다리 ····· 77
18. 호남인들을 깎아내리려 한 민족반역 어용학설 ····· 81
19. 신라도 왕권쟁딜 하다가 망했나? ····· 91

20. 장보고는 완도와 목포를 잇는 세력권이 필요했다 ·················· 99
21. 장보고 장군에게 목숨을 건 도박 ······························· 107
22. 장보고 장군 암살하다 ·· 119
23. 충북 제천 의림지와 전북 김제 벽골군 저수지 ················ 127
24. 코리아를 건국한 호남청년들... ·································· 136
25. 오직 한반도 통일 국가를 세우는 것이다. ····················· 139
26. 결론은 글 배운 사람들이 사기꾼이다. ························· 154
27. 고려의 최무선 장군 세계최초의 함포사용 ····················· 170
28. 조선을 일본 식민지로 이용할 목적 ····························· 174
29. 사기꾼을 충신 영웅이라며 섬기는 국민들... ·················· 179
30. 이순신을 냉붕이라고 믿는 이유 ································· 201
31. 영웅 조작 공작단은 여전히 존재한다 ··························· 217
32. 이순신이 운주당을 지은 이유 ···································· 229
33. 원균의 칠천량 패배 원인 ·· 249
34. 부산 왜.영 방화 이순신의 공훈 조작 시도 ···················· 267
35. 이순신의 영웅조작 배경 ·· 275
36. 이순신의 전공사기 옥포해전 ······································ 282
37. 이순신의 전공사기 시작 ·· 300

1
일본의 가르침을 계승하는 학문

 실증적인 문헌 자료가 없다 하더라도 사실로 여겨지기에 충분한 역사의 연구 논문들을 발췌하여 피 교육생들로 하여금 토론에 붙여 합리적인 역사 인식으로 판단되는 진실 도출이 가능하다면 토론 방식으로라도 후세대의 식견을 도출해내는 것은 우선하여 필요하다고도 생각한다.

 나는 그 한 예증으로 아래 글을 쓰고자 한다.

 "고려(코리아)"를 창건하는데 있어서 왕건 장군은 장보고의 부하였던 호남 청년들이 용감하다는 사실을 아시고 전남 목포의 영산강으로 치고 올라가 혼란한 통일신라시대임에도 불구하고 그 시대 나름의 외국 무역상을 운영하고 있던 오부돈, 오다련, 부자의 상업가(商業家)를 만나, 호남 세력과의 결합을 꾀했다.

 왕건 장군의 부친 왕융 공은 궁예의 삐뚤어진 정치와 왜곡된 불교이념 접목 통치에 산만한 정책으로부터 인재들이 억울하게 죽어 나가는 시대의 불행한 상황을 걱정했을 뿐만 아니라, 이대로라면 왕건 부자의 상단도 불안하고 자신들의 목숨 또한 경각에 달려있음을 직감하고 왕건 자신의 강력한 지지 세력을 확보하지 못한다면 살아남기 곤란하다고 판단하여 고심 끝에 왕건의 아버지 "왕융" 공이 운영하는 황해도 개성 지방의 상권(商圈)을 지탱하는데 있어서 무엇보다도 중요한 해양 경비를 감당 하던 청년들 중에 신라의 정권으로부터 암살당한 장보고 장군의 부하들로서 신라군에게 잡히면 언제고 죽임을 당할 청년들을 포용하여 마치 혈육지간보다도 더 돈독하게 지내고 있던 터였다.

2
장보고 부하들을 학살 흉계

장보고 부하들은 신라의 불안정한 정치가들로부터 위협세력으로 여겨져 학살목적에 의해 당시의 한반도 최대의 곡창지대인 호남의 기준인 "벽골제"(오늘날의 전북김제)저수지 준설공사를 구실로 10만여 명을 유배 보냈었다.

장보고 장군이 그렇게 허망하게 죽으리라고는 꿈에도 생각해 본바 없이 호남의 구심점 잃고 전라북도 김제로 유배 왔었다

장보고 부하들 학살 목적으로 유배하고 유민으로 둔갑

장보고 부하들이 자신들을 학살 목적에 의해 "김제 저수지" 준설공사의 노동자로 차출되었다는 사실을 알아차린 것은 신라의 경비병들이 수시로 인부들을 타살하는 실체를 보면서 깨달았으며 어차피 죽을 목숨이라면 탈출을 결심하고 그야말로 사력을 다하여 신라의 감시병들을 처치하고 전국에 산재하는 장보고 장군의 맹원(盟員)상단(商團)들 중에 가장 규모가 큰 개성의 왕용 상단(商團)으로 대거 몰려가 목숨을 거두어 줄 것은 부탁하여 개성 상단으로부터 흔쾌히 수용되어 "왕용 공의 상단"을 더욱 튼튼하게 지켜냈다.

위 사진의 비석은 청해진 유민 벽골제 이주 기념비로 되어있지만, 실제는 신라가 장보고 부하들을 학살 목적으로 그 가족과 함께 10만여 명을 강제로 이주 시켰던 것으로 여겨진다.

그러나 이를 알아챈 장보고 부하들이 대거 탈출하여 압해도의 능창장군, 황해도의 왕건 부자가 운영하는 상단, 그리고 경기도의 유천궁 상단, 동해의 김순식 상단, 경기도의 죽주산성 기원(箕萱)장군 북원의 양길 장군, 등등의 휘하로 뿔뿔이 흩어져 의탁하여 신라 타도 운동을 전개했던 것이며 당시의 해상 무역상이라는 것은 군사 집단처럼 대규모 경비병들을 거느리지 못하면 존립자체가 불가능 했었다.

왜냐하면 "개성상단"의 인삼은 불로초로도 알려져 중원의 몽골, 여진, 말갈, 등의 상인들이 대거 왕래하는 바다엔 해적들로 둔갑하는 경우가 종종 있어서 상단(商團)의 경비가 철저히 확보되지 못한다면 생존자체가 불가능했었다.

그 예증으로 서기 1380년엔 진포(오늘날의 군산항)로 쳐들어온 일본의 "아기발도"가 인솔하는 해적선단은 500척의 함선에 1만여 여명 이상의 대 병력이 전라북도 군산항으로 침투했던 사건으로 위협적인 사건이나 위대한 우리민족 최무선 장군에 의해 제압된 실증적 함포사용이 세계최초이며 이로서 무기개발의 뿌리가 되었던 것이다.

해적들로부터 수시로 당해오던 중원을 비롯한 동북아시아 지역의 각각 나라들이 해적을 막는데 총력을 기우려 방어에 강도가 점점 세어지자, 해적들도 따라서 강력한 집단으로 변모하기 시작했던 것이다.

삶의 서식(棲息)이란 생명을 위협받는 것이며 거기서 살아남는 종들이 번식 하는 이치로서 인간은 무엇이던 먹

▲ 전라북도 군산시 진포공원에 우뚝 세워진 위애한 최무선 장군의 함포사용 승전 기념비

을 수 있는 것들이 다양했었으며 위협이 닥치면 과감하게 대항으로 도전하는 갖가지 대응수단을 고안해내는 머리가 있어서 오늘날은 지구상의 최강자로 살아남아 지구의 주인 격지배자로 진화하여 문화적 환경을 개선 발전한 유일한 고등 동물이 된 것이다.

그렇게 현생인류들 가운데 한민족은 우수한 나라를 세웠으며 바로 그 고려는 세계 최초로 함포를 개발 실전에 활용했다.

서기1380년 고려의 최무선 장군이 연구 개발한 화약 제조법에 의해 함포가 완성된 시점에 군산(진포)으로 왜적선 500척이 쳐들어왔었다.

이에 최무선 장군이 이끄는 고려 전함 80척이 출동하여 왜적선 500척을 함포로 박살냈으며 왜적들은 돌아갈 배가 없어지자, 부여 → 공주 → 충북 옥천 → 경북 상주 → 전남 남원 → 까지 도망쳐 오면서 국방을 담당하는 고려 장수들의 저지를 차례로 전멸 시켰던 것이다.

그 즈음 여진으로부터 귀화한 이성계 장군은 고려 장수들의 라이벌(rival)의식으로 경계의 대상이었던 탓으로 출전에서 배제 되었으나, 고려의 맹장들이 가는 족족 전사하자, 할 수없이 이성계 퉁두란(이지란)을 실전 투입시켰던 것이다.

여진에서 실전 경험이 풍부했던 이성계 장군을 출동시켜 "아기발도"를 사살하고 그 여세를 몰아 정권탈취 목적으로 목자득국(木子得國)이란 유언비어를 유포시켜 무기력한 고려 정권의 신뢰를 떨어뜨리는 공작을 시도하여 새로운 목자(木子)인 (나무목 밑에는 아들자) 이(李)씨가 나라를 얻는다는 민심 동요 공작을 유포하여 고려의 무기력한 국력을 불안해하던 민심을 얻어 끝내 쿠데타를 성공시켰다.

당시에 함포 사용은 세계사의 기록보다 무려 211년이 앞선 쾌거였으며. 진포대첩은 최무선 장군이 개발한 화약으로 세계 최초의 함포를 만들어 왜적선 500척을 박살낸 고려의 최신예 무기이며 동시에 최초의 신형 함포 사격의 성공이었다.

이로부터 211년 후인 서기1591년에 이탈리아 "레판토" 상륙작전에서, 사용한 함포가 세계 최초라고 "기네스북(Guinness Book)등재되어 있으나, 우리의 고려는 이 보다 무려 211년이 앞서는 실증적 함포 무기이다.

3
현대적 무기들의 뿌리는 코리아다

당시에 함포의 실탄은 석포탄(石砲彈)으로서 일종의 곱돌 꾸러미 폭탄이라 할 수 있었다.

오늘날의 신형 무기의 원조가 대부분 고려(korea)이다.

*석포탄(石砲彈)=로케트(Rock=바위, 돌 종류) kit=한 벌, 세트) 즉, 포탄 하나가"조약돌"한"꾸러미"로서 돌멩이 폭탄이란 의미로부터 파생된 합성어가 로케트(Rocket)이며 오늘날의 인공위성 까지도 우주로 실어 나르는 무기로 발전했다.

*미사일(missile)은 (화살, 탄환, 돌팔매(乭捌邁),乭=돌 이름 돌. 팔(捌)깨뜨릴 팔, 매(邁)=갈매,=멀리가다, 지나가다, 경과하다. 등등으로 "미사일이란 용어의 뿌리는 우리의 활, 궁술 술(術) 원리로서 그 활용도와 뜻은 다음과 같다.

*활 미(弭),활 쏘는 법,
*궁술사,(射), 쏠 사, 죽을 사
*달릴 일(軼),번갈아 앞지름, 말이 달리듯 질주함
"찌름" 치다. 등의 뜻으로서 우리말에서 파생된 미사일 용어이다.

*스커드 (scud) 스쳐 지나가다. 질주하다. 휙~날아가다.

*missile(화살의 원리로서 폭발력으로 질주 유도(誘導)되어 날아가는 원리이며 그 원조(元祖)는 화살의 기능에 뿌리가 닿아있다.

*우리말로 해석 하자면 "스치듯 날아가는 무기로서 우리의 화살을 응용하여 고안된 무기가 바로 "미사일"이다."

*크루즈(cruse)그릇 옹기(甕器), 독, 항아리. 단지, 고대의 가재도구 등 가운데 중요한 문화적 생활용기(生活容器)로 사용 되었다.

크루즈 미사일(cruse missile)의 고안은 고대의 병영성(兵營城)을 지키는 수성전략(守成戰略)으로 즉, 항아리에 숯불등걸을 담아 성벽으로 기어오르는 적군들을 향해 쏟아 부어 침략자들을 물리치는 전술로 활용했었다.

우리 민족들이 고안했던 불덩이 공격을 서양 과학자들이 현대적 무기로 개발하여 불, 항아리 폭탄으로 미사일(missile)에 접목시킨 것이다.

*순항미사일(cruise)도 우리의 "항아리' 미사일에 해당하는 스펠링(spelling)가운데 "I"자 하나를 끼워 넣어 순항(巡航)이라는 뜻으로 마치 선박이 항해하듯 방향 프로그램(program)을 입력하여 스스로 조종해서 목표를 향해 날아가는 신형 미사일을 의미한다.

*박격포(迫擊砲)의 기능은 트렌치 모르타르(trenchmortar)라는 무기로서 도랑, 참호, 해자, 등의 은폐물속에 숨어있는 적군들을 마치 절구대로 절구통을 내리치듯 공격하는 의미의 칠, 박자로서 적군의 참호를 부수는 목적의 뜻인데 그 방법은 몰타르(mortar) 즉, 회반죽을 빚어내듯 박살낸다는 뜻으로 우리의 전통 가재도구인 절구통에 떡방아

를 찢는 것처럼 공격한다는 뜻으로 다그칠 박(迫)자와 부딪칠 격(擊)자를 쓰는 것이다.

　*썬더취프 편대(編隊)비행, 미국의 폭격기 중에 F-86이라는 전투기의 편대(編隊)비행을 가리켜 썬더취프(Thunder chief)라고 했는데 이 뜻은 천동대장(天動大將)이라고 부추기는 가공할 공중전의 탕아(蕩兒)였었다.

　*취~프(chief)는 조직 집단의 장(長) 우두머리. 지배자를 총칭한다.

　우리말의 지휘봉(指揮棒)에서 몽둥이 봉(棒)자를 인용하고 있으며 지체 높은 어른들이 짚고 다니며 아랫것들을 지휘 호령하던 호신 용구인 동시에 하인들을 체벌하던 개념의 통솔 용구로 사용하던 "지팡이"의 "짚다"파생된 "짚다"가 "취프(chief)"이다.

4
왕건이 선택한 호남청년들...

왕건 장군이 호남의 목포권역에서 오부돈, 오다련, 부자가 운영하는 상단(商團)을 접수하여 훗날 '장화왕후"가 되는 둘째 부인을 오늘날의 나주시에서 맺어져 아들인 "왕무"를 출생하고 인근 "압해도"에 기지를 두고 해상 왕국을 꿈꾸던 수달" 능창 장군"을 치기 위해 "오다련"공으로부터 조력 정보를 얻어 거사에 성공하고 "수달 능창"의 부하들로부터 항복을 받아서"오다련"공으로 하여금 호남청년들을 규합하여 왕건의 중추적 특공대로 다듬었다.

그 까닭은 신라의 신분제도에 있어 국민들의 등급이 17계단이 있었는데 호남인들은 최하위인 17등급으로 취급하여 신라의 숙적이었던 옛 백제의 호남 신민들을 하대(下待)하여 신라는 고구려인들보다도"백제"인들을 가장 경계 압박당했으며 그 시례로서 신리는 다음과 같은 정책을 썼다.

1) 백제인들이 신라의 권력 조직에 지위를 얻어 등용되는 것을 막기 위하여 백제 신민들은 17계단의 최하위 관등급인 17급으로 묶어두어 호남인들은 부농(富農) 양반가의 하인, 소작농, 어부,등 그 이상의 직업을 가질 수 없도록 천민 계급으로 방치하고도 전라남도 강진군~나주시 일원에 병영산성(兵營山城)을 두어 백제 신민들이 신라에 대하여 도발 여부를 감시하는 (보안부대)를 주둔시켜 철저히 감시했다.

2) 신라는 삼국통일 이후 숙적이 없어져 군사를 해산시키고 왕실의 경호부대, 왜적의 식량 노략질 또는 반란군을 막는 군사 등등 최소한의 신라 중심 지역 방어 병력들만을 운영했으며 옛적 백제 땅은 의도적으로 치안확보 군사를 배치하지 않아서 왜구들이 대단위 선단(船團)을 이끌고 호남으로 침공해 식량 탈취와 백제의 남녀 청장년들을 납치해서 일본의 노예로 삼고도 남는 사람들을 중원, 또는 유럽 아메리카 대륙 등등에게 노예 상품(商品)으로 팔아넘겼다.

  3) 신라인들에게 있어서 호남인들은 전쟁 포로에 준하는 17관등 급으로서 호남인들은 보호 대상이 아니라, 스스로 도태 되어 말살 되어야 할 숙적의 잔재들로 취급했던 것 같다.

  뿐만 아니라, 곡창 지대인 경기도 김포들녘, 충청도 아산만, 전라도 벽골제(김제)들녘 등에서 농사를 지어 놓으면 곡식을 공출 받아 배에 싣고 서해를 돌아 남해를 거쳐 신라로 오가는 길에 나무포=목포(木浦)에 들러 땔나무와 부식을 보충하고 막걸리 집에 들러 회포를 풀며 지나가는 과객(過客)의 봉로(奉路)주점 같은 존재로 신라의 상위 관 등급이 전라도 17관등 급 사람들을 함부로 대하며 엽전(葉錢)한 닢 쥐어주면 그 뿐인 그런 점령 지역으로 취급당했던 곳이었다. ,

  신라는 호남인들이 스스로 소멸되기를 바라는 존재이기 때문에 해적들이 호남을 공격하는 것은 그야말로 신라입장에서 내심으로 환영할만한 사건이지만, 겉으로는 평화 시기라서 국방을 할 만한 군사력이 없어 호남으로 침투하는 왜구를 막지 못하는데 대하여 미안한척만 하면 되는 그런 존재이었다.

이 때문에 호남인들은 스스로 살아남기 위해 왜구들과 사투를 벌였으며 약한 사람들은 죽임을 당하거나 외국의 "노예"상품으로 팔려나가는 처지로 선진 부호 국가들 가문에서 종살이 하다가 종속의 "멍에"로부터 벗어나 생존한 자들은 그 나라의 이방인으로 귀화되어 오늘날 세계의 언어 속에 백제 조선의 토속적 사투리들이 녹아들어 고대 한민족의 언어들이 각국의 언어로 변형 되었으며 우리말과 유사한 영어를 연구해보면 상당 부분이 우리의 고대 언어와 같으며 더러는 한문 어법과 비슷한 말이 있는데 그 이유는 영어권의 언어 형성 시기가 대략 300여 년 전후이기 때문에 우리가 사용하던 한문어법과 겹치는 사대이다.

5
영어가 빌려간 코리안 언어

*그 사례 중의 영어로 번역된 것은 대략 아래와 같다.
*서러워(sorrow) 슬프다.

거시기(guess)=추측하다. 추정하다

*머시기, 미주어(measure)측정하다. 측량하다. 어림잡다.

*버리(bury)(묻다, 매장하다, 가령 쓰레기 "(묻어) 버리다

*약방 침(acupuncture(아쿠 펑춰)"약방 침" 즉, 약방의 침술, 미국인식으로 변형된 발음으로 추청 됨

*번갯불 burner bolt)불이 번쩍 타다. 물론 현대 영어는 라이트닝(lightning)으로 번역할 수 있다.

*thunder(썬더)는 천동(天動)으로서 하늘이 움직인다는 뜻이다.

이 말은 우리나라의"덩더쿵 타령"에 원형으로서 "타령"은 문장의 원형구로서 파즈(Phase)로 통칭된다.

즉, 우리나라 고대의 소리 (노래)가락에서 덩더 쿵~이라는 타령조 가락이 있는데 이는 쉽게 이야기하여 "천동"타령(打令)이며 영어로 해석해야만, 그 뜻을 이해 할 수 있다.

우리말은 "덩더 쿵~ 타령으로서 턴 더(thunder)는 쿵~소리 난다는 뜻으로, 마지막 후렴에 "징"을 쳐서 "꽝~"소리를 내는데 비해 서양에선 "썬 더 뱅~(thunder bang~)"으로 "천동이 뱅~"소리가 난다는 뜻이다.

천동이 "우르릉 쾅~"으로 인식하는 코리안들 과는 다르게 서양인들은 덩더 쿵~ 즉, 천동이 우르르 탕이 아니라, 썬더 뱅~ (thunder bang~) 으로 들리는 모양이다.

대략, 이런 정도로서 호남인들이 세계 각국의 부호들 노예로 팔려가서 불행을 겪은 흔적이 영어의 뿌리로 번역 되었다.

6
왕융의 승부수

궁예각하!

나라를 세우셨는데 저의 자식 "건"이를 개경(개성)유수로 삼아주십시오, 나라를 여는데 왕도가 튼튼해야, 모든 일이 쉽지 않겠습니까?

저의 자식 "건"이를 개성유수로 제수해 주신다면 제가 물심양면으로 지원하여 왕도를 튼튼히 하고 궁예 각하의 대업을 힘 것 돕겠습니다.*

왕융의 제안을 받은 궁예는 마치 쇠망치로 뒤통수를 얻어터진 듯 아찔한 현기증을 느꼈을 것이다.

왕융, 이놈이 처음엔 제 아들 "왕건"을 데리고 와서 부하로 거두어 정치를 배우게 해달라고 부탁할 때도 좀 꺼림직 하여 의도적으로 중책을 맞기지 않고 일반 군사로 내 돌렸는데 별안간 왕도를 개성으로 옮기자는 제안에 대하여 정치 자금이 궁하던 차에 선 듯 응했었는데 결국은 제 놈의 아들에게 개성유수 자리를 달라는 청탁이었다.

만약에 왕건에게 개성 유수 자리를 준다면 왕도인 캐피탈시티(capital city)의 마야(mayor)자리를 맡기는 것인데 그리 되면 왕건 일가가 개성의 경제력과 행정조직 그리고 치안까지도 완전 장악할 터인데 궁예가 기껏 나라를 세워놓으면 왕융 왕건 부자가 날름 가로챌 것이라 생각하니 등골이 오싹했다.

장사꾼을 믿어선 안 된다는 개념은 있었지만, 이것들이 정권까지 흥정하여 거간꾼들처럼 이익이나 챙기는 것이 아니라, 나라까지도 가로채려는 흉계가 있을 줄은 몰랐었는데 자칫하면 정권도 빼앗기고 궁예의 목숨까지도 거두어갈 야생 짐승 가죽도 벗겨 파는 장사꾼 같은 놈들이라고 생각하니 이것들을 살려두었다가는 궁예의 생명줄까지 고스란히 바치게 될 것 같다는 생각에서. 궁예의 하나밖에 없는 눈알에서 분노가 이글거렸지만, 아직은 참아야했다.

궁예는 하루빨리 이곳을 떠나야겠다는 생각과 동시에 장차 왕건을 제거해야겠다는 결심이 섰다.

7
새로운 왕도 철원 평야

궁예는 서둘러 개성을 빠져나왔다.

그 다음은 철원평야로 들어가 우선 왕도부터 튼튼히 구축해야겠다는 야심에서 몇 날을 고심 끝에 내린 결론은 그래도 믿을 곳은 충청도 민심밖에 없다는 생각에서 측근 참모들을 동원하여 충청도의 호족들 중에 하인 종속들이 100여인은 넘는 가문들을 대상으로 추려서 1천호 정도를 차출하여 왕도를 건설 중인 철원으로 이주토록 하라는 명령했던 것이다.

드넓은 철원 평야를 손에 넣고 충청도 호족 농가를 이주시켜 새 왕도의 재정을 확보해서 후 고구려의 야망을 꾀할 목적으로 태봉(泰封國)을 건설하려던 궁예의 꿈은 원대했던 것 같다.

그렇게 하여 이주 된 호족들에게 농사처는 호족들이 원하는 대로 철원평야의 농지를 무상으로 증여 해준다는 조건으로 충청도 호족들 1천호를 이주시켰던 것이다.

그 결과 충청도의 빈민층 수 천호가 자발적으로 철원에 이주하여 호족들의 농토를 임차 경작할 욕심으로 몰려들어 충청도는 사실상 조상들의 선산(先山)지기 소작 농가들만 남아 있지만, 호족들이 떠나간 들판의 농지들은 그대로 남아있었다.

충청도의 빈민 소작 농가들은 보다 좋은 조건으로 경작할 땅이 남아 돌아 더불어 풍요해졌으며 장차 철원 땅의 궁예 왕도가 융성 발전하면 충청도 잔여 소작 농가들도 싼값에 농토를 구입할 수 있으리란 부푼 꿈으로 신바람 나게 살았던 것이다.

 따라서 신도시의 비전(vision)으로 풍요와 행복이 보장된 부자의 꿈은 예나 지금도 다르지 않으므로 왕도의 거주민이란, 자체로서 우쭐한 권위의식 같은 게 생겼을 것이며 훗날의 "강남스타일"같은 "철원스타일"을 꿈꿨을지도 모를 일이었다.

*훈요8조 '車峴以南, 公州江外'의 완벽한 해석**

"車峴 以南, 公州 江 外(차현이남 공주 강 외)"가 전라도를 폄하 하려는 목적에서 고의적으로 왜곡한 글들이 많이 퍼졌었으나, 한문 해석상 명백히 틀린 것이다.

차현(車峴)은 충청북도에 있으며 차령(車嶺)은 충청남도에 있어서 금북정맥 또는 차령고개를 뜻하며 백제의 궁성 그대로인 공산성의 주요 방어 목적은 북쪽의 고구려이기 때문에 공산성은 물길을 방어선으로 삼아
공주강의 남쪽에 궁성을 축조했던 것이다.

"차현(車峴)"을 차령고개로 여겨 '공주 강 외(公州 江 外)'라는 해석으로 '공주 강 외(公州 江 外)'를 공주강의 남쪽으로 해석하여, 충청남도 일부와 전라도라고 주장하는데, 그것은 아주 잘못된 무식한 논리이다.

즉, '차령고개 이남과 공주강 사이의 지역'을 말한다는 것이. 글자 그대로 해석할 경우 바로 아래의 지도와 일치하기 때문이다.

아래 지도의 차령과 공주 사이는 약 50km 정도의 거리이며 그 사이를 말한 것으로 해석할 수는 없는 것이다.

굳이 공주강 외란, 원을 그려 공주와 부여 사이의 백마강 외와 겹치며 공주로부터 아래로 정한다면 백마강 외와 겹치는 기준으로 정하고 위에

제시하는 지도상의 차령고개와 공주까지의 사이를 가정하면 일부분은 맞는 다고 할 수도 있다.

*홍성 땅의 환선길 공주 땅의 이흔암 등이 반란을 일으켰으니 50%는 맞는데 그렇다면 충청북도에서 일어난 반란은 어떻게 설명할 것이냐이다.

호남에서는 고려 왕건에게 반란이 일어난 사실이 한건 있는데 전남 담양군에서 어눌한 형제가 봉기했으나, 담양 군민들조차도 동조하지 않아서 실패했으며 그 외는 반란이 없었다.

더욱이 호남 청년들이 아니었다면 궁예를 꺾을 수 없었을 정도로 호남청년들이 대거 동원되어 궁예 정권을 타도했을 뿐만 아니라, 왕건을 받들어 고려(코리아)를 창건했다.

**무엇보다도 중요한 것은 공주강외(公州江外)는 공주시를 중심으로 원을 그리면 홍성, 공주 세종시를 기준으로 원의 아래쪽이 되며 위쪽은 음성군 진천군 천안시, 충주시, 괴산군 청주시 일원이 위쪽 원의 기준이 되는 것이다.

"차현"이남 공주 강 외는 고려에 대하여 헤아리기 어려울 정도로 반란이 많았던 충청북도의 청주 중심권으로부터 반란이 자주 일어났으나, 생각하기에 따라서는 그들의 왕건에 대한 적개심을 이해하게 된다.

왜냐하면 궁예의 철원 왕도에서 얻어질 이권들이 왕건의 쿠데타에 의해 하루아침에 물거품이 되었을 뿐만 아니라, 개개인의 원한에 차이는 있지만, 부모 또는 형제자매들을 명성산 전투에 잃었기 때문에 원한을 쉽게 씻을 길이 없었던 것이다.

관련하여 공주시의 차령고개는 서기1900년대 일본의 "고토 분지로"가 당나귀 4마리와 인부 6명을 대동하고 조선팔도 땅을 14개월 동안이나, 조사하여 산맥 지리를 정리해 서기1903년에 논문으로 발표하여 비로소 "차령산맥"이 명명되었으므로 서기943년7월4일 사망한, 왕건이 960년 후에 공주시의 차령산맥이 있다는 일본의 지질학자 고토분지로가 발표할 것을 어찌 알고 유언(遺言)인 훈요 팔조(訓要八條)에서 언급한단 말인가?

이는 완전 왜곡된 역사 해석이다.

9
진짜 차현(車峴)은 하나뿐이다.

충북 음성군 대사면 화봉리 "차현(車峴)"을 차령고개가 위치한 금북정맥(錦北正脈) 원터(院攄)고개로 추정하고, 또한 '공주강(公州江)'을 공주 위쪽 금강(錦江)으로 해석하지만, 역사적으로 '공주강(公州江)'이라는 이름이 사용된 사실도 없으므로 '공주강외(公州江外)'라는 뜻은 그대로 공주(公州) 지역 바깥을 흐르는 강을 말한다.

즉, 금강(錦江)일 수도 있지만 금강의 제1 지류이자, 금강 최대 지류 하천인 청주의 미호천(美湖川)으로 보기도 하며. 금북정맥 이남과 금강 또는 금강 지천 사이의 지역을 말한다는 것으로서 금강으로 보거나 미호천으로 보거나 두 경우 모두 충북 청주가 포함된다.

금강 발원지는 전북 장수군 장수읍 신무산리 "뜬 봉 샘"에서 시작하여 충북 옥천군을 돌아서 청주, 연기, 공주, 부여, 논산, 강경, 군산의 금강 하구 바다로 빠져 나간다.

국가 검인정 역사 교과서 고려사 부분 집필에 참여한 경기대학교 사학과 이재범 前 교수는 '공주강외(公州江外)'는 청주 미호천(美湖川)으로 봐야 한다고 주장했다는 것이다.

산과 땅의 형세가 배역하다는 것에 대해, 청주, 조치원, 증평 일대의 미호천 평야는 주변이 백두대간과 금북정맥 금남정맥 등의 산줄기로 둘러싸여서, 일단 그 지역에서 반란이 일어나면, 수도인 개경이나 인근 지역에서 감지가 곤란하며, 진압 또한 어려울 것이라는 추정이 가능하다.

실제로 청주지역 호족들이 왕건에 대한 불만을 품고 계속해서 반란을 일으켰다는 여러 사료들을 볼 때, 이 항목은 청주를 중심으로라는 "친 궁예, 반 왕건 세력"을 조심 하라는 권고로 봐야 한다.

훈요 제8조에 나오는 왕을 시해하려는 난(亂)을 일으킨다는 부분은 왕건이 궁예를 몰아내고 고려의 태조로 즉위한 직후부터 약1년 동안 충청도 홍성 출신 환선길, 공주출신 이흔암 ,청추권 출신 임춘길, 배총규, 진선(陳瑄), 선장(宣長), 경동 형제 등이 왕건을 시해하려는 모반을 끊이지 않게 일으켰고, 이들 주모 세력들의 출신지가 청주이거나 청주 인접 지역들로 왕건이 즉위 1년이 되어 맨 처음 방문한 곳이 청주였다.

왕건은 자신을 시해하려는 배후 세력의 근거지를 청주로 보고 회유하려 했을 것이다.

고려사에는 청주를 지목하여 수서순역(首鼠順易),즉 '쥐떼 우두머리로 반역의 기회만 노린다, 라며 왕건의 청주 순행 배경을 설명했다.

그래도 왕건에게 항복하지 않고 저항이 계속되자, 서기928년에 청주를 순행하고, 서기 930년에도 또 순행했었다.

우리나라에서의 산맥은 지리학적 개념이 아니라. 일제 강점기부터 도입된 조선시대 지질학적 개념기준에서 겉으로 보이는 산줄기가, 아니라 산줄기가 형성되는 지하로 일직선상의 지맥을 일컫는 말인데, 당연하게도 고려 시대에 산맥의 지질학적 지맥을 파악했을 수가 없었다,

특히 사료들을 검토해 보면 왕건은 과거 후백제의 잔당 혹은 옛 태봉 세력인 궁예의 친위 세력으로, 새롭게 권력을 잡은 왕건 정권에 저항을 거듭한 청주 지방을 상당히 경계했음을 알 수 있다.

청주 사람들은 변심을 잘하므로 청주가 반칙(反側)을 할까? 두렵다, 라고 했으며 태조원년에 청주는 반역을 저지를지? 항상 망설이는 듯 그릇된 언행을 많이 함으로 고려사 태조 2년(기묘년)에 궁예가 철원군으로 도읍을 정할 때, 청주인들 1천호(戶)가 철원으로 이주했을 만큼 친 궁예 지역이 바로 청주이기도 했다.

10
(青州人戶一千 入鐵圓城爲京) 삼국사기 궁예 열전

요즘 차령산맥을 넘는 사람들은 자신들이 산맥을 넘는 줄도 모른다고 할 정도로 산맥 자체가 존재감이 없다.

관련하여 2004년~2005년까지 국토연구원에서 인공위성과 과학적인 기법을 이용하여 측정한 결과 산맥이, 지하에 있을 걸로 여겼던 지맥이 아예 없는 것으로 드러났다.

다시 말하면 고토 분지로가 산맥 체계를 만들어 공표한 1903년 이후 약 100여 년간 배워왔던 차령산맥 자체가 없었으며 낮은 구릉(丘陵)지대의 하나일 뿐이라고 한다.

실체가 없는 차령산맥을 훈요 10조 중 8조에 차현(車峴)으로 잘못 알고 억지로 꿰맞춰 얼토당토않게 해석했으므로 공주 강 이북을 공주 강 이남으로 억지 해석을 하거나 아예 생략했던 것이다.

애초에 공주 강 즉, 금강 자체가 차령산맥 남쪽에 있기 때문에, 차령산맥 남쪽으로 범위를 잡아놓고 굳이 공주강 남쪽이라고 할 필요도 없고, 게다가 '강외'란 말의 당시의 사용 방법을 따르면 행정구역, 성벽, 강처럼 인공물, 자연물의 경계를 따지는 경우일 뿐인데, 강의 경우엔 해당 지역을 다스리는 성을 기준으로 삼는다.

공주성은 공주강의 남쪽에 있었기에 강 밖이란 말은 강의 북쪽을 말하는 것이며. 공주 강은 공주시의 북쪽을 돌아 흐르기 때문에 사료

상의 공주 강 외는 공주 강(금강) 이북의 지역이 된다.

셋째, 서 남해 지방, 후 백제의 잔당을 경계하라는 뜻이라는 주장 또한 근거가 없다.

현종은 혜종대왕의 고향이자, 자신을 위기에서 구해준 전남 나주(羅州)와 전북 전주(全州)를 합쳐서 전라도(全羅道)라는 광역도시 개념의 지역 명칭을 지어서 공표했다.

현종은 전주 출신 류방헌(柳邦憲)이 죽자, 슬퍼하며 3일 동안 조회를 파했다는 것이다

둘째: 고려-몽골 전쟁이 한창이던 서기1237년에 지금의 담양군을 중심으로 이연년 형제가 소위 '백제 부흥'을 내세우며 반란을 일으켰을 때, 당시 대장군 겸 전라도 지휘사로 강화에서 파견 나온 김경손은 나주를 '어향(御鄕)'이라면서, 다른 고을처럼 적에게 항복해서는 안 된다며 휘하의 병사 겨우 30명으로 이연년 형제의 난을 진압하였다.

애초에 왕건의 훈요 10조에 언급되었지만, 태조 왕건의 정신적 스승인 도선대사와 태조 왕건부터 6대 성종까지 여섯 임금을 보필하여, 살아서는 상주국(上柱國)이요 죽어서는 태사(太師)로 모셔진 최지몽 선생도 전라남도 영암군 출신이고, 장화왕후(莊和王后) 도 전라남도 나주시 출신이며, 고려왕실의 큰 어른인 공예태후(恭睿太后)도 전라남도 장흥군 출신이다.

조선왕조실록의 기록을 읽어보면, '백제 사람을 쓰지 말라'는 유훈도 없을뿐더러 고려의 '후손들이 백제 사람을 경계하지도 않았다'

즉 고려 말기를 경험한 조선 건국시기 등등을 살펴봐도 고려왕조가 옛 백제 사람들을 실제로 차별하지 않았다.

후백제 세력을 경계하려면 금강이남 후백제 잔존 세력이 웅거하는 지역을 더 구체적으로 조심하라고 제시했을 것이나. 그런 정황은 없다.

훈요십조를 제일 먼저 받은 차기 국왕인 혜종부터 고향이 금강 이남 인데, 그럼 국왕 자신을 차별하라는 말인가? 이것만 봐도 금강이남 차별 론은 일고의 가치도 없는 헛소리다.

고려 개국공신 신숭겸은 신증동국여지승람에서도 분명히 전라도 곡 성현 출신으로 기록되었고, 신증동국여지승람 곡성현 인물 조에는 "세 간에 전하기를, 신숭겸은 죽어서 곡성현의 성황지신(城隍之神)이 되었 다."라고 기록되어 있는데, 고려에서 성황신은 그 고을 토호의 시조, 조상 중에서 특출한 인물을 성황신으로 모셨으므로 신숭겸은 곡성현 출신이 춘천으로 옮겨와 활동한 인물이다.

동국통감에서는 훈요 10조의 편찬에 참여한 인물들 중 "최 부" 또한 본시 나주 출신이지만, 그의 별다른 논평이 없었다.

나주 지역의 경우, 후백제에 속해 있었던 기간은 고작 3년 (서기900 년~~903년)에 불과하지만, 반대로 왕건에게 점령 지배되던 서기 903 년부터 후백제가 멸망하는 서기 936년까지의 기간은 무려 33년이다.

나주 지역에 대한 우대를 내세워 후백제 세력에 대한 견제가 없었다 고 볼 만한 근거는 희박한 것이다.

거란의 침공으로 현종이 나주로 몽진을 가게 되었을 때, 전주에 대하여 "태조 왕건이 싫어했다."는 언급이 나온 위의 고려사 기록에서 그 발언을 했던 박섬이란 인물은 나주 인근 무안지역 출신이다.

이를 통해 33년간 후백제에 대항하여 싸워 온 나주 무안인들이 자신들의 정체성이 후백제계 와는 다르게 형성하였음을 알 수 있다.

물론 나주 일대는 고려 왕건의 세력 기반이고, 전주는 후백제 견훤의 세력 기반이자, 후백제의 수도였으므로 정서상 차이가 있을 수 있지만, 이런 차이는 다른 지역에서도 있었던 흔한 일임을 감안하면 훈요 제8조의 '통합 당한 원망을 품은 지역'은 궁예의 본거지 아니면 견훤의 본거지를 가리킬 수 있으나, 그럴 경우 모두 정확한 공주강 외라는 곳은 공주강 북쪽으로 해석되어야 한다.

고려 태조가 정말로 훈요 10조를 직접 지었는지? 논란의 여지가 있는 것은 무엇보다 8조 항목은 당시 고려의 상황과 관련 모순되는 점으로 볼 때 과연 지역을 차별하는 훈요 10조를 왕건이 지은 것이 아니라, 후대에 조작한 것이라는 주장도 있다.

즉, 현종시대(서기1009~1031)까지 권력을 차지한 경주 최씨 집안에서 필요에 의해 조작됐다는 설로서 권력 중심에 있던 후백제 세력을 견제하고 경주 지역 출신들이 권력을 잡기 위해 조작했다는 추측에서 훈요 10조를 날조한 범인으로 지목하는 용의자는 바로 최제안과 최항으로 의심되며 특히 훈요 10조가 왕건의 유훈이었다면 왜? 후대 왕들이 이를 지키려고 노력하지 않았는지 의문이라는 것이다.

한 예로 사찰 건립을 제한한 것을 지킨 왕들이 별로 없다는 점이며. 청주 출신 호족들의 반발에도 불구하고 전라도 나주 출신 "왕무"에게 기어코 왕위를 물려준 점이 그러하다. 만약 태조가 "훈요"를 직접 남겼다면 공주강 외(外)는 공주강 북쪽으로 해석이 되어야 마땅하다.

공주강이란 이름은 있지도 않았지만...굳이 청주 지역과 전라북도 장수군 장수읍 신무산리 "뜬봉샘"으로부터 금강으로 합류하는 물줄기를 공주 강으로 인정하더라도 그 물길은 공주성의 뒤로 흐르기 때문에 "강" 밖은 당연히 공주지역 위쪽일 수밖에 없다.

역사의 조작은 우연히 이루어진 것이 아니라, 일본의 조선 침략통치를 성낭화하기 위하여 철저하게 조작된 것이다.

이에 세뇌당한 일본 침략 통치하에서 부역(附逆)한 매국노(賣國奴)들은 철저하게 일본을 신봉하여 교수가 되는 등으로 같은 조선인들의 선생으로서 민족성을 부정하는 반역자들로 양성했으며 그들이 주도하는 국민교육을 받은 조선 말기에 이은 대한민국의 국민들은 반역사상을 신봉하는 자가 은연중에 늘어날 수밖에 없는 교육제도로부터 오염되었다.

제목:

**조선사』(일본어: 朝ちょう鮮せん史し 쵸센시[*])는 조선총독부가 편찬한 조선의 고대에서 1894년까지 한반도의 역사를 다룬 책이다. 전 6편 37권. 이것을 침략이론으로 사용할 식민지 세뇌용 교과서처럼 쓰기 위해 만들어진 단체가 "조선사편수회"이었다.

==일본은 한일합방 직후부터 한반도 식민지화의 정당성을 입증하기 위해 한반도의 통사 편찬을 계획하고 *쿠로이타 카츠미, *미우라 히로유키, *이마니시 류, 등에게 조선 지식인들을 이론 무장시켜 식민사관을 조선인들에게 전파 활용할 것을 지시했다.

실제로 계획이 실행에 옮겨진 것은 1922년 중추원 산하에 "조선사편찬위원회"가 설치되고 이것이 3년여 후인 서기1925년 칙령으로 "조선사편수회"로 개편되면서 부터이다.

조선사편수회가 상술한 기조는 일본 역사학자뿐 아니라, 이병도, 최남선, 이능화, 홍희 등 조선의 지식인도 41명이니, 침여했다.

1932년부터 간행이 시작되어 1938년 본편 간행이 끝나고 1940년 색인이 완성되었다.

인용된 사료들 가운데 중요한 것은 『조선사료 총간』, 『조선사료 전집』으로 별도 간행되었다.

일본에서는 실증주의에 철저한 역사서라고 자평했지만, 한민족에게는 식민지배를 대표하는 역사서로, 그 편찬에 참여한 조선인들은 해방 후 친일파로 규탄되기도 했었다.**

일본 국회도서관 근대디지털라이브러리를 통해 전권 열람 가능하다.

우리민족을 오염시킨 식민사관은 스스로 자생한 것이 아니라, 일본의 자본과 선진 지식으로 교묘히 세뇌시킨 얼간이 매국노들을 양성시켜 그들을 최고의 지식인으로 대접하며 친일 앞잡이들로부터 교육받아왔으므로 지금도 그들에 의해 지배 받고 있음은 2024년 오늘까지도 국회 청문회에 나와서 질의 답변하는 논쟁중인 국무위원들과 일부 국회의원들의 민족정의 불감증을 보면서 참 애국시민들은 통탄을 금할 길 없어한다.

본론
혜종대왕의 모친인 장화왕후(莊和王后)는 전라도 나주 출신으로 태조 왕건에 이어 왕위에 오르는 왕무(王武) 또한 전라도 나주 출신이다.

고려의 제8대 현종대왕이 거란의 침략으로 급박한 상황에서 전라도 나주로 몽진을 간 것은 선왕들의 뿌리인 목포권역의 해양 청년들이 대거 동원되어 고려를 창건한 곳이 바로 전라도이기 때문이며 현종이 팔관회를 부활시키면서 개최 장소로 개경, 서경에 이어 전라도 *나주*를 포함시킨 것 또한 호남의 목포권역 해양 청년들이 고려의 개국 원동력이었기 때문에 의지할 곳은 오늘날은 목포이지만, 당시엔 나주로 통합되어 있었으며 또한 바닷물이 나주 "영산포구"까지 조수간만(潮水干滿)의 영향권에 있어서 목포가 분리되지 않았기 때문이었다.

하지만, 나주나 목포가 중요한 것이 아니라, 해로(海路)에서는 최상으로 용감했던 해양 청년들에 의하여 고려가 탄생했기 때문에 그만큼 호남 목포권역을 중요시했으며 선박으로 드나드는 항구로서의 "나주

(목포)"를 의지하며 활용했던 것이다.

전남 나주 태생의 제2대 혜종대왕 왕무(王武)는 고려조에서 태조 왕건과 함께 고려왕실 종묘의 불천지주(不遷之主)에 오르게 되며 태조 왕건과 함께 전쟁터를 누비면서 왕위 계승자로서 적통 수업을 이어받아 선위된 정통성의 당당한 후계자이며 또한 제8대 현종도 그 정통성을 잇게 되므로 그 위상은 감히 넘볼 수 없는 고려 왕조의 불천지주(不遷之主)의 태조 왕건〉에 이은 혜종대왕-〉현종대왕, 오직 세분뿐이다.

태조 왕건이 훈요를 남겼든지? 또는 현종 대에 최항이 조작을 했든지 간에 두 경우 모두 공주강 외(外)는 공주강 북쪽으로 해석된다.

현종 측근 최항의 조작설을 제기한 사람이 경성제국대학(京城帝國大學) 교수였던 일본인 사학자, 이마니시 류(今西 龍)가 위에서 제시한 일본의 "조선사편수회"의 조선식민 사관 교육 실행자이며 공주강 외(外)를 공주강 남쪽으로 왜곡되게 해석한 사람도 이마니시 류이다.

왜냐하면 이마니시, 류는 서기 1925년 일본 칙령으로 조선식민 사관을 실행 교육시킨 학자이기 때문에 차령산맥이 22년 전인 서기1903년에 새로 지정한 것을 몰랐거나, 알면서도 무시하고 차령산맥의 차령(車嶺)이 "차현(車峴)"이라고 동일시하여 공주강 외(外)가 공주강 남쪽이라는 엉터리 해석을 했던 게 아닌가? 생각된다.

하지만 이마니시 류는 '뭔가? 이상한데..라는 여운을 덧붙였다는 것이다.

11
왕건의 후대부터 망가진 혁명정신

 왕건의 3번째 부인은 충북 출신의 유긍달 손녀딸이며 그녀로부터 "정종. 광종" 두 아들이 충청북도에서 출생 성장했지만, 왕건의 둘째 부인 소생인 "왕 무"태자가 (서기2024년 현재의 전라남도 나주 목포권역)에서 태어나 사실상 적장자이므로 고려의 제2대왕으로 등극하여 전라도 인맥들이 많이 등용 되었을 것이므로 경기도 황해도 충청도 사람들은 전라도 출신 혜종대왕의 호남인맥 중심으로 고려 정권을 운영하는데 대하여 크게 불만을 가지게 되었던 것 같다.

 결국 충청북도 세력들이 충북 진천군 출생의 정종과 광종을 부추겨 쿠데타를 감행하여 호남출생의 혜종대왕 정권을 타도했다.

 왕건의 적장자인 "왕무"가 서기943년 5월29일 등극하여 서기945년 (음력) 9월15일까지 재임 제2대 혜종대왕은 2년 3개월간 보위에 있다가 쿠데타로 실각하여 2년 3개월 후인 서기945년 (양력) 10월23일 주살된 것으로 짐작된다.

 고려 제2대 혜종대왕 사망: 서기 945년 09월 15일 의문사
 고려 제2대 의화왕후 사망: 서기 945년 10월 23일 의문사
 고려 제3대 정종대왕 즉위 서기 945년 10월 23일 왕위계승

 고려의 제대 "태자, 흥화군"은 왕위 계승권자이지만, 사망연대의 기록이 없다.

고려 혜종대왕 정부인 "의화왕후"는 남편인 혜종대왕 궐위 시에 아들 "흥화군"에게 남편 혜종대왕의 보위가 이양되도록 대신들과 협의하여 수렴청정(垂簾聽政)여부를 결정해야 할 권한을 가지는 혜종 대왕의 정부인이 남편이 죽은 후 38일(한달 8일)만에 사망한데는 정종의 왕권 강탈 말고는 달리 설명될 수 없다.

아마도 호남 출신들을 차례로 제거한 후에 왕비와 그의 아들 태자인 "흥화군"도 함께 살해된 것으로 짐작되며 혜종대왕의 실각 후 정종대왕이 38일간 피비린내 나도록 호남 출신들을 숙청하여 전라도 정권을 완전 말살한 뒤에 고려 조정에서 드디어 호남인걸의 씨를 말렸을 것이다.

1)고려 제2대 혜종대왕 서기943년 5월 29일~취임
서기 945년 9월15일 사망 재위기간 2년3개월(양력10월 23일)

2)고려 제3대 정종대왕 서기945년 10월 23일~949년4월 13일까지 약 4년간 재위했다.

아마도 혜송대왕을 살해하고 정권을 찬탈하여 3대 정종 광종, 이복(異腹)아우들로부터 폐위 당한 "왕무"의 뒤를 이어 형제가 돌아가며 고려의 3대 4대 왕위를 역임했었다.

정종과 광종 형제의 역성 쿠데타로 정권을 탈취 당한 후에 호남세력의 발호를 원천적으로 막기 위해 고심하던 충청도 경상도 합작 형태가 된 정치 세력들은 마침 거란족들이 쳐들어와서 왕실이 궁궐을 버리고 도망치자, 비워둔 궁중의 보물을 모조리 탈취 후 기물들을 불태워서 고려의 족보격인 왕실의 문서들이 전부 소실되어 "고려사"를 다시 복원하는 과정에서 호남을 매우 싫어하는 신라계의 최제안 이계항 등이

왕건의 유언인 훈요십조의 원본이라며 문서들을 가져와 고려사를 다시 썼다는 사료가 오늘날 전해지는 훈요십조이다.

二十六年 夏四月 御內殿, 召大匡朴述希, 親授訓要, 曰"朕聞, 大舜耕歷山, 終受堯禪, 高帝起沛澤, 遂興漢業. 朕亦起自單平, 謬膺推戴. 夏不畏熱, 冬不避寒, 焦身勞思, 十有九載, 統一三韓, ?居大寶二十五年, 身已老矣. 第恐後嗣, 縱情肆欲, 敗亂綱紀, 大可憂也. 爰述訓要, 以傳諸後, 庶幾朝披夕覽, 永爲龜鑑.

왕건 재위 26년(943) 여름 4월. 왕이 내전(內殿)으로 나가 대광(大匡) 박술희를 부른 다음 친히 「훈요(訓要)」를 내렸다.

말하기를, "짐이 듣건대, 위대한 순(舜)은 역산에서 밭을 갈다가 결국 요에게 임금 자리를 물려받았고, 고조(高祖)는 패택에서, 시작해서 마침내 한나라의 대업을 일으켰다.

짐도 평범한데서 시작하여 착오가 있었는지 외람되게 보위로 추대를 받아, 여름에는 더위를 두려워하지 않고 겨울에는 추위를 피하지 않으면서 근심으로 몸을 애태운 지? 19년 만에 삼한(三韓)을 통일했다.

외람되게도 큰 보위를 차지한지? 25년이 되니 몸은 이미 늙었도다.

허나! 후손들이 마음 내키는 대로 욕심을 부려 기강을 어지럽히고 대업을 무너뜨릴까 염려된다.

이에 「훈요」를 지어 후대에 전하노니 아침에 펼쳐서 저녁까지 두루 보아 길이 귀감으로 삼기를 바라노라."

**제1조[其一曰]

****제2조[其二曰] 생략
둘째, 제멋대로 절을 더 창건하지 말 것.

**제3조[其三曰]
*셋째, 왕위 계승은 적자적손(嫡者嫡孫)을 원칙으로 하라
이하 생략-

**제4조[其四曰]
*넷째, 당나라의 풍속을 억지로 따르지 말고 거란의 풍속을 배격할 것.
이하 생략-

**제5조[其五曰]
=다섯째, 서경(西京, 평양시)을 중시할 것.
이하 생략-

**제6조[其六曰
*여섯째, 연등회(燃燈會)·팔관회(八關會)등의 중요한 행사 하지 말 것.
이히 생락-

**제7조[其七曰
*일곱째, 왕이 된 자는 쓴 충고에 귀 기울이고 아첨은 멀리하며, 백성들의 민심을 얻을 것.   이하 생략-

**제[其八曰]
*여덟째, 차현(車峴) 이남 공주강(公州江)밖은 산형지세(山形地勢)가 배역(背逆)하니 그 지방의 사람을 등용하지 말 것.

*其八曰, 車峴以南, 公州江外, 山形地勢, ?趨背逆, 人心亦然. 彼下州郡人, 參與朝廷, 與王侯國戚婚姻, 得秉國政, 則或變亂國家, 或??統合之怨, 犯?生亂. 且其曾屬官寺奴婢, 津驛雜尺, 或投勢移免, 或附王侯宮院, 姦巧言語, 弄權亂政, 以致災變者, 必有之矣. 雖其良民, 不宜使在位用事.

*그 여덟 번째로 말하기를, *차현 이남 공주 강 바깥은 산의 형태와 땅의 지세가 등지고 거슬러서 나란히 달려 나가니 인심 역시 그러하다.*

그 밑에 있는 주군(州郡) 사람들이 조정에 들어와 종친이나 외척과 혼인하여 국정을 잡게 되면 혹여 국가의 변란을 일으킬 수도, 있으며 혹여 **통합당한 원한**으로 임금을 시해하려는 난(亂)을 일으키기도 할 것이다.

또 과거 관청에 예속된 노비와 진(津)과 역(驛)의 잡척들이 권세가들에 아부해서 신분을 바꾸거나, 요역을 면제 받기도 할 것이며, 종실이나 궁원(宮院)에 빌붙어 간교한 말로 권세를 농락하고 정사를 문란케 하여 재앙을 일으키는 자가 반드시 있을 것이다.

비록 그가 양민(良民)이라 하더라도 관직에 올려 일을 맡겨서는 안 될 것이다.

**[其九曰]
*아홉째, 모든 관료의 녹봉을 제도에 따라 공적으로 정해줄 것.
　　　　　　　　　이하 생략-

**[其十曰]
=열째, 널리 경전과 역사서(사기,史記)를 보아 지금을 경계할 것을 당부한다..　　　　　이하 생략-

*其十曰, 有國有家, 儆戒無虞, 博觀經史, 鑑古戒今, 周公大聖, 無逸一篇, 進戒成王, 宜當圖揭, 出入觀省.

그 열 번째로 말하기를, 나라가 있고 집안이 있으면 '근심이 없는 것'
이하 생략-

*훈요 8조의 왜곡해설**

훈요십조」는 태조의 정치 철학과 당시의 시대 상황을 잘 나타내주는 중요한 자료로 평가되고 있다.

제1·2조는 사찰의 남조(濫造)에 따른 양적 확대를 경계한 조항이다.

특히 제2조의 전반부는 제1·2조에서 지적한 폐단에 대하여 대응책을 제시한 것으로, 『도선비기』에서 산수의 순역에 따라 점쳐놓은 지역에만 사원을 건조하라는 내용이다.

제3조는 고려왕실의 왕위계승에 관한 내용으로, 고려에서는 대개 이 방법이 준수되었다.

제4조는 태조의 대외국관을 보여주는 것으로 태조의 주체성을 엿볼 수 있는 조항이다.

제5조는 태조의 도참사상(圖讖思想)과 함께 그가 서경을 중요시했다는 사실을 알게 해준다.

제6조에서는 사람과 신이 동락하는 국풍이라 할 수 있는 연등회·팔관회를 경건히 할 것을 당부하고 있다.

제7조는 중국의 고전철학을 인용한 말이다.

제8조는 왕실의 비밀 훈계로서 일반 신민에게 공개할 성질의 것은 아니었다.

제9조는 녹봉과 임관에 관한 내용과 국방안보에 관한 훈계이다.

제10조는 태조의 유교 주의적 정치철학의 일단을 보여주고 있다. 「훈요십조」의 각 조항에는 말미에 '중심장지(中心藏之: 마음에 간직하라)' 네 글자가 쓰여 있는 것으로 보아, 「훈요십조」는 하루아침에 지은 것이 아니라, 태조가 평소에 틈틈이 기록해 두었던 것을 다시 정리한 것으로 여겨진다.

「훈요십조」는 발견 경위와 관련해 몇 가지 중요한 문제가 있다. 『고려사』 최제안,전(崔齊顔,傳)에 의하면, "신서와 훈요는 병란(兵亂)으로 분실되었는데, 최제안 이 죽은 최항(崔沆)의 집에서 얻어 조정에 바침으로써 세상에 전하게 되었다"는 것이다.

여기에서 '병란'이란 무엇을 가리키는지? 분명하지 않으나, 권신 강조(康兆)의 반란(서기1009년)이 아니면, 이듬해(1010)에 개경까지 쳐들어온 성종 치세의 거란족 침략을 의미하는 것 같다.

특히 후자의 병란 때에는 개경의 궁궐과 여러 중요 건물이 불타서 『사기』 등 문헌이 모두 소실되었다.

그래서 몇 년 뒤인 서기1013년(현종 4)에 사국(史局)을 열고 최항과 김심언(金審言) 등에게 명령해서 국사[實錄]를 편수하게 하였다.

편찬 도중 최항은 서기1024년에 죽었고, 덕종 때에 이르러 황주량(黃周亮) 등에 의해 태조로부터 목종에 이르기까지 7대의 실록이 완성되었다.

이때가 대개 서기1,034년(덕종 3)경이라고 추정된다.

그런데 최제안이 왜 최항의 집에 갔으며, 또 최항은 어떤 경로로 신서·훈요를 소장하게 되었는가는 검토할 문제이다.

최제안은 대 유학자 최승로(崔承老)의 손자로, 역대에 벼슬한 중신인데, 아마 최항 사후에 수사(修史)의 책임을 맡고 사료를 채집하기 위해 최항의 집에 갔다가 우연히 그것을 발견한 것으로 여겨진다.

태조의 훈요는 궁중비전(宮中祕傳)의 헌장(憲章) 같은 것이므로, 부본이 있을 수 없는데, 어떻게 원본을 사장(私藏)했는가가 문제로 남는다.

여기에 대해서는 몇 가지 학설이 있다.
우선, 최항이 목종에게 직접 「훈요십조」원본을 받았다고 보는 학설이 있다.(이병도). 최항은 신라 말 최치원(崔致遠)의 사촌 아우인 최언위(崔彦撝)의 손자로서, 성종·목종·현종 3대에 걸쳐 벼슬한 군신이다.

권신 강조가 목종을 폐하고 현종을 세울 때 목종이 신왕을 만나보지도 못하고 왕궁에서 쫓겨나 시골로 내려가자, 최항은 목종을 시종하였다.

이때 목종은 최항에게 "이 변란이 모두 나의 부덕한 소치이니 누구를 원망하랴?. 다만 시골로 내려가 여생을 마치려 하니, 그대는 아무쪼록 새로 등극한 임금에게 내말을 전하고 또 그를 잘 보필하라"고 정중하게 부탁했다고 한다.

그런데 목종은 도중에 강조가 보낸 자객에게 시해되었다.

이 때 목종이 궁중에서 지니고 나온 태조의 신서·훈요를 최항에게 맡겨 신왕에게 전하도록 한 것을 그가 사장한 것으로 추측된다.

다음으로 이전부터 최항의 집에 대대로 전해오던 것으로 보는 학설도 있다.

또는 최항이 서기1010년(현종1년) 거란이 성종 치세에 궁궐로 침략해 올 조짐을 파악하고 피난을 가면서 궁중의 기밀문서를 최항의 집에 보관한 것으로 보는 학설도 있다

거란 침입 때 현종이 피난가고 그가 궁중을 살펴보다 옛 문서를 집으로 가져가 보관했고, 이후 감수국사(監修國史)가 되어 7대 실록의 편찬 책임을 맡았을 때 수사관 최제안을 시켜 집안의 문서를 정리하던 중「훈요십조」를 발견했다는 주장도 있다.

한편,「훈요십조」가운데 제8조만 조작되었다는 주장도 제기된다.

이마니시 류,는 태조 왕건 치세에 후백제 출신들을 많이 등용한 것을 근거로 제 8조항이 후대 사람들에 의해 조작되었다고 주장하였다.

이러한 주장에 영향을 받은 일부 국내 학자들은 후백제 지역 사람들이 태조 때부터 별다른 차별 없이 등용되었음이 확인되기 때문에 제8조항의 내용은 그 일부가 조작되었을 것으로 보는 것 같다.

그러나 제8조에서 말하는"차현(車峴)이남"과 '공주 강외(外)'를 원문 그대로 인정해도 (車峴)을 차령(車嶺)으로 비정하여 공주 차령을 묶은 것은 인용 자체가 잘못되었다.

이러한 지역적 범위에 대해 후백제 전체 지역으로 보는 견해와, 후백제 중심지 전라북도 권역으로 보는 견해, 후백제와는 무관한 공주·청주

일대로 한정하여 추정하는 견해로도 엇갈린다.

문경주의 훈요 8조 해설

위에 훈요십조를 검토해 본 결과 역사학자님들의 해석이 상당히 잘못되었다.

궁예는 7세까지 충청북도 진천군의 "칠장사(七丈寺)"라는 사찰에서 성장했다.

관련하여 당시는 불교로부터 민초들이 정신적 위안을 받던 시대로서

많은 사람들이 불가(佛家)의 사찰과 인연을 맺고 살았으므로 어린 나이에 절간에서 양육되던 궁예의 소년시절을 측은하게 기억하는 사람들이 있었을 것이며 그들의 기억 속에 궁예는 늘 좋은 감정으로 담겨져 있었을 것이다.

그러한 궁예가 성장하여 이름난 승려이자, 나라의 통치자로 부상한 바에야 충청도 지역의 정치적 민심이 "궁예"에게 쏠려 있었음은 지극히 자연스러운 현상이었다.

12
궁예에게 의탁될 수밖에 없는 충청도민심

1) 궁예가 청주권의 대표적인 사찰(寺刹)인 칠장사(七丈寺)에서 성장했다는 연고(緣故)의 인연(因緣)으로 엮인 관계...

2) 충청도 사람들이 철원의 왕도(王都)로 이주하여 신도시의 웅장함이 상상보다 더 하고 멋졌을 것이다,

세력가 욕심쟁이 일수록 웅장한 실물에 매료되는 법이며 당시의 열악한 환경에 익숙했던 사람들은 새로운 왕도의 웅장한 도시를 보면서 시시한 충청도의 촌락에 길들여진 찌든 가치관에서 벗어나 더 큰 포부의 창조문화에 매료되어 무한한 희망이 펼쳐지는 미래를 상상하며 행복한 꿈에 부풀어 허공을 훨훨 나는 듯 황홀경에 흡인되었을지도 모른다.

3) 궁예의 태봉국 철원의 도성 모형도

신라가 고구려, 백제, 삼국을 통일한 후 2세기가 흐르면서 곳곳에서' 공민'(公民)들의 초적(草賊)화 반란 현상이 나타났다.

그 영향으로 미륵불의 강림을 자처하는 인물도 나타났는데. 그가 바로 "궁예"로서, 기독교 논리로 비교하면 메시아이다.

그 영향으로 미륵불의 강림을 자처하는 인물도 나타났는데. 그가 바로 "궁예"로서, 기독교 논리로 비교하면 메시아이다.

메시아(Messiah)는 구세주로서, 피압박 민중의 구원 해방자로 메시어야 할 사람이란 뜻이다.

우리말로 메시어야 할 인물. 후삼국 시대 군주인 궁예(弓裔,서기 857~ ~918)까지 그가 활약하면서 도탄에 빠진 백성의 삶을 구하고자, 등장한 스스로가 메시아라며 행세한 사람이었다.

후삼국 시대 군주인 궁예(弓裔,서기 857~918)까지 활약하면서 도탄에 빠진 백성의 삶을 구하고자 등장한 스스로가 메시아라며 행세한 사람이었다.

"선종(善宗)미륵불을 자칭하면서. 머리에는 금색 두건을 쓰고 몸에는 황금색 가사를 걸치고 외출할 때는 항상 흰 말을 탔는데 비단으로 말갈기와 꼬리를 장식하였다.

"-〈『삼국사기』 권50 열전 궁예기록〉편
청주인 1천호를 철원으로 이주시키고 도읍으로 삼았다. 라는 삼국사기 권 50 궁예 열전에서 '선종'은 승려시절 이름이다.

궁예는 서기896년(진성여왕10)에 처음으로 철원을 도읍지로 삼았고, 2년 뒤인 서기898년에는 송악(개성)으로 도읍을 옮겼다.

그로부터 7년 후 서기905년(효공왕 9년)에 다시 철원으로 도읍지를 옮겼으며. 나라이름을 고구려 (서기901년)-〉마진(摩震, 서기904년)-〉태봉(泰封,서기911년)으로 바꿨다.

궁예가 처음에는 고구려를 계승하겠다는 의미에서 국호를 (편의상 후고구려)로 정했으나, 한반도 전역을 다스리겠다는 의미에서 마진(摩

震) 국으로 개명했다.

마진은 '마하진단'의 줄임말이며 '마하'는 범어로 '크다'는 뜻이고, '진단'은 동방을 말한다.

태봉은 주역(周易)의 태괘(泰卦)에서 천하 만물이 조화를 이룬다는 뜻의 '태'(泰)와 봉토를 뜻하는 '봉(封)'의 합성어이다.

청주인 1천호를 철원으로 옮겼다는 궁예사(弓裔史)태봉국편의 기록
여기서 충청인 1천호 이주의 실체를 분석해보자...

문경주 해설
=충청인 1천호의 철원으로 이주 목적은 새로운 도읍지로 선택한 철원에 충청도민들을 이주시켰다는 것인데 궁예와 충청도민들은 어떤 관계였을까?

1) 궁예와 충청도민들은 생사를 함께할 정도로 밀착했다는 것을 의미한다.

2) 충청도민 1천호를 철원 도읍지로 이주시킨 목적은 왕도를 지키는 친위세력으로 활용할 계획이었을 것이므로 1호당 하인종속을 100여명 정도 쯤 거느리는 규모가 큰 부농(富農)호족(豪族)들을 선발했을 것이다.

3) 신도시 개념의 철원 도읍지로 이주하는 사람들에겐 드넓은 철원평야의 토지를 욕심 껏 하사받았을 것이며 궁예와 명운을 함께할 정권보위 백성들로 선발했을 것이다.

*관련하여 궁예가 충청도민들을 강제로 이주시켰다는 주장이 있으나, 그것은 사실일수가 없다.

강압에 의해 양민들을 징발하여 왕도에 입주시키면 그들에 의한 반란이 우려되어 철저히 감시해야하며 그 불편으로 원한을 가지는 백성들을 곁에 둘 제왕은 있을 수 없으므로 그것은 사리가 부족한 사람들의 헛소리로 짐작된다.*

결론 유추

하인 종속들을 100인 이상 거느리는 호족들 1천호를 옮겼다면 어림잡아, 1만여 명 이상의 충청 인들이 대 이동이었을 것이며 궁예가 직접 선발하지 않은 호족들의 친인척들도 신도시의 부호들과 더불어 소작영농(小作營農)으로 기생(寄生)하기 위하여 대거 동반 이주했을 개연성이 크다.

이렇게 볼 때 충청도민들이 철원으로 이주해간 세력들은 물론 잔여 충청인들 대부분도 궁예 정권과 생사를 함께할 운명적인 유대관계가 성립될 수밖에 없다.

*드넓은 농토를 충청인들에게 나누어 주어서 신도시에 적응할 부푼 꿈을 가지고 이주해 간 사람들은 궁예아 운명을 같이 할 군주와 백성으로서 궁예를 호위함에 있어 매우 사나운 호위세력일 수밖에 없었을 것이다.

그러나 호남의 해양세력들은 더 용감했으며 궁예왕의 호위를 맡은 충청인들 보다는 월등하게 강해서 전투상대가 되지 못했다.

결국 궁예 일파들은 도저히 대적할 수 없어서 궁예를 모시고 명성산으로 숨었으나. 호남출신 특공대에게 잡혀 궁예를 호위하든 충청도 세력과 함께 비참하게 죽었다.

이 때문에 충청도에서 철원 신도시로 이주했던 양민들은 삶의 전부일 수도 있는 궁예와 그를 호위하던 가족을 잃고 시체를 찾아 명성산을 헤집고 다니며 통곡했다.

명성산(鳴聲山)이란 한자는 울명, 소리성, 자로 생각해보면 그들이 울지 않을 수 없는 처지를 반추할 수 있으며. 궁예 왕을 믿고 충청도에서 철원까지 이주하

여 신도시 왕도의 주인이 되어 얼마나 기쁘고 행복한 꿈을 꿨을까? 그런데 별안간 반란이 일어나 궁예를 죽이려하는데 그 도성의 신민들이 가만있을 수가 없었을 것이다.

그들 전체가 들고 일어나 궁예를 지키기 위해 사투를 벌였을 것이며. 그 가운데 강 무식이란 궁예의 신민을 가상의 전투병 인물로 따라가 보겠다.

*야~이 씨부 럴 놈들아! 우리 궁예 왕님께서 무슨 잘못이 있다고 천리 밖의 전라도에서 배를 타고 기어와서 지랄이냐! 이 개 ㅈ같은 노무 새끼들아~

강 무식은 바위 돌을 번쩍 들어 산 아래에서 기어오르는 호남청년들을 향해 굴렸을 것이다.

돌덩이는 데굴데굴 구르다가 박힌 돌에 부딪치면서 약한 쪽이 깨져서 돌 파편으로 날아와 산을 오르는 호남 청년들 쪽으로 퉁 그려져 누군가는 대갈통을 맞아서 고꾸라지고 이에 날랜 놈들은 비호처럼 날뛰면서

둘 팍, 튄 당께~~싸게싸게 비켜서라~잉~~

아싸! 아싸! 나무 뒤로. 바위 뒤로 살살 기면서 앞을 잘 보랑께루~!

둘팍 맞아 뿔 먼~대갈통 비지 박 터져 뿐 당께루~~그야말로 사력을 다하여 엄폐물 사이사이로 기어 올라갔을 것이다.

호남청년들의 무기는 대나무를 깎아서 끝을 뾰족하게 두 갈래로 만들어 그것을 호남에서 올라갈 때부터 잔뜩 싣고 가서 각자 두 개씩은 끈으로 묶어 허리띠에 고정시켜 어깨에 둘러매고 머리위로는 마치 짐승의 뿔처럼 대창 끝이 뾰족뾰족 솟아난 죽창을 고추 서게 했으며 손에는 또 하나의 대창을 움켜쥐고 숲을 헤치며 기어 올라가면서 싸웠을 것이다.

궁수 부대는 활을 얼러 메고 화살 통엔 화살을 가득 심듯 꽂아 넣어 둘러메었으며 일부 지휘자급들은 지난날 능창장군 휘하에서 해적들과 씨우던 녹슨 장검을 끄집어내어 숫돌에 갈아서 날 세우고 더러는 대장간에서 장검을 새로 만들어 들고 왔을 것이다. .

한편 궁예 군사들은 왕도를 지키던 궁수와 창검을 쥔 병사들이 일부 있었으나, 충청도에서 이주해 간 사람들은 곡괭이 도끼 낫 몽둥이가 대부분이고 궁예 곁에 호위 무사들만, 궁수와 칼 그리고 창검을 소지한 자도 있었으나, 신도시 이주자인 충청도 사람들은 군사가 아니기 때문에 거의가 농기구와 몽둥이로 무장하고 있었던 것이다.

한동안 바위 또는 나무를 엄폐물로 삼아, 요리조리 기어오르다 뛰기

를 반복해서 앞으로 서서히 다가가며 튀어나오는 궁예 잔당 매복조를 도륙하면서 전진했던 것 같다.

충청도 농민군들의 바위 돌 굴리기는 역학상 낮은 곳으로 구르기 때문에 골짜기 가까운 비탈은 물리적으로 무조건 피해야 했으며 간간히 박힌 돌에 부닥쳐 깨지면서 부서진 파편들이 날라서 호남 청년들은 산의 능선줄기 쪽을 타고 기어오르며 바위와 나무들을 방패삼아 서서히 포위망을 좁혀서 활과 칼로 공격했다.

일부 활과 칼을 쓸 줄 아는 사람들은 압해도에서 해적과 싸워 본 경험이 풍부했던 주력군이었고, 능창 장군의 부하들이었으므로 해적들과 싸웠던 전투경험이 있어서인지? 충청도 농민군들을 여유 있게 따돌리며 정상에 올라 곡괭이 삽, 쇠 시랑, 몽둥이를 들고 설치는 충청도 농민군들을 상대로 호남청년들은 날아다니는 듯 한바탕 도륙했다.

때는 서기936년 9월 20일경부터 전투가 치열하게 벌어져 1주일간 밤낮을 안 가린 싸움에서 궁예 호위 농민군들을 몰살시켰다.

명성산 전투에 참가한 주력군은 목포, 무안, 나주, 진도, 압해도, 영암, 해남, 강진. 완도, 등등 신안의 1004개가 넘는 섬에 거주하는 장정들로서 왕건의 밀명을 받은 목포권의 나주 "오다련" 공이 은밀히 관리해 왔었다.

오다련 공은 왕건의 장인이며 장차 장화왕후가 될 왕비의 아버지인 나주 오씨 집안이면서 거대 상단을 운영하는 재력가이기 때문에 이심전심으로 유대를 가지는 호남의 청년들에게 의지처가 되어 왔으며 그런 연유에서 자발적으로 참여 신뢰 관계를 가지는 청년들에게 은근히 호남

청년들이 나라의 주인이 되어야 한다. 라고 부추겨 왔을 것이다.

만약에 왕건이 패서지역의 참모들을 통해 거사 병력을 양성해 왔다면 궁예 세력인 "종간" 휘하의 첩보원들에게 발각되어 왕건은 처단되었을 것이다.

하지만 천리밖에 태평양 근해에서 고기나 잡아먹고 사는 호남청년들이 궁예의 명줄을 끊을 기동 타격대로 관리 양성되고 있다는 사실을 궁예의 관심법으로는 알아낼 가능성은 전혀 없었다.

서기936년 9월 초에 왕건으로부터 은밀히 전해온 출병준비를 명령받은 "오다련"공은 각지의 세포들에게 철저한 준비를 당부하고 통보되는 즉시 목포로 모이라고 했을 것이며 책임자들 이외는 궁예 타도 계획을 몰랐을 것이고 모인 장정들은 아마도 근처의 다른 상단이나, 백제의 잔당을 치려는 거사로 알았을 것이다.

그 사이에 은밀하게 남해안의 어선들을 섭외하여 9월 15일경 목포로 모이도록 지시하면서 상당한 돈을 풀어서 작전을 짜면서 호남지방의 흔한 대나부를 구입하여 죽창을 만들고 해적들과 싸울 때 사용하던 장검과 장창을 대장간에서 다듬어 날을 세워 준비하고 9월 15일경 출항을 목표로 만반의 채비를 서둘렀을 것이다.

궁예는 이러한 사실을 까맣게 모르면서도 "오마니 반매훔"이나 찾으면서 관심법으로 세상을 꿰뚫어 본다고 큰 소리쳤지만, 결과적으로 저 죽을 줄도 모르고 무고한 사람들을 역모로 몰아죽이면서 왕권을 강하게 다지려했을 것이나,, 결과적으로 한쪽 눈엔 철원 땅 한쪽만 볼 수 있었으므로 장차 세계가 놀랄 위대한 고려(코리아)를 개국할 왕건의 웅비가 잉태되었던 사실을 까맣게 모르고 있었다.

드디어 서기936년 9월 중순경 거사에 징발된 남해의 어선들 100여척에 호남청년들을 가득 싣고 목포 근해에서 출정했다.

우리나라 방송국에서 방영된 대하드라마 "태조 왕건"작품 속에서는 호남 청년들을 배 두 척에 싣
고 떠나는 것으로 방영했으나. 그것은 잘못된 소설을 영화화 한 때문이며 실제로는 100여척 이상일 것으로 여겨진다.

그렇게 목포항을 떠난 호남 청년들은 용맹성과 전투경험도 있어서 더욱 강력하여 충청, 경기, 강원, 세력들은 상대가 되지 못해 결국은 명성산(鳴聲山)에서 울부짖으며 싸우다가 몰살당해 최후를 마쳤으며. 이로써 마침내 찬란한 고려(코리아)를 개국했던 것이다.

13
명성산(鳴聲山)의 통곡

울명(鳴) 소리(聲) 뫼(山)=울음소리가 슬프게 났다는 통곡의 산이라는 의미이다.

아래 사진처럼 광활한 토지를 마음 것 차지하고 신도시인 왕도에서 멋지게 살겠다는 꿈에 부푼 사람들에게 청천벼락 같은 죽음과 산자의 상실감은 가히 천당과 지옥 그 자체였을 것이다.

아래 사진이 반복 게시되는 것은 당시의 상황을 강조하기 위함이니 시각적인 자료를 통해서 각자의 생각을 대입해 본다면 당시의 사람들이 얼마나 허탈한 꿈이었으며 불행이었는지를 느끼게 될 겁니다.

동시에 우리 조상들이 개국한 코리아가 얼마나 값진 나라이며 우리가 이 나라를 어떻게 발전 보존시켜야 할지를 생각합니다.

충청도에서 노비를 백 여 명씩 거느리며 부자로 행복하게 잘 살았던 사람들이 궁예 왕이 토지와 집을 준다며 새로운 왕도에서 살자는 유혹에 말려들어 철원까지 왔는데 별안간 왕건의 반란으로 철원 신도시로 왔던 충청도의 호족들과 그 하인종속들이 모두 몰려나와 사투를 벌였지만, 끝내 몰살당했으니 하늘이 무너지는 것 같은 낭패감에서 가족들의 시체를 찾아 명성산을 헤매고 다니던 아낙네들의 그 애통함을 어찌 감당하겠습니까?

그래서 그곳 사람들은 울음 산이라 불렀다는 것이 명성산의 유래입니다.
훗날에 생각해도 그 비통함은 눈에 밟히는 듯 선연한 슬픈 역사의 전설 앞에 나도 가슴이 먹먹합니다.

정치가 무엇이 간데 이렇게 아픔을 주어야합니까? 그렇게 비통한 원한을 주고 얻은 왕건임금님에 대한 원한이 얼마나 사무치겠습니까?

그래서 충청도에서 그리도 많은 반란이 일어났는데도 태조 왕건께서는 고려를 창건 하셨습니다.

궁예왕의 꼬드김에 빠져 신도시 왕도 철원으로 이주했다가 남편아~니 가족 모두 잃고 신도시도 잃은 손실감에서 불행을 겪었던 충청도 사람들의 심적 상처를 생각지 않고 반란만을 탓한 다면 그것은 또 다른 국가적 불행은 아닐까도 생각된다.

궁예 정권이 몰락하자, 그를 따르던 충청권의 왕건에 대한 반란에 사투를 벌여 극에 달했었다.

- 1차 충청남도 홍성 출신 마군장군 환선길(桓宣吉)의 반란

2차 충청남도 공주 출신 이은함(伊昕巖)의 반란 3차 충청북도 청주권의 임춘길(林春吉), 진선(陳瑄), 선장(宣長),경동, 등등의 반란이 수시로 일어났다.

주로 충청북도 지역과 충남 홍성 공주 지역에서 반란 했다

역사는 승자(勝者)의 입장에서의 기술(記述)이기는 하지만 반대편에 섰던 패자들의 행적과 성향을 너무 심하게 왜곡시켰다는 사실이다.

궁예의 도읍지였던 철원군 주

민들은 대동방국(大東邦國)을 지향하면서 주체적인 연호까지 사용하여 엄격했던 신라의 골품 제도에서 소외되었던 민중들이 역사의 주체로 등장하는 새로운 세상을 꿈꿨던 태봉국이 겨우 18년 짧은 왕조로 끝난 점을 애석하게 여겼던 것도 사실이었을 것이다.

궁예는 부하였던 왕건일파의 반란으로 왕위에서 쫓겨나서 한탄강을 건너서 명성산으로 숨어들어 통곡하며 처절하게 항전하다가 비참한 최후를 마쳤다는 왕도의 전설이 내려온다.

끝내 이루지 못한 궁예의 꿈은 무엇인지? 태봉국은 왜, 단명했는지? 역사적으로 어떤 문제가 있었는지를 생각해보겠다.

고려를 건국한 왕건과는 태생적 환경도 비교되는 궁예의 정치적 성향에서도 큰 차이가 있었으며 무엇보다도 왕건같이 든든한 뒷배가 되었던 부모도 없었으니 궁예는 참으로 불쌍한 인간의 발버둥이었다고도 생각되지만, 과연 뒷배 없이 홀로선 궁예의 처지와 부모의 막강한 자본이 적극적으로 뒤를 받쳐 준 왕건의 조건을 비교하여 진정한 인간 승리자로서 당당한 역사의 심판은 과연 누구를 꼽아야 옳을지? 생각해보는 것도 필요하다.

태봉국은 궁예 관련 기술(記述)이 대부분을 차지하며, 삼국시대 역사연구의 근간인 삼국사기(三國史記)를 어떻게 평가할지? 역사학계에서도 논쟁거리였다.

"역사란 이념적 세력과의 논쟁이다."

조선상고사(朝鮮上古史)를 살펴 본 독립 운동가이자, 민족주의 사학자인 단재 신채호(丹齋 申采浩, 서기1880-1936)선생은 신라의 김부식은 통치자인 왕조 중심의 사대주의 사관(史觀)에 치우쳐 역사를 기술했다. 라고 비판했었다는 것이다.

신채호 선생은 우리의 역사적 사실이라고 믿는 많은 기록들이 상당부분 왜곡당한 문제점이 있다고 본 것 같다.

우리역사뿐만 아니라, 인류역사의 많은 부분이 사가들에 의해서 각기 달리 주장 되었으며 정치가들은 자신들의 권력유지에 필요한, 주장만을 채택하여 왜곡되어 왔으므로 실제에 있어서 너무 많이 뒤틀려졌다.

특히 삼국사기, 이후 고려와 조선의 건국을 합리화하기 위하여 편찬된 이설적(異說的)인 주장으로 많은 부분을 재단하는 정치적 목적이 개제되었으며 삼국사기에서 궁예가 신라 왕자라는 주장에 대해서는 본질적으로 의심되어왔다.

신채호선생은 '고려사관(高麗史官)이 세달사(世達寺)의 한 걸승(一個乞僧)에 지나지 않는 궁예를 고귀한 신라 황궁의 왕자로 조작했다고 보는 이유로 정변을 통해 "궁예"왕을 몰아내고 정권을 잡은 왕건의 쿠데타 혁명을 정당화하기 위한 것으로 여긴듯하다. 라고 주장하는 분도 있다.

궁예는 아버지에게 불효했으며, 국조(國祖)에 불충(不忠)했던 인물로 묘사하여 결과적으로 패착(敗着)될 수밖에 없었던 인격으로 봐서 김부식의 계획된 역사 왜곡 의도로 여긴 것이다.

결과적으로 궁예나 왕건 둘 다 정치적으로 집권에는 성공한 정치가이지만, 결과는 승자와 패자라는 귀결로서 어쩌면 후대역사 기술가(記述

家)들 입장에 따라 미화 또는 비판적 여지가 개제되었다.

*궁예의 출생비화의 사실여부 관계없이 불운한 시대의 정치가였다고 할 수 있으며. 전해지는 기록대로라면 궁예는 신라말기 권력다툼에서 버려진 비운의 왕자이다.

즉, '차령고개 이남과 공주강 사이의 지역'을 말한다는 것이. 글자 그대로 해석할 경우 바로 아래의 지도가 그것이다.

위에 지도와 같이 차령고개 밑에가 공주이며 아마도 직선거리로 50km에 불과하며 차령산은 왕건 사망 서기 946년 후 서기1903년 일본의 고토분지로가 한반도 측량 후 새로운 산맥을 정리할 때 비로소 차령산(車嶺山)이 처음 명명된 것이다.

왕건 사망 후 957년 만에 생긴 차령산맥이므로 왕건의 훈요와는 하등의 관계가 없는데도 불구하고 일본의 이마이 시니가 왕건의 훈요에서 말한 차현(車峴)은 공주와 차령 사이를 묶어서 그 아래 호남을 의미한다. 라고 했지만, 이 해석은 잘못된 것이다..

금강은 전북 장수군 신무산리 "뜬 봉 샘"에서 발원하여 충북 옥천군을 돌아서 청주, 연기, 공주, 부여, 논산, 강경, 금강 하구로 빠져 나간다.

금강은 전북 장수군 장수읍 신무산리 9부 능선에서 발원하여 충

북 옥천군까지 물길이 꺾여 "적등진강"이라는 공식 이름이 지어져-〉충남 연기군으로 내려오면 "부강"이란 이름으로 바뀌고 → 청주를 지나 "미호천"으로 합류하여 → 공주를 지날 때는 "곰나루. =고마, 나루"라고 불렸으며 → 부여를 지날 때는"백마강"이라 불렀다.

금강은 전북 장수군 자수읍 신무산리 뜬봉샘"에서 발원하여 충북 옥천군 → 연기군 → 청주강 → 공주에서 합류하여 → 부여 백마강으로 흘러 군산에서 바다로 간다,

관련하여 왕건이 사망하기 2년 전에 웅주를 공주로 바꿨으며 왕건의 살아생전에는 공주 강이라고 불렀는지는 확실치 않다.

서기475년 백제의 문주왕이 수도를 한성 → 웅진(공주)으로 옮겼으며 서기660년 백제는 멸망했다.

통일신라는 웅진을 그대로 인정하여 "웅진도독부"로 정하고 소부리(사비주)로 불렀으며 고려 시대인 서기940년 (태조 왕건23)웅주-〉공주로 개명했으며 왕건의 사망이 서기943년7월 9일이니 공주로 지명을 바꾸고 3년 만에 사망했다.

----

*나루*란 무슨 뜻일까?*

나루는 영어로 해석해야 뜻을 알 수 있는데. 나로(narrow)는 영어이지만, 우리말 시냇가에서 유래한다.

시 나로 (sea narrow)는 바다가 좁아지는 물목을 말하며 나룻배는 당연히 물목이 좁은 곳으로 건너다니는 우리들의 "시냇물"인 개울물로 잘못 알지만, 본래의 뜻은 시나로(Sea narrow)에서 온 말이며 우리말

의 고대 언어 상당부분은 영어로 번역되었다.

*나루터는 나로 터리토리(narrow Territory)라고 해야 옳다. 충청북도 지역은 궁예 지지세가 강해서 왕건의 혁명이 일어나자, 반란이 빈발했는데. 국정, 역사 교과서의 고려사 부분 집필에 참여한 경기대학교 사학과 이재범 前 교수는 '공주강외(公州江外)'는 청주 미호천(美湖川)으로 봐야 한다고 주장했다는 것이다.

충북대학교 역사교육과 신호철 명예교수는 "궁예는 어려서 지방에서 숨어 살게 되는데, 그곳이 청주로 추정되며, 청주는 궁예 세력의 온상 같은 곳"이라고도 했다는 것이다.

산과 땅의 형세가 배역하다는 것에 대해, 청주, 조치원, 증평 일대의 미호천 평야는 주변이 백두대간과 금북정맥 금남정맥 등의 산줄기로 완전히 둘러싸여서, 일단 반란이 일어나면, 수도(首都)인 개경이나 인근 지역에서는 감지와, 진압이 어려웠을 것이다.

실제로 청주계 호족들이 왕건에 대한 불만을 품고 계속해서 반란을 일으켰다는 여러 사료들을 볼 때, 이 항목은 청주를 중심으로 하는'친 궁예, 반 왕건 세력'을 조심하라는 권고로 볼 수 있다.

훈요 제8조에 나오는 왕을 시해하려는 난(亂)을 일으킨다는 부분은 왕건이 궁예를 몰아내고 고려의 태조로 즉위한 직후부터 약1년 동안 충청도 홍성 출신 환선길, 공주출신 이흔암 ,청추권 출신 임춘길, 배총규, 진선(陳瑄), 선장(宣長) 경동 형제등 왕건을 시해하려는 모반이 끊이지 않게 일어났다.

이들 주모자 세력들의 출신지가 청주이거나 청주 인접 지역들로 왕건이 즉위 1년이 되어 맨 처음 방문한 곳이 청주였으니 왕건은 자신을 시해하려는 배후 세력의 근거지를 청주로 보고 회유하려 했을 것이다.

"고려사"에는 청주를 지목하여 수서순역(首鼠順易), 즉 '쥐떼 들 우두머리로 반역의 기회만 노린다며 왕건의 청주순행 배경을 설명했다.

그래도 고려에 귀부하지 않고 저항이 계속되자, 왕건은 거듭하여 서기928년에 청주를 순행하고, 서기930년에도 순행하였다.

이 때문인지? 청주 지역과는 혼사를 맺지 않으면서도 인근 진천(鎭川)즉, 당시 진주(鎭州)에서 왕건이 10번째 부인과 며느리를 얻고, 충주시(忠州市)에서 3번째 왕비 신명순성 왕후를 얻음은 청주에 대한 견제 정책의 일환이었다고 볼 수 있다.

하지만, 점차 나라가 안정되고 친 궁예 반 왕건 기류가 사라지자, 후대 왕들도 이 부분에 대해서는 신경 쓰지 않아도 되었다.

특히, 차현의 해석을 두고 이제까지 차령산맥인지? 아닌지? 논의가 분분했는데, 결론부터 말하자면 훈요 10조상의 차현은 지리교과서 상의 차령산맥일 수 없다.

우리나라에서의 산맥은 지리학적 개념이 아니라 일제 강점기부터 도입된 현대적 지질학적 개념으로 보이는 산줄기가 아니라 산줄기가 형성되는 지하의 일직선상의 지맥을 일컫는 말인데, 당연하게도 고려시대에는 지하의 지질학적 지맥을 파악했을 리도 없다.

왕건이 어떻게 20세기부터 도입된 차령산맥 개념을 알 수 있겠는가?

옛날 사람들은 당연히 겉으로 보이는 산줄기만으로 지형을 파악할 수밖에 없으니 "차현"의 범위를 넓게 잡아도 산경표상의 금북정맥으로 봐야 한다.

게다가 차령산맥은 20세기에나 들어서야 파악된 지하의 지질학적 직선형 지맥을 일컫는 말이지! 겉으로 노출된 분수계를 일컫는 말은 아니다.

따라서 차현이 금북정맥일 수는 있어도 차령산맥일 수는 없어. 금북정맥 이남일 경우 충청도 북부 일대 역시 이에 포함된다.

특히 사료들을 검토해 보면 왕건은 과거 후백제의 잔당 혹은 옛 태봉세력인 궁예의 친위세력으로, 새롭게 권력을 잡은 왕건 정권에 저항을 거듭한 청주 지방을 상당히 경계했음을 알 수 있다.

청주 사람들은 변심을 잘하므로 청주가 반칙(反側)을 할까 두렵다, 라고 태조원년에는 청주는 반역을 저지를지 말지 궁리하며 그릇된 언사를 많이 함으로…라고 근심했으며 고려사 태조 2년 기묘년에 궁예가 철원군으로 도읍을 정할 때, 청주인들 1천호(戶)가 철원으로 이주했을 만큼 친 궁예지역이 바로 청주이기도 했다.

14
(靑州人戶一千 入鐵圓城爲京) 궁예 열전

요즘 차령산맥을 넘는 사람들은 자신들이 산맥을 넘는 줄도 모른다고 할 정도로 산맥 자체가 존재감이 없다.

이 차령 고개는 박정희 시대에 차령(車嶺)을 차현(車峴)으로 조작하기 위해서인 듯 마치 굴을 파듯 50미터 가량을 파내어 차령 고개로 조작을 시도한 것으로 여겨진다.

금북정맥 4구간(차령고개~각흘고개)

물론 박정시대 뿐만 아니라, 일제 강점기도 호남 비하는 그 목적이 독재정권에 걸림돌인 호남을 비하하여 친일파들의 극 보수 정권을 강화하는데 목적이 있었을 것으로 여겨진다.

관련하여 2004년~2005년까지 국토연구원에서 인공위성과 과학적인 기법을 활용하여 측정한 결과 산맥이, 지하에 있을 걸로 알았던 지맥이 애초에 없는 것으로 드러났다.

서기1903년, 일본 출신의 '고토 분지로'라는 학자가 인부 6명과 당나귀 4마리로 14개월 동안 한반도 산맥을 측정해서 산맥 체계를 만들었고, 이후 100년 이상 배워왔던 차령산맥 자체가 없었으며 낮은 구릉(丘陵)지대의 하나일 뿐이라고 한다.

차령산맥을 훈요 10조 중 8항에 차현(車峴)으로 잘못 알고 억지로 꿰맞춰 얼토당토하게 해석했으므로 공주강 이북을 공주강 이남으로 해석을 하거나 아예 생략했던 것이다.

지질학적으로 차령산맥과 금북정맥이 교차하는 지점이 차현 일수는 있어도, 당시의 차현은 금북정맥을 나타내는 것이지 20세기에서나 정립된 차령산맥과는 전혀 관련이 없는 것이다.

또한 공주 강 외라는 부분을 아예 무시하거나 공주 강 이남으로 왜곡했으며 애초에 공주강 즉, 금강 자체가 차령산맥 남쪽에 있기 때문에, 차령산맥 남쪽범위로 상정해놓고 굳이 공주강 남쪽이라고 할 필요도 없고, 게다가 '강외'란 말은 당시의 사용 방법에 따르면 행정구역, 성벽, 강처럼 인공물, 자연물의 경계를 따지는 경우일 뿐인데, 강의 경우엔 해당 지역을 다스리는 성을 기준으로 삼는다.

공주성은 공주강의 남쪽에 있었기에 강 밖이란 말은 강의 북쪽을 말하는 것이나.

셋째, 서남 해 지방, 후백제의 잔당을 경계하라는 뜻이리라는 주장 또한 근거가 없으며. 왕건은 자신의 정통성을 끝까지 부정하지 않는 한~ 용서했으며 각지의 호족들을 유화적으로 대했다.

왕건에게 강하게 반대했던 명주(강릉)의 김순식도 항복받은 후엔 왕씨 성을 하사했으며 잘 다독여 주었다.

게다가 멸망 당시의 후백제는 내정이 상당히 혼란하고 내부 분열이 극심했으며, 태조이자, 태상왕인 견훤이 고려에 망명하는 바람에 국조

(國祖)의 정통성이 고려에 항복한 상태에서 항복으로 멸망한 후에 호족들이 반항 할 까닭이 별로 없다.

여기에 같은 호족 출신이던 왕건이 딱히 궁예나 견훤처럼 호족들의 재물을 갈취하는 정치가도 아니었고, 굳이 고려에 반항해 봤던들, 고려 국왕이 형님처럼 모시는 태조의 왕위를 찬탈하고 절간에 감금한 패륜 자식에게 동조하는 꼴밖에 되지 않기 때문에 후백제 부흥운동 같은 걸 할 이유가 없었다.

훈요십조를 제일 먼저 받은 차기 국왕인 혜종부터 고향이 금강 이남인데, 그럼 국왕 자신을 차별하라는 말이 되며 이 사실만으로도 금강이남 차별론은 일고의 가치도 없는 헛소리다.

고려 개국공신 신숭겸은 고려사 열전에는 광해주(光海州), 즉 강원도 춘천시 출신 인물로 실렸고, 신증동국여지승람에는 춘천도호부 인물조가 아닌 춘천도호부 우거(寓居)조에 신숭겸이 실렸는데, 우거 조는 글자 그대로 그 지역 출신이 아닌 그 지역에서 머물며 활동하던 인물에 관한 기록이다.

역시 같은 책 신증동국여지승람 평산 도호부 편에도 신숭겸은 곡성현. 출신인데 태조가 평산을 본관으로 내렸다고 하였고, 신증동국여지승람 사원조에도 신숭겸은 전라도 곡성현 출신으로 기록되었다.

신증동국여지승람 곡성현 인물조에 "세간에 전하기를, 신숭겸은 죽어서 현의 성황지신(城隍之神)이 되었다."라고 기록되어 있는데, 고려에서 성황신은 그 고을 토호의 시조, 조상 중에서 특출한 인물을 성황신으로 모셨으므로 신숭겸은 곡성현 출신으로 춘천으로 옮겨와 활동한 인물이다.

나주 일대는 고려 왕건의 세력 기반이고, 전주는 후백제의 세력 기반이었으며, 더욱이 백제의 수도인 캐피탈 시티(capital city)가 전주였으므로 나주가 전주를 통합한 것이 되기도 하고 개성이 전주를 통합한 형편이 되기도 하여 정서상 통합당한 원한의 대상이 성립되지 않는다.

또한 이를 감안하면 8항에 나오는 '통합 당한 원망을 품은 지역'이라면 이치상 궁예의 본거지가 아니면 견훤의 본거지를 기준 점으로 가리킬 수 있으며 이럴 경우 공주강 외라는 곳은 공주강 북쪽의 궁예와의 원한이지…백제와의 연결이 안 된다.

혜종대왕인 왕무(王武)의 (武)자는 고려조에서 태조 왕건과 함께 고려 왕실 종묘의 불천지주(不遷之主)에 오르게 되며 태조 왕건과 함께 전장을 누비며 왕위계승 적통수업으로 이어받아 당당하게 왕위에 오르고, 또한 현종은 그 정통성을 잇게 되어 그 위상은 감히 넘볼 수 없는 것이었다.

고려 왕조 불천지주(不遷之主)는 태조, 혜종, 현종, 오직 세분뿐이다.

태조 왕건이 훈요를 남겼든지? 또는 현종 대에 최항이 조작을 했든지 간에 두 경우 모두 공주강 외(外)는 공주강 북쪽으로 해석될 수밖에 없다.

15
호남 황해 인들이 개국한 코리아

광주타임즈 승인 2018.03.14. 17:57 한국 사이버 문학인협회 이사·시인 문경주=삼면이 바다인 신라의 해상무역상인들의 분포와 성향을 장보고 군단들은 속속들이 꿰뚫어보며 연맹을 맺고 있었을 것이므로 신라의 정권에 반감을 가지는 동해의 맹주인 김순식 상단을 찾아가 의탁한 장보고 부하들도 있었을 것이다.

그들은 어느 여인과의 사이에 아이들을 낳았을 것이고 그렇게 기르던 아이들이 장보고 일세대가 늙어서 죽게 되자, 고아가 되어 곤충까지 잡아먹으며 근근하게 성장하여 소년기에 접어들면서 아버지들의 추억이 있는 연고 처 김순식 상단에 종속되어 심부름꾼 노릇도 하며 근근하게 성장했다고 보는 것이다.

당시엔 오늘날처럼 교통이 발달하지 못하여 서해 연안 당진군에서 태어난 아이들이 비렁뱅이로 떠돌며 동해 끝자락 강릉까지 갔다고 보기엔 무리가 있다. 박술희 후손인 박심이 고려의 공조판서로 있다가 고려가 무너지고 조선이 창건되면서, 고려의 충신들이 개경 근처의 두문동(杜門洞)에 들어가 은거했었다.

태종 이방원의 재야 시절에 의형제를 맺은 이숙번은 성경에 나오는 '다윗'처럼 개성 지역의 유명한 돌팔매 꾼으로서 오늘날의 깡패와 같았던 건달(乾達) 출신이며 조선 창건을 위해 수많은 정치 테러를 감행한 인물인데 그가 고려의 잔존 충신들이 거처하던 두문동을 불태울 때 박술희 후손 박심(朴諶)등 몇몇이 극적으로 탈출하여 뿔뿔이 흩어져 도피하다가 황해도 임암촌(林巖村)에 은거(隱居) 하면서도 박심의 충성심이 남달라서 매일 아침 개성을 바라다보며 왕건의 넋이 떠돌 것으로 여겨지는 왕궁(王宮)을 향해 절했다는 일배송경조알도(日拜松京朝謁圖)가 전남 장성군 '정현사'에 봉안되어 있다가 왜적에 의해 원본이 유실되었다.

박심은 그 시조인 박술희가 고려에 충성을 다하여 깊은 뜻을 이어받으려 했을 것이므로 '일배송경조알도'가 전남 장성군에 보관되었던 사실에 비추어볼 때 박술희 아버지의 고향도 장성군 일원이었거나, 최소한 전남의 어디인가였을 가능성이 있으므로 복지겸 박술희 배현경 등등은 연령대로 봐서 장보고 부하들이 뿌린 2세의 씨앗(즉, 후손)으로 떠돌다가 신라에 반기를 들은 호족(신라에서는 도적떼로 기록함)들에게 의탁하여 성장했을 가능성이 매우 높다.

위에서 검토한 내용들을 종합해보면 고려 정권을 세운 군사들은 장보고이 1대 부하와 2세 청년들이었으며 그들 내부분은 전라도 출신이었고 그들이 창출한 대표적인 분이 바로 고려 제2대 혜종대왕까지의 역사가 바로 호남 주역들이 일궈냈다고 정리하겠다.

(문경주) 광주타임에 대한 2년여 간의 기고문 중에서 발췌한
일부를 인용하기도 했습니다.

16
왕건의 훈요 8조가 잘못된 해석이란 증거

*차현(車峴)은 서기551년에 신라와 백제가 고구려의 공격을 견디다 못해 동맹군을 결성하여 고구려를 공격하여 고구려로부터 빼앗겼던 오늘날의 충청도 음성군 대사면 화봉(火峰)고개를 되찾았으며 그곳이 곧 차현(車峴)이다.

정확히 말하면 차현은 곧 거현(車峴)으로 본래 우리말은 차(車)가 아니라, "수레거"자이기 때문이다.

신라의 수도 경주에서부터 우마거(牛馬車)길을 만들어 한반도의 남단을 관통한 나라가 신라이며 도로가 발달한 나라가 광역을 지배하는 그 공식은 신라에게도 적용되었다.

서기551년 백제의 성왕이 신라 진흥왕과 연합하여 고구려를 공격하여 백제가 한강 하류 6개 군, 신라가 한강 상류 10개 군을 차지한다.

이때 잠시 백제가 당성군(黨項城)을 탈환했으나, 신라의 진흥왕이 동맹관계를 깨고 백제가 차지한 한강 하류 지방까지 몽땅 빼앗아 신라의 강역으로 만들었다.

*신라는 백제를 멸망시키고 "당항성"을 통해 무역을 활성화 했다.
백제의 당성군도 속절없이 신라에게 넘어가고 백제는 신라에게 배신당해 겨우 수복한 한강 유역을 모조리 빼앗긴 성왕은 서기554년 국토를 수복하기 위해 아신왕 시절처럼 왜와 가야를 끌어들여 신라를 공격했으

나 관산성 전투에서 패하여 전장에서 신라군에 의해 최후를 맞았다.

시작은 서기 551년 신라와 백제의 연합작전으로 고구려를 치기위해 신라군이 왕래할 수 있도록 길을 터 준 것이 화근이었으며 신라는 경북 상주에서 이화령 고갯길을 개척하기 시작했다.

아래 사진에 신라의 도로망은 평안도까지 이어지고 있으며 "당항성"을 통해 당나라와 무역을 위해 경기도 화성시 서신면 당성 항구까지 관통도로를 만들면서 충북 음성군 대사면 화봉고개를 넘나드는 우마차 길을 개척했던 것이다.

신라가 당나라와 무역을 위해 당항성(黨項城)까지 왕래하는 도로를 내기 위해 이화령 고개의 산 중턱 8부 능선 비탈길을 만들어 충청북도 괴산군을 거쳐 차현(車峴)고개 밑으로 왕래하는 도로를 개척했으며 이 길을 통해 당나라와 물품을 날랐다.

신라는 백제와 연합군을 결성하여 고구려를 몰아내고 한강이남, 평택 위에 지역 영토를 빼앗아 화성군 서신면 "당항성"까지 우마차 길을 개설하여 끝내는 "나당연합군을 결성하여 백제를 멸망시켰다,

신라는 아래 사진처럼 당항성을 활용하여 무역을 활성화 하는데 총력을 기우렸으며 결국은 그 정책이 성공했으며 도로를 뚫는 공사는 당시에 국력을 기우리는 대역사였으므로 강력한 정치체제가 구축되지 않고

는 불가능했을 것이다.

신라는 함경도까지도 길을 냈으며 한 민족을 제대로 이끌 만한 저력을 가졌으면서도 결국은 왕위 자리를 놓고 다투다가 멸망했다;

신라가 백제와 연합군을 결성하여 고구려를 몰아내고 한강이남, 평택 위에 지역 영토를 빼앗아 화성군 서신면 "당항성"까지 우마차 길을 개설하여 끝내는 "나당연합군을 결성하여 백제를 멸망시켰던 것이다,

17
신라의 당항성길 개척 충북 농 다리

신라의 도로가 처음 개척된 것은 서기 551년경으로 추정되며 당시엔 산의 8부 능선으로 28번을 구부렸다 펴는 지그재그 형의 도로 이였으나. 이 시대엔 산 밑으로 터널을 뚫어 서기1998년에 개통되었다.

신라에서 이화령을 넘어 온 우마차는 충청북도 음성군 대사면 "화봉고개"즉, 차현(車峴)을 통과하여 경기도 남양만의 화성시 서신면의 당항성(黨項城)까지 물류를 싣고 당나라와 신라로 오고가는 화물을 날랐다.

아래 제시된 지도상의 "도고리봉"은 도거리봉(道車里峰)의 사투리이며 우마차가 많이 다닌다는 의미이다. 충북 음성군 대사면 화봉고개는 삼국시대 이전부터 봉화(烽火)를 올리던 곳이며 이 길은 중부고속도로와 구불구불한 583번의 일반도로가 겹치는 부분이 차현(車峴)이다

위 지도상 도고리봉 과 마이산 사이가 고려의 왕건이 유언했다는 훈요십조 중에 8조의 차현=거현(車峴)이며 고개현(峴)자가 들어가면 우마차 통행 가능한 도로이고 령(嶺)자가 들어가면 우마차가 넘기 곤란한 고개이다.

가령 추풍령, 미시령, 한계령, 대관령 따위에 령(嶺)은 우마차의 통행이 곤란한 곳이며 고개현(峴)자가 들어가는 곳은 우

마차 통행 가능 지역으로 서울의 경우 아현동, 갈현동, 회현동, 논현동 율현동, 부산시, 대현동' 목포시 석현동, 등 전국에서 "현"자가 들어가는 곳은 우마차 통행 가능한 지역이다.

신라가 당항성(黨項城)을 통한 무역이 한창이던 서기 600년경 전후로는 마이산, 아래 우마차 길인 차현(車峴)이 아주 유명한 교통의 요충지로서 한반도에서 가장 잘 알려진 도거리(道車里)로 통하여 당시의 백성들이 다 아는 유일한 번화가이었다.

오늘날 3거리이니 4거리이니 하는 도로의 개념은 여러 곳으로 갈라지는 곳이지만, 당시의 "도거리"는 교통량이 많다는 의미로 도거리를 위지도에서는 "도고리 봉"이라고 통칭했던 것으로 나는 2024년으로부터 16년 전에 호남차별의 근원을 알아보기 위해 전국의 해당지역을 방문하여 역사의 뿌리를 캐고 다녔었다.

신라의 농 다리는 그 축조방시식이 진천의 농 다리와 같아 진천의 "농다리"축조도 신라인들이 만들어 당나라와 무역을'위해 우마차 길을 확보하

기 위한 목적으로 건설된 것으로 여겨진다.

현존하는 충북 진천군의 "농다리"의 판돌이 한 줄만 있는 것은 유실된 판돌이 모자라서 외줄로 개축한 것으로 보이며 당초엔 세줄 정도로 축조하여 우마차가 통행했을 것이다.

신라와 당나라의 활발한 무역으로 백제는 사실상 고사됨

우리나라에서 가장 오래된 돌다리
진천 농다리

필자도 20여전에 위에 사진처럼 차현(車峴)고개를 방문했다. 마이산이 두 개가 있는데 하나는 경기도에 있으며 다른 하나가 바로 화봉고개의 마이산이다.

서기642년엔 의사왕이 식섭 출성해서 미후 성, 미추홀(彌趨忽)을 비롯한 40여성을 점령하였다.

또한 윤충 장군을 시켜 전투를 벌여서 성주의 김품석과 그의 아내이자, 김춘추의 딸인 고타소를 죽이고 "대야성"까지 빼앗았다.

서기643년 의자왕은 당항성을 공격해 신라가 당나라로 가는 길을 막고 국제적으로 고립시키려고 시도했으나 신라가 도움을 요청하여, 당나라가 개입하면 승산이 없다고 우려한 의자왕이 군대를 돌려 물러갔다.

성왕 시절, 신라가 한강을 차지하고 백제는 멸망 직전까지 가면서 신라와 국운을 걸고 치열한 혈투를 벌였으며, 왜나라는 당연히 동참했지만, 예전처럼 군사를 이끌고 공격하진 않았으며 외교적으로 신라를 압박했다.

뿐만 아니라. 고구려와 말갈도 가세해 신라를 괴롭혔지만, 신라는 끝까지 한강 유역을 뺏기지 않았고 당성진도 계속 신라의 영토로 남을 수 있었으므로 삼국이 다투는 시기에 중요한 전략적 위치를 가진 군성이었지만, 정작 그 시기의 당항성의 규모는 일반 중대병력 규모만 주둔할 정도로 아주 작았던 것 같다.

당시 수출입 무역항으로서의 당항성이 위치한 지역인 화성시 서신면 자체가 좁은 육로로 연결된 섬과 다름없는 반도였기 때문에 생각 없이 성체의 규모만 키웠다간 주둔군의 식량 보급에 큰 차질이 생기기 때문이었을 것이며. 또한 위치 자체가 한반도 정중앙 가까이에 있어서 방어가 용이하므로 굳이 무리해서 성의토대를 넓힐 필요도 없었을 것이다.

현재의 해안선은 천여 년이 넘는 세월 동안 퇴적작용 및 간척사업으로 삼국이 각축전을 벌이던 당시보다 후퇴한 상태로 신라가 삼국통일 후 경덕왕 때 당은군(唐恩郡)으로 바꿨다가 서기829년(흥덕왕 4년)에 당성진(唐城鎭)을 설치하여 해안 방어를 위해 군사 기지화 하였다.

이후 후삼국 시대가 개막하고 서기900년(효공왕 4년)에 궁예 휘하의 장수 왕건에 의해 정복되어 태봉의 영향권 안에 들어왔으며, 태봉의 영역을 그대로 계승한 고려에 이르러서도 별다른 분쟁 없이 쭉~고려의 영역으로 남게 된다.

고려 초에 당성군으로 개칭하였으나, 그 뒤 수주(水州)지금의 경기도 수원시), 인주(仁州 지금의 인천광역시)에 속하였다가 서기1290년(충렬왕16) 익주지사(益州知事)의 행정 구역에 편입되었다.

18
호남인들을 깎아내리려 한 민족반역 어용학설

1, 차현(車峴)은 서기551년 백제와 신라가 동맹하여 고구려의 침략을 물리칠 때 신라군의 공격로를 개척한 군사도로를 훗날 당나라와 신라의 무역항을 개설하여 경주와 화성의 당항성(黨項城)을 왕래하던 큰 길로서 당시 한민족 최대의 번화가이며 유명해진 무역통상 도로로서 오늘날의 충청북도 음성군 대사면 화봉리 차현(車峴)고개가 유일하다.

2,어용학자들이 주장하는 것처럼 차현이 충청남도 공주군의 차령(車嶺)고개라는 논리가 맞지 않는 이유로서 고개현(峴)이 아닌 재령(嶺)자로서 우마차가 넘나들 수 없는 곳이며 서기1903년 일본의 "고토분지로"에 의해서 처음으로 조사된 조선의 산맥을 바탕으로 명명된 차령산이며 진짜 차현(車峴)의 마차길이 생긴지 1,357년 후에 개설된 길을 대입하여 차현 고개라는 논리는 터무니없는 주장이며 서기2024년 오늘날을 기준하여 불과 116년 전부터 호남차별 논란을 퍼트린 악질 민족반역자들의 요설일이다.

  1) 충청도 호족들 1천호(하인종속포함 약10만여 명)를 철원으로 이주시켜 중추세력이 궁예의 철원 도읍지를 채웠다.

  2) 신도시 왕도인 철원 도읍지로 이주하지 못해 조상들 선산(先山)지기 빈민들 또한 호족들이 빠져나가 조건 좋은 경작농토가 풍부하여 소득 높은 소작으로 수익이 짭짤하여 충청도민들은 일약 횡재한 정서이었을 것이다.

3, 전라도 해양세력 (오늘날의 신안군 압해도) 기지의 총괄 지휘자,격인 수달 능창 장군의 사망으로 그 부하들이 왕건에게 항복했던 호남세력들을 왕건의 장인 "오다련" 공이 관리하다가 왕건의 밀명에 의하여 궁예와의 전쟁을 위해 호남청년들이 "목포 배"로 영산강 하구를 출발하여 서해를 거슬러 올라가 임진강에서부터 궁예의 호위군사인 충청도 세력들과 치열한 전투를 벌여 끝내 궁예를 주살했던 것이다.

친일 매국세력들이 차령고개가 "차현"이라는 주장은 터무니없는 억지이며 본래의 지명은 원터(院攄)고개였으며 담원(院)자는 산형이 담장처럼 둘러싸여 있다하여 우마차가 다닐 수 없는 급경사의 산 고개였다.

한문의 분류로 쉽게 이야기하여 수뢰가 넘어 갈수 있는 곳은 고개(峴)자를 쓰는데 현자의 또 다른 이름이 짐 실을 재(載)자를 써서 재현(峴)이라고도 한다. 재현(峴)과 차현(車峴)은 같은 뜻이며 전국에서 00재라고 불리는 곳으로 우마차가 굴러갈 수 있는 현(峴)자는 서울에만도 다음과 같다.

서울

*회현동, 아현동, 논현동, 갈현동, 율현동,등이 있으며 예컨대 부산에 대현동(大峴洞), 복포에 석현동(石峴洞) 그 박에 전국각지에 재(載)현(峴)자가 들어가는 지명은 거의가 우마차가 다닐 수 있는 완만한 고개이다.

반대로 령(嶺)이 들어가는 곳은 우마차가 다닐 수 없는 큰 고개로서 예를 들자면 추풍령, 대관령, 한계령, 미시령, 진부령, 이화령, 차령, 모두가 우마차가 다닐 수 없는 곳으로서 차령고개를 답사해 보면 산봉우리를 50미터 쯤 파 내려갔으며 그것도 일본이 침략해 와서 산을 깎아내어 우마차 길을 만든 것이다.

본래 원터(院攎)고개를 차령고개로 바꿔 역사왜곡에 활용했으며, 신라시대에는 서라벌에서, 당항성을 가기 위해서 반드시 넘어야하는 "이화령"은 한쪽면의 굽이가 28~30개 정도를 구부려 제트(Z)자의 형태로 연속 굽이가 있으며 이화령 고개의 정상도 50미터 가량을 파냈는데 그것은 일본인들에 의해서가 아니라. 신라인들에 의해서, 산봉우리를 깎아낸 것으로 여겨진다.

경주 ↔ 당항성 관통도로를 통해 차현(車峴)까지 왕래했었다.

검토해본 바와 같이 왕건의 살아생전에 충청북도 음성군

금북정맥 4구간(차령고개~각흘고개)

대사면에 차현(車峴)은 단, 하나밖에 없었다.

후에 차령(車嶺)이란 고개 이름은 왕건 사후 960년이 지나서야 차령산맥이 명명되어졌다는 사실을 대입하면 차령을 "차현" 이라고 우기는 학자들은 무식한 것인지? 나쁜 사람들인지? 정의 내리기가 복잡하며 분명한 것은 고려시대엔 음성군 대사면의 차현(車峴) 그 한곳밖엔 없었으므로 왕건의 훈요 제8조의 차현(車峴)이남 공주강외(公州江外)는 역사적으로 정확하게 공주강(公州江)〈==〉차현(車峴)까지로 일치한다.

내가 분석한 역사해석을 읽어 보고도 더 이상 왕건의 훈요 제8조, 문제에 다른 주장을 하는 학자가 있다면 그는 무식하거나 다른 의도가 이을 것이다.

누구이턴 언제라도 이견이 있으면 논리를 내어놔 보시지요. 만약 내가 모르는 사실이 있다면 정중하게 배우고 내 잘못을 사죄 하겠다는 약속을 다짐하는 바입니다.

장보고의 소년기엔 서기 878년에 "신라"가 주변 3국 백제, 고구려 가야를 흡수 통일하여 관등급제를 더욱 강화했으며 신라의 숙적이었던 백제권의 "호남"은 관등 급이 최하위 17관등 급으로써 벼슬을 할 수도 없음은 물론, 사실상 신라로부터 버림받은 민족이었다.

2024년 아직까지도 군대에서는 관등성명을 대라고 하는데 이는 신라의 민족계급 악습의 잔재라고 생각되나, 통일된 신라는 나날이 부패해가고 있었으며 신라가 의식해야 할 주변국은 발해왕국이지만, 발해가 신라로 치고 내려올 까닭이 없음으로 사실상 적이 없어진 신라는 방탕, 그 자체로서 호의호식하고 막 놀아났으며 아라비아 상인들까지 드나들어 호화 사치품을 밀매가 성행했던 것으로 생각된다.

전라도는 패망한 옛 백제 땅으로 왜적의 노략질에 당나라의 해적까지 가세하여 호남인들의 고통이 극심했지만, 호남을 지켜줄 정권은 존재하지 않아서 호남인들은 스스로 살아남아야 했었다.

다른 말로 표현하면 용감하지 못한 사람들은 해적들의 사냥감이 되어 납치당했으며 노약자들이 살아남아 농사지어 놓으면 해적들이 다 빼앗아가고 노동 가능한 사람들은 납치되어 노예로 팔려가는 신세가 되었다.

그럴 즈음에 태어난 장보고라는 어린 소년은 그토록 처참한 실상을 보면서 이건 아니라는 심성으로부터 반항심이 생겼지만... 어떻게 하겠다는 각오와 대책은 없었다.

전라도 지방에 흐드러지게 많은 대나무를 잘라서 칡넝쿨로 훌치기 하여 노끈을 꼬아서 활을 만들어 들고 다니며 장난삼아 새들이나, 짐승을 보면 쏘아 대다보니 어느 사이 참새, 멧새, 나중에는 까치도 잡았고 점차 꿩, 비둘기 산토끼 까지도 잡게 되면서 점차 백발백중의 명사수가 되어가고 있었다.

　다행이 장보고와 동무가 되어준 "정년"이라는 친구가 있어서 심심치 않았으며 이들 두 소년은 궂은날만 아니면 해가 뜨고 질 때까지 온종일 산으로 들로 돌아다니며 활시위를 댕겼다.

　화살촉은 따로 구할 수가 없어 시누대나무를 베어 적당한 크기로 자른 후 한쪽 끝을 날카롭게 깎아내면 쌍촉 작살처럼 뾰족해지며 그것을 맞으면 새의 경우는 등창까지 뚫고 나오기도 하고 꿩이나 비둘기도 몇 번 푸드득거리다가 고꾸라진다.

　그래서 마을 어른들께서는 활을 잘 쏜다하여 궁복(弓福)이라는 이름을 지어주셨으며 그렇게 17세 소년이 되어 제법 이른 티가 날 정도로 성장해가고 있었다.

　자연스레 장래문제가 걱정되었으며 군인이 되어 활을 들고 싸우는 것이 적성에 맞을 것 같았으나 3국이 통일되어 전쟁이 없는 신라에서는 군인도 관 등급이 높아야 되고 랑가(郎加) 사상이 지배하는 화랑(花郎) 단이라는 특수군대가 있었지만 그것도 3국이 통일되고는 오히려 있는 화랑도 해체되는 시기인데다가 화랑이 되기 위해서는 관 등급이 높아야 가능한데 전라도 출신에 17관 등급으로서는 엄감생심(嚴勘生心)턱도 없는 망상이었다.

그런 저런 문제로 늘 고민하다가 어른들 이야기를 얻어 듣다보니 당나라에서는 계급이고 개뿔이고 필요 없이 능력만 있으면 잘 살수 있다는 것이다. 사실이 그렇다면 그것은 말로만 들었던 천국(天國)이 었다.

장보고는 의협심이 강했던 것 같다.

그 이야기를 듣고 부터는 정년이 와 둘이서 날마다 당나라로 건너갈 궁리에 골몰했다.

당시엔 정기 여객선이 있는 것도 아니고 여객선이 있다고 해도 금붙이라도 있어야 배 삯을 줄 수가 있을 테지만, 그럴만한 처지가 아니었다.

그렇게 현실적인 처지를 비관하면서도 유일한 취미는 활을 가지고 사냥하는 것이었다.

그 날도 정년이란 친구와 둘이서 산으로 들판으로 휘돌아다니며 놀이 삼아 사냥을 하다가 다람쥐나 "청솔모"몇 마리와 '쟁끼'라고 불리는 수꿩도 사냥했는데. 수꿩의 자태는 긴 꼬리하며 눈가에 흰털과 검은 털의 조화로운 윤곽이 덧보이는 모양새는 마치 야생 조류의 왕자라도 되는 것처럼 특출 났지만, 화살에 염통을 맞아 즉사한 꿩을 허리춤에 차고 걸을 때 마다 고개가 흐느적거리는 꼬락서니는 아름다운 장미꽃잎이 시들어 바람결에 흩날릴 때처럼 초라하기 그지없어 보였어도. 언제나 했던 대로 가까운 풀무질 대장간으로 찾아갔다

왜냐하면 허구헛날 사냥감을 들고 집으로 갔으므로 어머니가 귀찮다며 아주 싫어하셔서 언젠가부터 인가? 사냥감을 들고 대장간으로 갔으

며 대장장이 아저씨는 사냥감만 보면 아주 좋아하면서 털을 대충 뜯어 내장을 빼고 화덕 불에 사냥감을 올려놓고 풀무로 펌프질을 세게 하여 타는 불에 익혀서 항상 준비해둔 소금과 막걸리를 곁들여 술안주로 드시는 것을 최고의 요리로 여기는 듯했다.

대장장이 아저씨 한분만 계시는 경우는 드물고 인근의 동년배로 막걸리 주당 아저씨들이 모여서 저녁때만 되면 오늘은 "장보고"가 어떤 사냥감을 가져올까? 기다리는 눈치였다.

그런데 그날은 웬~낯선 남자들 두 사람이 더 있었는데 한눈에 봐도 그들은 여느 신라사람 들은 아니었다.

나중에 알게 된 일이지만, 이들은 엊그제 태풍으로 배의 놋좆이 부러지고 놋 대도 부러져 파도에 떠내려가서 배의 방향을 마음대로 노 저을 수 도 없어서 바람에 떠밀리다가 방향키 조종으로 간신히 낮은 갯벌에 좌초될 위기에서 삿대로 버티며 바닷가로 방향을 틀어 마을 입구에 닻을 걸어 배를 대었다는 것이다.

이들은 당나라의 선박으로서 무역화물을 싣고 일본에 갔다가 당나라로 돌아가는 길이었으며 이곳에서 신라 배들에게 수소문하여 "노"를 구했으나 놋좆이 부러져 노를 걸을 곳이 없음으로 대장간을 수소문하여 찾아왔다는 것인데 이곳 대장간에도 놋좆을 만들 만한 제련된 철을 구할 수가 없어서 질 좋기로 소문난 "장수가야" 시대에 있었던 신철을 구하기 위해 전라북도 장수군의 제련 가마터를 찾아가서 겨우 적당한 쇠뭉치를 구해왔다는 것이다

놋좆의 크기는 보통의 망치만 형태이지만 굵기는 다섯 치 정도의

두께에 길이는 20치전 후가 되는 단단한 강철로 되어 있었으며 그 뿌리는 클수록 안정감이 있어서 넓게 자리를 잡아 못질로 고정한 다음 위에는 밑으로 열(10)치 이상의 송판으로 고정시키고 돌출된 부위는 열(10)치 정도로 마치 탁구공을 얹어놓은 형태로 처리하여 놋대 밑에 홈을 파서 끼워놓고 놋 손을 잡고 흔들어 물을 원하는 방향으로 밀면서 배를 이동시키는 수동 "노틀"에 해당하는 것이다.

잠간! "틀" 문화에 대해서 설명하겠습니다.

즉, 전기 동력이나, 증기기관, 또는 화석연료의 폭발력을 이용할 줄 모르던 시대엔 "틀"문화가 지배했었는데요. 예증... 대패 틀, 재봉틀, 문틀, 베틀, 수틀, 자리틀, 가마니틀, 기름틀, 사형틀, 등의 기계적 요소가 들어가지 않는 모든 것을 "틀"이라고 했다.

**이는 영어도 우리의 '틀' 문화를 번역하여 기계적 요소가 들어가지 않는 수동적으로 편리한 기구들을 통 털어서 툴(Tool)이라고 번역해 *툴(Tool)*의 사전적 의미는 다음과 같다.

1), 연장, 도구, 공구, (instrument), Machin tool(만능공구)
2), 뭘? 만드는데 필요한 도구들로서 (대패, 송곳, 칼날) 등등
3), (어떤 일의) 목적 전달 기구 등등
4), 책의 표지, 무늬, 표현 기구,
5), 끄나풀
6), 남자의 성기 (우리도 흔히 연장으로 표현함.)
7), 컴퓨터의 주변기기 부분품 들
8), 공부벌레 (출세를 위한 도구라는 뜻)

**이밖에 여러 행동들...

쇠 정으로 다듬다, (자동차 등등을) 운전하다. 연장을 사용하거나, 제공하다, 마차 나, 기타 차량을 타고 가다(툴로 가다) 오히려 영어는 우리보다 '틀' 문화가 더 많다

'배를 저는 "노"라는 것도 영어가 번역해 갔는데 미국말로는 oar(오아)라고 하며 우리의 고대 가락에서 "어야...디어~~ 어기영차"는 그 의미가 영어와 정확히 일치한다.

오아 두어 어 기어 영 취어(oar do oar a gear Young cheer)=

=노의 기어를 저어라 젊은이여!)가 되는 것이다.

취어(Cheer)는 영어의 추임새로서 일꾼들에게 힘을 북돋아주는 뜻이다. 이 말을 이른바 차력(借力)이라고도 할 수 있는데 이는 용기의 힘을 빌어서 힘을 쓰라는 의미를 가지는 용어이다.

종합해보면 어 기어 영 취어(A gear young cheer)가 되는 것이다,

장보고는 전혀 예상치 못했던 당나라의 배면을 알게 된 것은 하늘이 준 기회라고 여기며 그 선원들에게 사생결단이라도 하듯 당나라까지 태워다 줄 것을 졸라서 결국은 당나라로 가는데 성공했으나. 당나라에 도착 한다고 누군가가 기다려주는 것도 아니었으며 닥치는 대로 노동품 팔이부터 시작하여 밥 먹고 잠자는 것을 해결하고 왜적들에게 납치되어 노예로 팔려온 사람들처럼 당나라의 농가에서 노동품팔이도 하는 등 갖은 고행을 다하며 지내다가 우연한 기회에 무령군(武寧軍)에 입대하여 장보고의 앞날이 밝아왔던 것이다.

당나라의 해양을 철통같이 지킬수록 해적들로부터 무방비상태인 당

신의 고국 신라로 몰려갈 것이란 생각이 들자, 정신이 번쩍 들었다.

내가 당나라의 해양을 지키고 있을 때가 아니었다.

생각이 거기까지 미치자 그간에 모아 두었던 푼돈으로 값이 나가는 귀중품들을 사서 여러 꾸러미로 만들어 쌓아두면서 적당한 기회에 무령군 중소장직을 은퇴할 것을 밝혔다.

물론 무령군 측에서는 가장 용감한 장군 하나를 잃게 되어 만류했으나, 소용없는 일이었다.

그만큼 장보고의 결심은 강했으며 기어코 신라에 돌아가서 신라의 서남해안을 지켜야겠다고 다짐 했을 것이다.

신라의 서남 해안을 지키지 못하는 한은 해적들이 끊이지 않을 것이며 해적들은 신라의 서남해역 연안의 양민들을 계속 노릴 것이고 해적들이 노리는 것은 주로 곡식인데 신라의 동부 해안에는 농토가 충분치 않을 뿐만 아니라, 신라의 주력 군인들이 지키고 있어서 해적들의 노략질이 쉽지 않다.

그러나 서남해안은 지키는 군인도 없거니와 농토가 풍부하여 빼앗을 것도 많아서 해적들의 황금시장으로 통하는 곳이 전라도와

충청도 경기만의 평택 들녘 그 다음 김포들녘 황해도 연백들판 까지 더듬어 먹고 살아온 해적들 중에 일본, 여진, 당나라, 등등 바다의 도적들은 다국적기업 형태로 강성했었다.

19
신라도 왕권쟁탈 하다가 망했나?

장보고 장군은 서기 828년 4월경에 드디어 신라의 42대 흥덕 대왕을 만나는데 성공한다.

물론 부패한 신라의 조정에서 대왕의 알현(謁見)이 쉽지 않아서 2관~5관 등급 재상으로 상대등 하대 등 할 것 없이 여러 실력자들을 수소문하여 당나라에서 준비해 온 보물 꾸러미들을 건네주면서 흥덕대왕을 알현하도록 다리를 놓아줄 것을 간청하여 겨우 어렵게 성사되었던 것이다.

*장보고가 준비한 요구사항은 이런 것이었다.

신라의 신민들이 당나라는 물론, 아라비아 상선들을 통해 노예로 팔려나가고 있습니다.

신라의 신민들이 노예상품이 되어 전 세계로 팔려나간다는 것은 그 당사자들의 고통은 물론 신라에 남은 가족들이 피눈물을 흘리고 있을 겁니다.

저, 장보고는 당나라의 무령군 중 소장 직책으로 당나라의 해상을 지키면서 그들의 참상을 직접 목격한바 있으며 해적들의 주요 상품이 신라의 신민들을 납치하여 마치 물건 다루듯 잡혀온 신라인들의 이빨까지 까 보이면서 상품으로서의 가치를 흥정 선별하는 것이었습니다.

그래서 저 장보고의 지위로 설득 가능한 당나라의 토호들 중에 극히 일부를 노예 신분에서 해방시켜 산동반도의 국유지에 정착촌을 만들어 준 사실이 있습니다.

 관련하여 보다 근원적인 해결책은 신라의 해상을 지키지 못하면 신라인들이 납치 되어 노예로 팔려나가는 불행을 막을 수 없다고 생각하여 대왕님을 만나 신라의 해상을 지킬 방안을 건의 드리는 것입니다.

 구체적인 방법으로 당나라의 무령군과 같은 기능을 가지는 해상 방어 군사를 운영해야 한다는 것이지요. 해상 방어 군사는 육지에는 오를 수 없어야하며 순전히 해상에서만 활동하여 신라의 해안을 지키고 무질서하게 밀무역이 횡행하는 현재와 같은 상황을 강력하게 통제하여 외국의 상선들에게는 합당한 세금을 받고 해적들은 가차 없이 퇴치하여 나라의 안전과 해안을 끼고 살아가는 농어민들의 생존을 보장해주어야 합니다..

 그에 따르는 재원은 해상무역을 하는 상인들로부터 관세를 거둬서 해양을 지키는 군사들의 숙식을 해결하는 동시에 평상시는 어로작업을 겸하여 수익을 창출해서 군사 운영비를 자체적으로 충당하고 남는 돈이 있다면 왕실에 헌납하되 그 투명성을 담보하기 위하여 년 간 1회 정도 왕명에 의한 특별감사를 실시하되 특히 관세의 수입 지출을 명확하게 하도록 회계장부를 비치하여 감사를 받아야 하는데. 이와 같은 제도를 확립하기 위하여 다음과 같은 요망사항이 있습니다.

 1) 군사 1만 명 정도의 모병 권을 주십시오.
 2) 모병대상 군사들은 신라영토의 크고 작은 섬과 해안으로부터 50리 연안 쪽에 생활 근거지를 둔 사람들로서 직접 어업에 종사해 본

경험자들에 한한다는 왕명을 내려주십시오

   3) 군사의 운영체계에 있어서 육지의 전쟁에 차출되거나, 육지의 군사를 해상으로 전보 조치를 금한다는 왕명을 내리셔서 신라의 군권이 뒤섞여 동요 되거나 불필요한 알력이 생기는 것을 사전에 예방 하고자 합니다.

   *다만 외국 군대가 해상으로 침략해 올 경우 우선하여 수군이 막는 것으로 하되 방어가 불가할 경우에만 육군을 투입하고 육지의 전쟁이 발발하더라도 바다에서는 수군의 책임으로 대적하되 수군을 육지의 전투에 차출하는 것을 원칙적으로 금지 한다는 것을 분명하게 해주셔야 육군과 수군간의 불미한 갈등적인 알력을 사전에 예방할 수 있을 것으로 사료합니다.

   장보고 장군으로서는 홍덕 대왕과 이 한 번의 만남에서 기필코 자신의 뜻을 관철시켜야 하는 것이었다.

   왕을 만나는 기회가 이웃마을 경로당에서 이장반장 찾는 것처럼 쉬운 일도 아니고...

   일생을 통해 한 두 번 볼까말까? 한 운명적인 기회인데 여기서 느슨하게 끝내면 그 사람이 누구이던 영원한 패자일 수밖에 없다고 생각하니 더욱 절실했다.

   대왕님!
   이 세상의 모든 생물들은 자신들의 이익을 위해 천지간에서 활동합니다.

   그 원리는 어느 종족들도 다르지 않아서 이익을 위해서는 국법의 지엄함을 잠시 잊는 경우도 생기는데 그 모든 것을 통 털어서 대왕님의 너그러운 관용과 필벌적인 정치적 결단이 필요한 것이며 그것이 바로 통치라고 생각됩니다.

대왕님의 권위와 명령이 천하에서 제일 지엄하다고 여기는 백성들조차도 세금을 많이 내라고 명령하면 겉으로야 굴종하겠지만 속으로는 불만과 원성을 가질 수도 있습니다.

더욱이 가난한 백성들은 직접적으로 삶을 영위하는데 있어서 위협을 느끼기도 하지요.

그렇지만 세금이란 가진 재산의 가치에 비례하는 것으로서 가난한 사람일수록 세금의 정도는 빈약할 수밖에 없는데 자칫 지나치면 나라님에 대한 원성의 숫자가 늘어나게 되지요.

하지만 부자들의 숫자는 상대적으로 적지만 세금의 액수는 큰 몫을 차지하게 되는데 그들에게 부과하는 세금이 과하다 싶으면 저들끼리 쉽게 패당을 지어 여론을 형성하고 그들의 영향력은 왕권보다도 더 가까워 백성들의 불만을 유도하게 됩니다.

아무리 국왕이라도 왕실에 재정이 튼튼해야만, 국방력도 강화시킬 수가 있으며 가난한 백성들에게 구휼(救恤)을 베풀수록 대왕님의 통치는 빛나고 나라는 더욱 태평성세를 이루게 된다고 사료됩니다.

그런 의미에서 세금을 많이 거둘수록 왕실의 권위가 서고 대왕님이 하실 일들이 늘어나 세상에 광명을 밝히게 될 것이라 믿으며. 저, 장보고는 저의 생각과 노력을 신라와 신라인들을 위해서 사용하는 영광을 누리고 싶습니다.

서양의 문물을 싣고 생명의 위협을 무릅쓰면서 큰 바다를 건너오는 상 선단들의 목적은 오직 이익을 얻기 위해서 목숨을 걸고 항해하는 것이지요. 이익은 사람의 목숨을 걸 만큼 중요한 것입니다

그러나 저마다의 가치관은 다르지요.

대왕님께서는 신라의 만백성들에 행복한 삶을 걱정하시느라 노심초사하고 계시며 저 장보고 또한 신라가 영해를 제대로 지키지 못하여 대왕님의 백성들이 재물을 강탈당하고 선량한 백성들이 납치당해 만리 타국의 낯선 부호들에게 노예로 팔려간다는 사실에 대하여 신라의 한 무장으로써 슬퍼하고 분노하는 것이지요.

그런 의미에서 외람되지만, 신라의 신민들을 보호하기 위해 한결같은 이상을 가지고 백성들의 구휼방법을 진언 드리는 것입니다.

위로는 하늘의 뜻이며 만백성의 주인이신 대왕님의 뜻이어야 하고 아래로는 저, 장보고의 묘책의 스임도 하늘과 대왕님께 닿아있기를 소망합니다.

대왕님께서 결심해주시면 하늘의 큰 뜻이 대왕님과 신라에 축복을 내리실 겁니다.

첫째

바다를 건너오는 상품의 가치를 신라의 신민들로서는 알 도리가 없습니다. 따라서 해상에서 수군들이 무역상인 들을 검문하여 값을 조사해 보면 그들은 충분한 이윤을 붙여 대답할 겁니다.

그렇게 되면 적당한 구실을 붙여 값을 절반으로 깎아보는 것이지요. 그래도 흥정이 가능하다면 해상 수군들이 깎은 금액만큼 관세와 신라

상인들의 이윤을 붙여서 유통가격을 결정하는 겁니다.

*그렇게 되면 신라의 소비자들은 손해가 전혀 없습니다.
결국 해양방어 수군들이 깎아 준 무역상품을 신라상인들에게 숫자 파악하여 넘기고 신라 상인들은 그 이윤의 절반을 저의 해양 수군 진에게 넘겨주는 것이지요,

그럼 신라 조정은 돈 한 푼 안들이고 국제 무역상들의 무질서한 밀무역 거래를 바로잡게 되면서 해양 질서를 담당하는 저의들 수군진영 운영 경비를 자체적으로 조달하게 되며 무역상인들 또한 안전이 보장되며 신라의 상인들도 더불어 이윤을 얻게 될 것입니다

그리되면 신라인들에게 물건을 팔 때는 원래 상인들이 요구했던 값으로 판매하되 얼마가 되었던 깎아 준 금액에 관세를 포함한 상인들의 이윤을 받아내어 신라의 상단에게 넘겨주면 상단들은 자신들이 알아서 이윤을 매기되 그 금액이 당초에 상인들이 불렀던 가격보다 높으면 안 되고 해양 검문 단이 처음 흥정한 가격의 범위이내에서 관세와 판매가격이 정해지도록 유도해야 합니다.

그럼 신라의 소비자들도 바가지 거래는 끝나는 것이지요. 신라의 조정에서는 큼직한 상단 몇을 상대하는 것으로 간단하게 상거래가 통제되는 것이며 서양 상단들 또한 장기 체류 비용의 절감과 부가되는 각종 위험부담, 즉 태풍을 피해 해양감시단의 안내에 따라 내항에 정박이 가능하며, 해적으로부터의 습격 등의 위험부담이 없을 뿐만 아니라, 신라 해협에서는 저의 해양 방위 수군이 그들의 신변안전을 보장해주는 것이지요.

둘째

그렇게 되면 신라에서 판매되는 서양의 진귀한 상품들은 정차 가격으로 신라인들에게 유통되어 공신력이 생기며 밀 무역으로 숨어서 거래하던 것들이 당당하게 외국상품으로 고가에 거래되면서 국가의 칙령에 대한 합법적인 세금을 거둘 수 있습니다.

셋째

저의 해양 경비대가 먼저 무역상을 검문하여 팔고자하는 상품을 조사하여 문제가 없다면 가격을 흥정하되 무역상들이 제시하는 가격의 절반 정도로 신라에 판매하지 않는다면 신라에서 상행위를 할 수 없다고 강경책을 써 보다가 상인 대표들과 흥정을 통해 적정한 가격으로 상단과의 거래를 허용하면 소비자들도 손해가 없으며 해양 경비대가 개입하지 않는다면 무역상들로부터 더 비싼 가격에 살수도 있을 물건을 믿을 수 있는 가격에 구입하게 됩니다.

특히 외국제 고가품 구입 고객은 부유한 귀족들이기 때문에 아낌이 적어서 합리적으로 세금을 부가하여 거두어도 과세불만을 왕실이 떠안을 부담 없이 무역상들이 해상경비대와 흥정하여 깎아준 가격만큼 상단들이 더 붙여 소비자에게 팔고 그 이익금의 절반을 해양 경비대에게 반환하면 저의들은 그 자금으로 수군 운영비를 충당하고 남는 돈이 있다면 왕실에 상납하는 방법으로 처리하면 과세에 대한 원성 없이 세수가 착실하게 거두어 질것입니다.

　*장보고의 이와 같은 요지의 브리핑(Briefing)에 왕실은 완전히 공감하는 의견으로 장보고 장군에게 모병 권한을 주었으며 모든 해상 방어권을 줄 터이니 우선 병사들을 모집하여 수군의 군세를 확보한 다음에 보고해 달라는 왕명을 받는데 성공했다.

20
장보고는 완도와 목포를 잇는 세력권이 필요했다

흥덕 대왕으로부터 수군 모병권한을 받은 장보고는 당연히 목포와 완도의 중심 지역에서 어업에 종사하는 젊은이들이 필요했다.

특히 서양의 상선들이 드나드는 길목인 목포는 아주 중요했으며 서양 상인들은 동양에서 의사소통을 위해서는 중원과 같은 문자권역으로 한문이 필수이기 때문에 반드시 한문으로 글자를 써서 소통할 수 있는 대원이 검문선 한척 당 한문 소통(통역)인 한 사람이상 승선해야 하므로 말하자면 한자 공주를 한 엘리트(elite)층의 선원이 필요했다.

그래서 수군 대원을 모병하는 기준도 달라야 했으며 특히 목포권역에서는 단순한 세일러 크루(Sailer Crew)수준의 수군이 아니라, 하나의 외교관의 품격을 갖춘 디플로마트(Diplomat)수준의 해양경비대원들을 뽑기 위해 노력했다.

왜냐하면 목포권역은 단순한 해적의 방어 개념을 넘어 서양의 문물이 들어오는 관문인 남태평양과도 겹치기 때문이었다.

하지만 당시의 항해술로는 감히 태평양을 건너다니는 항해능력을 가지는 대형 선박의 조선 기술은 동서양을 막론하고 없었기 때문에 주로 아라비안 상선들이 당나라를 거쳐 내륙 연안으로 항해하기 때문이었다.

따라서 무역선들은 육지와 접한 연안의 갯고랑 즉 코스탈(Coastal)

을 따라서 풍력과 인력으로 노를 저어 항해 해야만 돌풍이 불어 배가 떠밀리는 경우 육지에 좌초하여 살아남을 확률이 있었으므로 가능하다면 내륙을 바라보면서 항해를 했었다.

동시에 완도로부터 동쪽은 일본으로부터 침투하는 왜구들밖에 없었으며 일본과의 무역도 필요하지만, 왜구들은 주로 식량을 노략질하고 신라의 청장년들을 납치하여 서양의 노예상인들에게 팔아넘겨 돈을 버는 악질들이기 때문에 타도의 대상으로 삼으면서도 서양으로부터 들어오는 상선들은 받들어 모시는 척하면서도 경계를 늦출 수 없는 양면성을 가지는 수준 높은 손님의 격을 갖기 때문에 서남해안을 지키는 목포권역의 선원들 모병이 그만큼 중요했던 것이다.

그러한 조건들을 감안하여 장보고는 주로 목포권역의 섬과 해안가를 돌아다니면서 신라의 왕명을 강조하여 관가로부터 젊은이들을 모아 주도록 요청하여 강연을 통해 즉석 모병을 하면서 순회하고 다녔던 것이다.

*여러분들 반갑습니다!
나는 장보고라는 사람입니다.
제가 서기805년에 당나라로 건너가서 서기828년인 올해에 23년 만에 신라로 돌아와서 지난달에 흥덕 대왕님을 만나 뵙고 드디어 우리 전라도 청년들과 신라가 함께 잘 살 수 있는 방안을 찾아서 여러분에게 이 소식을 전하려고 찾아왔습니다.

신라의 관 등급은 17계단이며 여러분의 관 등급은 바로 17등급으로써 최하위에 속합니다.

여러분의 관 등급으로는 신라에서 "면서기"도 못하며 오직 소작농과

바다에서 고기 잡는 것 밖에 못합니다.

나 또한 그래서 당나라로 갔으며 그 곳에서는 무령군(武寧軍)이라는 군대에 입대하여 중소장이라는 벼슬도 했습니다.

그렇게 나 혼자는 잘 살 수 있었지만, 당나라의 농촌에는 신라에서 납치되어 당나라 사람들에게 팔아넘긴 신라의 신민들이 아주 비참한 처지로 채찍을 맞으며 노예생활을 하고 있었으며 신라의 여인들은 들판에서 농사일 하다가도 주인이 부르면 달려가서 옷을 벗어주어야 살아남을 수가 있었는데 그 대상은 늙은이 젊은이 가리지 않고 주인이 부르면 무조건 응하던가? 불응하고 채찍을 맞다가 죽어야하는 처지입니다.

여러분! 혹시 주변에서 왜구들에게 납치 되어간 이웃을 알고 있는 분 있습니까?
이 질문에 모여 있던 사람들이 일제히 손을 들어 자신들의 마을에서 납치된 이웃들의 이름을 부르며 흥분하고 있었다.

장보고는 그들의 울분에 동감하며 잠시 침묵하다가 말을 이어갔다.

"우리가 모인 이유가 바로 그렇게 불행한 시대의 아픔을 우리들이 나서서 우리의 땅과 우리의 영해를 우리가 지키자는 것입니다.

그간은 아무리 무예가 뛰어나고 지략이 있어도 여러분들이 군대처럼 조직적으로 우리의 영해를 지켰다 하더라도 그것은 신라의 국법을 어기는 것이 되어 누구라도 조직적으로 나설 수가 없었습니다.

그래서 우리들은 대책 없이 당하기만, 했는데 나는(장보고)흥덕 대왕님으로부터 군사를 모병하여 신라의 해상을 우리들이 확실하게 지키고 무역선들을 안내 보호해주면서 그들로부터 관세를 받아 우리들이 먹고 남는 돈이 있다면 신라 왕실에 상납하겠다는 요지로 군사 모집권한을 보장받았습니다.

이제부터는 우리가 나서서 신라의 정정당당한 수군의 지위로 우리 영해에서 날뛰는 해적~아~니 왜적 놈들을 응징하고 우리도 어깨에 힘 주면서 사는 세상을 열어갑시다.

다만 한 가지 당부하고 싶은 것은 바다를 지키자면 용맹하고 무예도 출중해야 하지만, 한자 공부도 열심히 하여 서양의 무역선이 오면 한자를 써서 의사소통을 해야 합니다.

물론 아직은 한자공부가 충분치 않은 분들도 있겠지만 앞으로의 삶은 이제까지와 전혀 다르게 살아가야하기 때문에 우리들은 계속해서 무예와 한자 공부를 함께하면서 동시에 여러분들이 먹고사는 어업은 더욱 열심히 하면서도 수군으로서의 임무에 충실한 만큼 지위를 줄 것이며 서양의 무역선을 잘 인도하여 그들로부터 관세를 많이 받아내면 그에 따른 수당, 즉 인센티브(incentive)도 줄 것이니 여러분들 중에서 나와함께 해적으로부터의 청소부를 자처한다는 뜻으로 청해군(淸海軍)의 시대를 열어갈 의지가 있는 분들은 주저하지 말고 앞으로 나서시기 바랍니다.

우리의 젊음을 나라에 바쳐 내 가족과 이웃을 지키고 우리들의 권리와 위상을 스스로 높여 나아가서는 신라를 우리들의 나라로 만들어가는 이 대장정(大長程)에 동참하실 청년들은 주저하지 말고 나서시기 바랍니다.

*장보고의 연설이 끝나자마자 청년들이 앞 다투어 밀려들어 먹을 갈아놓은 단상 앞으로 모여 준비해 둔 종이에 서툰 글씨로 "청해군"의 지원을 위해 주소와 성명을 적어놓고 수결까지 했다.

그렇게 가는 곳마다 청년들이 모여 들었으며 더러는 거룻배를 타고 청해진까지 노를 저어 왔으며 단시일 동안에 1만여 명에 가까운 숫자가 몰려와서 장보고는 그들 중에서 리더(Leader)를 정하는 문제에 골몰했던 것이다.

우선 적극적으로 찾아오는 청년들을 대상으로 본부 요원들을 선발하여 그들로 하여금 청해군 명부를 검토하여 소대장급을 추려 직책을 주기에 앞서 후보라는 임시 명칭을 대신하여 잠정적으로 청해진 본부요원들을 추려서 각자의 분담임무를 주었다.

진지(陣地)의 막사 공사를 위해 인근 섬으로 가서 산림의 주인들을 찾아 흥덕왕의 왕명을 받아 청해군을 창설하는데 필요한 나무를 베겠다면 군소리 없이 자진하여 협조해주어 나무를 베이와 진지를 구축하는데 있어서도 모두가 어려운 시기임에도 불구하고 해안가의 지방 유지들이 앞장서서 협조해 주면서 앞으로 해적들을 막는 군대를 창설한다는 말에 적극 찬동하여 앞 다투어 곡물과 엽전을 바치는 등 그야말로 일사천리로 군세가 불어나서 장보고, 조차도 어리둥절할 정도였다.

그간의 신라에 신민들이 해적들로부터 얼마나 당해왔느냐 하는 고통의 척도를 짐작하게 하는 동시에 과연 왕명이라는 것이 얼마나 무시무시한 괴력을 발생하는지? 실감케 했다.

사실은 왕명이라는 것도 장보고 혼자서 내세우는 말 폭탄이지...

누가 왕명인줄을 알아 볼 칙서 같은 게 있는 것도 아니고 가시적인 것이라고는 아무것도 없는데도 불구하고 철석같은 믿음으로 협력하는 민심에 감사할 뿐이었다.

당시대에만 하더라도 그만큼 순박한 신뢰의 사회였다는 사실이었지만, 장보고가 당나라의 무령군, 중 소장 출신이라는 소문이 퍼지자, 그 경력이 마치 왕권을 닮아가는 위력을 발휘했던 것 같다.

왜냐하면 당나라하면 하늘아래 최고의 국가로 인정하는 것은 당시의 유럽은 너무나도 머나먼 나라라서 아는 사람들이 없었으니 당나라가 세계에서 가장 강한 나라로 통했었을 것이다.

그렇게 정신없이 지내는 동안 당초의 장보고 계획보다는 아주 순조롭게 세력이 늘어나 1만여 명의 군세를 초과하여 수만 여명에 이르는 세력으로 늘어나자, 신라 왕실에서는 장보고 상단에 대하여 재정회계 감사는 고사하고 눈치를 살필 정도로 세력이 막강해져서 누가 요청하지도 않았는데 대사(大使)라는 작위(爵位)를 내려주어 졸지에 벼슬아치의 직제가 되었다.

본래 장보고가 꿈꿨던 바는 없었지만 공식 명칭은 장보고대사(張保皐大使)라는 칭호를 받았는데 아마도 대사(大使)라는 명함은 국왕의 전권대사라는 칭호(稱號)로 여겨지며 그 당시에도 세계의 최초로 대사(大使)가 되지 않았을까? 싶다.

19세기 이전까지는 각국의 대표부를 공사로 부르다가 강대국을 중심으로 국왕의 전권대사 제도를 운영하던 관례에서 오늘날의 대사관(大使館) 직제가 확립되었다면 장보고는 이 보다 무려1100여 년 전인 8세기에 이미 대사를 지낸 인물이며 세계 최초의 엠바시(embassy)가 되었던 것이다.

그렇게 8년여가 지난 서기836년에 드디어 신라의 제42대 흥덕대왕이 사망하여 후사를 이를 자손이 없었으므로 왕권을 계승받을 사람은 삼촌인 김균정과 조카인 김재룡 뿐이므로 이들이 왕위계승권을 두고 치열하게 다투다가 끝내는 김재룡이 김균정을 암살하여 김재룡이 왕위에 오른 것이다.

이렇게 되자, 김균정이 왕위에 올랐다면 차기의 왕권 계승자가 되는 김균정의 아들 김우징은 생명의 위협을 직감했던 것이다.

당시에 김우징이 살아남는 유일한 방법은 "발해나 일본"으로 망명하는 길 말고는 없었던 것이다.

김우징의 아버지인 김균정을 죽이고 왕위에 오른 김재룡이 김우징을 살려 둘 개연성은 단,1%도 없었으며 김우징은 죽든 살든 간에 왕권의 후계자로 떠오르게 되어 김재룡의 아들과의 관계에서도 둘 중에 하나는 죽어 주어야하는 얄궂은 운명이었다.

　김우징은 이를 심각하게 고민하다가 하나의 결단을 내렸다.

　발해나 일본으로 망명한다면 목숨은 부지할지 모르겠지만, 왕권에서는 영원히 멀어지는 길이며 장보고에게 망명을 청하여 받아주기만 한다면 지금의 신라 형편으로는 장보고를 제압할 가능성은 없었으나, 만약에 장보고가, 김우징을 받아준다면 장보고는 새로 신라왕이 된 제43대 희강왕과는 척을 지는 사이가 되는데 과연 장보고가 그런 모험을 할 위인이 되느냐를 심각하게 고민하다가 만약에 안 받아준다면 그 때가서 발해나 일본으로 가던지? 하겠다는 작심으로 장보고에게 찾아가면서도 장보고가 받아주는 척 하다가 체포 구금하여 희강왕에게 바치고 새로 등극한 희강왕과 돈독한 사이를 꾀할 교활한 인물이냐? 아니면 목에 칼이 들어와도 불의와는 타협하지 않는 먼~훗날의 고 김대중 선생 또는 노무현 같은 분일까를 심각하게 고민하여 위험을 무릅쓰고 장보고 장군을 찾아갔다.

21
장보고 장군에게 목숨을 건 도박

김우징은 죽음을 면하기 위해 단순 목숨만을 구걸하자면 발해나 일본으로 가는게 생명을 보존하는 길에 가깝지만, 사나이로 태어난 이상 구차한 목숨부지에 연연하기 보다는 대의에 목을 내놓을 각오로 당당하게 장보고 장군을 찾아갔다.

"장보고 대사님! 내 목을 가지고 왔습니다.
아마도 대사님이 내 목을 가지고 희강왕과 거래를 하신다면 그런대로 신라왕실과의 관계는 부드러워질 것입니다.

하지만 나의 목을 그대로 두신다면 장군께서는 어떤 위험에 처할지는 아직은 아무도 알 수 없는데 내 목을 온전히 받아주실 수 있으신지? 묻겠습니다.

다만 한 가지 선택은 있는데 그냥 내가 불쌍하다고 여긴다면 조용히 거절하시면 나는 아무도 모르게 온 것처럼 아무도 모르게 사라져 돌아가서 나의 목을 내가 간수할 수는 있습니다.

장군의 현명한 선택을 바랄뿐! 나 김우징에게는 아무런 대책이 없는 외통수의 장기판과도 같은 신세가 되었습니다.

장보고는 김우징으로부터 그 말을 듣는 순간 아하! 이 사람이 왕재로구나를 직감했으며 본래 큰 사람은 큰 그릇을 알아보며 큰 나무의 쓰임새를 설계하지만, 천성적으로 그릇이 작은 사람들은 부지깽이로 대들보

없는 꿈을 꾸다가 오두막 짓기도 힘겹게 된다.

**장보고... 김 공! 잘 오셨습니다. 하하하

나 또한 당나라에서 흥덕 대왕님을 찾아올 때 내목을 내 것이 아니라고, 여기며 신라에 왔습니다.

물론 당나라에 갈 때도 내목의 임자는 당나라사람들이라고 여기며 만리타국에 갔지만, 내 목숨은 아직도 내 것으로 붙어있습니다. 하하하

사나이는 목을 움츠려서는 아무것도 이루지 못합니다.

본시 사람의 목은 제일 높은 곳에 있어서 어떤 적에게든 공격하기 가장 쉬운 타겥(Target)이 되지요,

그렇지만 목은 아무 짓도 하지 않아도 밑에 있는 손발을 자유자재로 부려먹고 살지 않습니까? 김 공의 목은 신라의 보물이니 어느 누구도 손대지 못하도록 나 장보고가 두 눈 똑바로 뜨고 지켜드리겠습니다.

서라벌 보다야 불편, 하시겠지만, 그러려니 하고 편한 마음으로 지내십시오.

그렇게 장보고에게 얹어 살기 시작한지 2년 후에 내시하던 놈이 희강왕을 암살하고 신라의 44대왕으로 등극했다.

이 소식을 들은 김우징은 신라왕실이 해도 너무한다면서 흥분하여 장보고 장군의 면담을 요청했다.

"장보고 대사님!

신라 왕실을 대신하여 면목이 업소이다.

신라 왕실이 너무 난잡하여 이 대로 있을 수가 없어서 대사님을 면담

요청 했습니다.

장보고:
김 공의 그 심정 충분히 이해합니다.
내가 보기에도 민망한 사건이었습니다.
김우징:
장보고 장군 내가 염치없는 요구 사항이지만, 내게 군사 5천명만 내어 주십시오,
내가 아무리 생각해도 민애왕의 저 작태만은 두고 볼 수가 없습니다.
장보고:
네~저 또한 동감입니다.
군사야 드릴 수 있지만. 저 또한 청이 있습니다.
김우징:
무슨 '청'이요,
장보고:
다름이 아니라 저에게도 관 등급을 좀 올려주시지요.
이거야 원…생전을 17관 등급으로 살수는 없지요,

*김우징의 입장에서는 전 후 사정을 생각할 겨를 없이 무조건 ok이였다.
지금의 처지가 죽느냐 사느냐 하는 기로에서 왕이 되려 하는데 그 까짓 하층민의 소원인 등급하나 올려주는 것이 무슨 문제인가? 그런 것은 고민대상이 아니었다.
그렇게 하여 장보고는 꾀가 많고 용감한 염장이란 부장을 불러 군사 5천명을 차출하여 신라왕을 바꾸고 돌아오라고 지시했다.

신라를 치러 가자면 완도에서 바로 "서라벌"로 쳐들어가면 간단할

것 같지만, 그게 아니었다.

신라는 3국통일후에 9주로 나뉘어, 주요 취약지구에 군사를 주둔시켜 옛 백제와 고구려의 잔존 세력들에 발호를 막을 목적에서 현대판 보안부대 성격의 군사를 주둔시켰던 것이다.

서남 해안 일대엔 옛 마한, 백제의 신민들이 살고 있었으므로 그들의 발호를 막을 목적으로 전남 강진 땅에도 훗날의 병영산성을 중심으로 군사 요충지들을 만들어 무진주(오늘날의 광주권역)관할인 나주, 남평, 강진, 땅에 수군기지를 걸쳐서 군사를 주둔했었으며 이 군사 기지들은 고려 조선까지 대물림되어 왜적과 지방민들의 반란을 방지할 목적으로 군사를 주둔시켰던 것이며 장보고는 염장과 김우징에게 주의 사항을 당부했다.

급한 마음에 서라벌로 직행하면 나주, 남평의 군사 기지로부터 보안 군사들이 장보고의 거병군사들의 뒤를 추격당할 우려가 있으며 그리되면 신라의 왕실 방어 군사의 공격과 뒤쫓아 온 보안군 부대로부터 앞뒤에서 포위당할 염려가 있으니 나주, 남평의 보안부대 기지를 먼저 치고 진격하라고 지시했다.

만약에 나주, 남평, 강진,에 주둔중인 신라의 정권체제 보안 부대를 제압하지 않고 그대로 서라벌로 직진할 경우 신라의 정권 보안 부대가 청해진의 군사들이 서라벌로 진격해 들어간 사실을 서라벌로 긴급 파발을 보내어 모든 군사를 왕실 호위에 투입하라는 비상을 걸어 방비할 것이며 그리되면 통일된 신라영토의 9주에 파병된 신라군들을 긴급 귀환시켜 서라벌에 투입된 장보고 군대 5친명을 둘러쌀 것이다.

앞뒤로 포위당하면 장보고 군단에서 차출된 염장의 군대는 궤멸될 것이므로 우선하여 무진주 관할 주둔군인 나주와 강진 수로와 육로를 지키는 신라의 보안부대를 먼저 섬멸하고 서라벌을 공격하라는 장보고의 작전지시는 가히 명장다운 면모의 유능한 지휘관이었던 것이다.

결과적으로 장보고의 지시를 따른 김우징을 호송하는 염장의 군대는 은밀하게 강진, 나주, 남평의 체제 보위부대를 섬멸하고 바람처럼 신속하게 서라벌로 진격하여 민애왕을 호위하던 서라벌의 개판 싸움판 같이 혼잡해진 왕권의 뒤죽박죽 위계질서를 무시하며 날뛰던 왕실 호위군대를 일시에 제압하여 민애왕을 끌어내고 김우징을 신라 제45대 신무왕으로 옹립(擁立)했던 것이다.

이렇게 하여 왕위에 오른 신무왕은 그간의 흐트러진 모리배 정권을 바로 잡느라 정사에 바빴지만, 본래 무식한 염장이 할 일은 없었으며 임금을 바꾼 친위 군대로서 목에 힘주고 건달 조직의 보스처럼 군림하는 이외의 특별히 볼일은 별로 없었다.

간간이 신라의 썩은 재상들이 염장에게 줄을 대느라 접근해오면 목에 힘을 주면서 천정 높은 줄 모르고 우쭐대고 있었다.

마땅히 장보고에게 혼탁하게 돌아가는 신라 사정을 보고하고 지도편달을 받아야 마땅했지만, 염장의 생각은 완전히 달랐던 것이다.

나, 염장도 이젠 왕을 바꾼 지휘관으로써 그까짓 장보고 따위에게 굽실거리면서 비굴해질 이유가 없다고 생각하면서 의도적으로 장보고와의 관계에 거리를 두면서 염장 자신의 정치에 여념이 없었다.

차제에 왕실에 잘 보여서 장보고를 쫓아내고 자신이 청해진을 차지할까? 아니면 신라의 조정에 높은 벼슬 한 자리를 얻어서 청해진을 감시 감독하는 윗선의 권력자리 하나 꿰어 차고 청해진을 찾아가서 뇌물이라도 챙겨오는 지위를 확보할까? 등등의 번뇌가 염장의 머릿속을 복잡하게 오락가락하고 있었다.

*여기서 잠깐!...

우리나라의 역사가들에 터무니없는 주장을 살펴보자. 장보고 군사 5천명으로 신라의 왕권을 갈아치우는 상황에서 장보고가 처음에 흥덕대왕을 알현하자, 장보고에게 군사 1만 명을 주었다는 주장이 얼마나 허무맹랑한가를 생각해보시라. 물론 백제 고구려와 삼각형의 각축을 이루고 있을 때라면 전체 신라의 국민들 군인으로 동원할 수도 있었겠지만, 늘 신라에 위협이 되던 주변의 백제, 고구려를 제압하고 삼국을 통일한 신라가 무슨 군대가 많이 필요하겠는가?

물론 발해왕국과의 국경을 접하여 지키고 있는 수비대는 필요하겠지만, 발해도 신라를 침공할 생각이 없었으며 신라 또한 발해를 칠 생각이 없는 상태에서 국경 초소 정도의 경비군대만을 주둔 했겠지.대군을 주둔시킬 필요가 없어 지극히 평화로운 시대인데 특별하게 긴장을 조성할 군대가 있는 것 도 아니라면 남아 돌만치 여유가 있는 1만 여명의 군대에게 청해진을 지키라고 내어준단 말인가?

더욱이 장보고는 당나라를 떠 돌다가 돌아온 신라 최하위 17관 등급 짜리에 능력 또한 불분명한 존재에 불과하여 그에 관해 아무것도 검증되지 않은 상태에서 장보고의 주장만 듣고 선 듯 군대를 내어줄 수가 있겠는가를 한번 쯤 생각해보는 국민이 필요한 것이다

그렇게 군대가 남아 돈 다면 신라 왕실에서 직할 군대를 배치하여 신라의 연안 바다를 지키면 될 일이지. 왜, 장보고에게 군사를 준단 말인가? 장보고에게 군사를 준다면 당연히 먹거리를 포함하여 녹봉은 물론 주둔비용도 주어야 할 텐데 전시체제도 아닌 상황에서 흡수 통일한 옛 백제의 신민들을 괴롭히는 해적을 막아주자고 신라의 정예군을 소집하여 장보고에게 내어준다는 것이 말이 되는 소리냐이다.

또한 장보고에게 신라의 정예군대를 준다고 해도 장보고에게는 전혀 필요치가 않다.

왜냐하면 다음사항을 참고해 보면 그 소용가치에 전혀 부합되지 않기 때문이다.

1) 장보고가 필요한 군사는 해상을 누비고 다니면서 순찰을 돌고 수상한 선박을 발견하면 다가가 정선을 명령하고 검문 수색해야 하는데 그러기 위해선 해상에서 잔뼈가 굵은 청장년들이 필요했다.

2) 신라의 내륙 군대는 바다에 적응이 안 되어 배 멀미를 하는 등 적응 훈련을 시켜야 하는데 신라의 정예군이라는 프라이버시(Privacy)가 있어서 전혀 통솔이 불가능 할 것이다.

3) 신라의 군벌들은 화랑제도(花郎制度)를 채택하여 귀족들 중심의 자제들을 특별히 징집하여 국가의 엘리트(Elite)로 육성하는 경우는 있었지만, 일반병사를 모집함에 있어서도 전시가 아니라면 17관 등급 정도의 천민들은 아예 군대의 징집대상도 아니며 기본적으로 중류층 이상의 자제들로 병사들을 징용하는데 17관 등급인 장보고 밑에 가서 통솔 당할 징집대상의 군자원이 아예 없었던 것이다.

4) 또한 장보고에게 있어서도 신라의 정예 군사를 준다면 위계질서가 서지 않아 그야말로 오합지졸(烏合之卒)군사가 되어 17관 등급의 장보고의 명령이 서지 않고 병사들 중에 관 등급이 높은 놈의 행세가 장땡이일 그런 군사로는 장보고가, 꿈꾸는 이상을 펼 수가 없으므로 장보고는 처음부터 군사를 요구한 것이 아니라, 모병 권한을 요구하여 기필코 호남의 해안가에서 어업으로 바다에 숙련된 젊은이들이 필요했던 것이다.

살아있는 모든 사물은 필요에 의해서 행동이 수반된다.

가난에 쪼들려 보지 않은 사람이 돈을 벌어야 할 이유는 가난극복의 절실한 목적과 전혀 달라서 그들에게는 호화 사치의 목적밖엔 없다.

부유층의 자제들이 진정한 경제를 모르는 이유는 그들에게 있어서는 돈은 벌어서 쓰는 것이 아니라, 부유한 가정으로부터 가능한 수단을 모두 동원 대입하여 공짜로 얻어서 사용해왔기 때문에 그들의 머릿속엔 자신에게 돈을 주는 대상은 부모였던지…친지 또는 후견인들이기 때문에 그들로부터 돈을 얻어 쓰자면 정당한 대가가 아닌 거짓과 술수가 필요했으며. 쉽게 말하면 징징대는 댓 가로서 재화가 주어지는 삶을 살았기 때문에 진정한 의미에 실물경제의 세세한 가치를 알아야할 까닭이 없었다.

하지만, 가난한 처지로 살아온 사람들은 돈의 가치가 정직하다는 사실을 뼈저리게 경험해왔다.

일한만큼의 돈이 벌어지며 정직한 만큼의 돈이 주어지고 거짓말을 해서 돈을 얻어봤자, 그것은 곧, 자신의 신용을 깎아내는 것이며 거짓이 탄로 날 경우 그 다음엔 진실조차도 믿어주지 않는 냉혹한 세상인심을 터득한 사람들이 이루는 것은 진실 된 행위로 얻어진 성공뿐이었다.

우리나라 유수한 재벌들의 과거가 그러했다.
대표적으로 성공한 기업가로써 고 정주영 선생을 들 수가 있으며 그밖에 기업가들도 대부분 그래왔다.
하지만 부유층 자제들의 삶으로 길들여진 경위는 전혀 다르다.
뒷돈 대주는 사람이 부모라 할지라도 그들은 끊임없이 거짓말을 하여 용돈을 타 내는 방법에서부터 만약에 거짓말이 탄로 날지라도 다음에 계속하여 또 속아주는 가족으로부터 비롯되는 후견적 지원자들이다.

이들은 아무리 속아도 계속하여 또 속아주는 친계가족들이기 때문에 이들의 캐릭터(character)는 그럴듯한 거짓말개발이 능력이라고 믿게 되며 그렇게 살아온 집단들이 주로 오늘날의 대한민국에 정치인 법조인 행정 관료들이 되어있다.

이들에게서는 진정성 있는 정책이나 행실을 기대하는 것이 불가능한 데도 불구하고 국민들은 계속하여 이들이 특별하다고 믿으며 반복적으로 속아도 여전히 상당한 신뢰를 보내면서 선거에 출마하면 대부분 그런 사람들에게 투표한다.

대통령 선거에서도 경쟁력 있는 후보 중에 한 사람은 부모로부터 무한한 후원을 받아가면서 공부시켜도 계속하여 술이나 퍼 마시고 공부를 게을리 하여 아홉 번째 에서야 사법고시를 패스 한 사람이 있다.

솔직히 그 사람이 공부하여 사법고시를 아홉 번이나 재시험 치르는 동안 낙방 때는 물론 기분 좋아도 나빠도 끊임없이 술을 퍼 마시고 놀다가 그의 아버지로부터 쇠사슬로 두드려 맞았다는 일화도 있다.

아무리 아들을 사랑하는 부모라도 사법고시 공부하는 자식에게 술값을 넉넉히 주었을 리는 만무하다.

그렇다면 부모에게 거짓말을 하고 돈을 타다가 술값으로 탕진했을 것이 충분히 짐작 되는데도 불구하고 그런 사람이 국가를 경영할 능력이 있다고 생각했을까? 아니면 그런 거짓말로 용돈 탓을 것을 짐작하면서도 국민들은 그런 것조차도 다 능력이라고 판단했는지? 하여튼 그 사람을 당선시켰다.

똑똑한 사람들이라면 그런 사람에게 일말의 기대를 가지고 투표할 어리석은 사람들은 아마도 없었을 것이라고 생각했었다.

그런데도 이분에게 투표한 사람들 중에 30대 이하의 청장년층들이 압도적으로 많았다는데, 왜, 그럴까? 30대 이하가 어떤 사람들일까? 대부분 넉넉한 가정에서 태어나 부모들로부터 숫한 거짓말로 용돈을 타 쓰던 청소년들이 아주 많다.

한 마디로 그 후보와 동병상련(同病相憐)의 불량 청년들이 대부분이며 미안하지만, 이들이 기다리는 것은 부모의 재력에 소진과 함께 사회의 밑바닥으로 추락할 극빈층의 삶으로 미래가 예약된 사람들이다.

그렇다면 성인들 중에 이분에게 투표한 사람들은 어떤 사람들일까?
아마도 한탕주의에 영혼을 빼앗긴 아주 잘못된 불량 유권자들이 대부분일 것이다.
따라서 지난 대통령 선거에서는 그런 후보밖엔 없었을까?
아니다.

고 김대중 대통령이나 고 노무현 대통령에 이어 그분들 보다 결코 뒤지지 않는 훌륭한 후보라고 할 수 있는 야당후보가 있었다.

이분은 가난한 가정에서 태어나 부모로부터 용돈을 타낼 처지가 못 되었으며 더욱이 나이가 어려서 취직도 할 수 없었다는 것이다.

우리나라 노동법에서는 노동으로 취직이 허용되는 나이로는 18세 이상이 되어야만 합법적으로 고용될 수 있다.

그런데 이 소년은 현행법상의 노동자의 자격조차도 되기 이전에 노동자로 살아야 할 처지가 되었다는 것이다.

그래서 노동품팔이를 해야 할 필요가 없는 성년이 된 어느 청년의 이름을 빌려 공장에 취직했다는 것이다.

그런데도 이미 성년이 되어 합법적으로 취직한 사람들로부터 심심풀이삼아 얻어터지면서도 열심히 일했으며 밤에는 공부하여 검정고시로 중고등학교를 대신히고 대학에 기시는 디욱 공부에 얼중하여 단민에 사법고시를 패스한 그야말로 수재로 검증된 분이었다.

그러나 오늘날의 대한민국에 20~30대 유권자들의 우상이 되기는 고사하고 찌질 한 후보자로 매도되어 투표에서 외면당해 낙선함으로서 정직한 사람이 설 자리를 잃은 사기꾼들의 세상으로 유도되었던 것이다.

부모에게 거짓말로 용돈 타 쓰던 그런 사람들에게 있어서 가난뱅이 거지같은 소년의 구차한 삶이 뭐가 덧보이겠는가? 이런 처지의 소년에 성공담은 한마디로 짜증나는 인생이었던 것이다.

지난 선거에서 대통령이 된 후보에게 투표한 젊은 유권자들이 아는 것이라고는 적당한 거짓말로도 잘 속아주는 자신들의 부모와 같은 그런 사람들을 위한 세상을 만드는 게 아니라면 그들은 숨이 막힐 지경으로 짜증나는 세상일 것이다.

이렇게 잘못되어진 세상의 원인 중에 하나는 교육에 있다.

우리의 교육에서는 선생이라는 존재도 책 읽어주고 돈버는 월급 장이 그 이상도 이하도 아니며 교육이라는 사명의식에서 남의 자식을 인성적으로 평가하거나, 도덕적인 잣대를 들이댔다가는 밥줄인 선생의 지위를 잘리기 십상이니 근무 시간만큼 교과서나 읽어주면 그것으로 월급 받는데 전혀 지장이 없다.

과연 그런 세상으로부터 교육되어진 사람들이 지배하는 세상이 지속적으로 발전할 수가 있을까? 통치자가 노력 해보고 자립해본 경험이 있거나 최소한 그러한 정서에 공감이라도 하면서 자랐어야 거짓 없이 근면하고 정직한 세상이 되도록 국가운영 전략이 실행되어 자립경제의 방향으로 유도될 것이며 정직하고 근면한 사람들이 비웃음의 대상이 되지 않을 것이다.

그러나 부유한 가정에 태어나지 못해 거짓말을 해서라도 부모들로부터 술값이나 전자게임 용돈, 유흥비 등등을 타낼 처지는 고사하고 최소한 자신의 먹거리라도 벌어야하는 가난한 사람들이 살아온 삶이 구질구질하고 짜증난다는 부유층의 자녀들이 풍요롭게 성장하여 그들만의 상류층 사회를 형성하면서 좋은 학벌과 배경으로 정치가도 되고 행정가가 되어 피나는 노동으로 자립 갱생한 사람들을 수준 낮은 무형의 심정적 저급한 인간계급사회로 인정하여 멸시, 비하하는 그런 철학이 지배하는 세상에선 정의가 살아서 숨 쉴 수가 없었다.

22
장보고 장군 암살하다

장보고는 코리아 개국의 인적자원을 육성했다.

신무왕은 재위 181일 만인 836년에 사망했으며 아들 문성왕은 염장을 시켜 장보고를 암살해서 "정해진"의 멸망으로 장보고의 꿈은 사라졌다.

*신무왕이 별안간 죽자, 난감한 사람들 중에 하나가 "염장"이었으며 그는. 권세가 무한할 줄로 알고 장보고와 거리를 두겠다며 거드름 피웠던 "염장"은 언제 누구로부터 죽임을 당할지 모를 운명이 되었다.

이제 와서 생각해보니 염장이 돌아갈 곳은 장보고에게 의탁하는 길밖에 없었는데도 그간엔 그 사실을 까맣게 모르고 거들먹거리며 장보고에게 흔할 수 있는 서찰이라도 하나 써서 안부 보고형식으로라도 부하를 시켜 진했어야 했으나. 지금 것 그럴 일은 없다는 투로 까맣게 잊고 지낸 날들이 후회막급이었다.

하지만 후회는 아침 일찍이 해도 늦는 것이며 저녁에 해도 늦기는 마찬가지의 흘러간 옛 날이 되는 것이었다.

잔뜩 풀이 죽어 술을 마시고 방황하는 염장을 지켜보는 은밀한 눈길이 있었는데 그가 바로 왕실의 장래를 걱정하는 문성왕의 장인이 될 "김 필"이란 사람이었으며 그가 바로 장보고의 딸과 혼인을 약속한 문성왕의 아버지인 신무왕의 유지를 받들려는 문성왕의 결심을 좌절시킨 상대등이었다.

장보고는 왕실에서 멀리해야 할 위험한 인물이며 그를 가까이했다간 장차, 큰 화를 끼칠 것이며 더욱이 장보고는 신라의 숙적이었던 마한, 백제의 잔존세력들을 똘똘 뭉쳐'청해진'의 강력한 해상 왕국과 같은 세력으로 키운 인물이기 때문에 신라가 안전하기 위해선 그를 제거해야 한다는 논리로 문성왕의 반승낙을 받아냈다.

그 다음은 은밀하게 염장을 만났다.
"염공"걱정이 많으시겠습니다.
염공이야말로 신무왕을 옹위한 1등 공신이었는데 장보고와는 거리를 두면서까지 오직 신라왕실을 위해서 신명을 다한 인물로 여기고 있어요.
이제 와서 장보고 장군에게 돌아간다 해도 아마 예전과 같지는 않을 것입니다.

권력이란 바로 그런 것이지요,
장보고도 속으로는 "염공"을 곱씹고 있지 않을까? "

상대등은 넌지시 염장의 속을 꿰뚫어 보고 있다는 투로 염장에 의중을 탐색하고 있었던 것이다.

염 장
저를 그렇게 염려해주시는 분이 신라의 조정에 계시다는 사실을 미처 몰랐습니다.
그러지 않아도 이 낯선 왕실에서 저의 본심을 알아주실 분이 없을 것 같아. 노심초사하고 있었습니다.

듣고 있던 '상대등은 자신의 예측이 염장의 심장을 파고들어간 독심

술(讀心術)같은 초능력이 있다고 여겨져 자신감을 가지고 더 깊이 콕, 찔러 넣듯 타협할 본론의 절정을 꿰뚫어 염장을 사로잡고 있었다.

상대등
사실! 염공의 충성심을 나는 압니다.
그간에 선왕에 대한 충성심은 하늘땅이 알고 있을 겁니다.
나는 늘 염공을 유심히 지켜봤지요,

선왕께서 작은 행차라도 있는 날엔, 왕실의 경호군관들을 밀어 제치면서 사위(四圍)를 꿰뚫어 살펴보며 한 치의 실책에 의한 위해도 허용치 않으려는 물샐 틈조차도 없는 경호를 펼치는 염공을 보면서 참으로 든든했었습니다.

하지만 염공이 모시던 선왕께서는 이미 승하하셨으므로 이제 염공의 임무도 끝이 났습니다.
그래서 말인데요. 염공이 청해진을 맡아주시면 어떠하겠소이까?
말이 나왔으니 내가 진지하게 이야기 하겠소이다.

지금의 청해진은 너무 커져서 신라에 부담이 되고 있어요.
염공께서 청해진을 맡아주신다면 군사를 한 1만 여명 정도만 보유하면서 서남해의 해적들만 막아주면 어떨까합니다.

염 장
정말 고맙습니다.
그렇게만, 해주신다면 신명을 다 바쳐서 신라를 위해 시키는 대로 하겠습니다.
그렇다면 장보고 장군은 어찌 처리 하실 생각이십니까?

상대등
그거야 신임을 맡으실 염공께서 처리 하셔야지요.
우리가 어떻게 할 방법이 없어요.
다만 필요하다면 일정 수준의 군사는 내어 줄 수가 있습니다.

염 장
알겠습니다.
제가 좀 생각해보고 결정하겠습니다.
한 가지만, 약속을 해주십시오.
장보고를 제거하면 저의 지위는 확실하게 보장 해주실 겁니까?
물론 상대등은 확실히 보장하겠다는 다짐을 했으며 두 사람은 그렇게 헤어졌다.

다음날 염장은 청해진으로 돌아와 장보고에게 인사를 드렸다.
형님! 제가 서라벌에 가서 선왕을 보필하는 동안 잠시도 편안할 날이 없었습니다.
민애왕의 잔당들이 호시탐탐 왕실을 넘보는데 저는 눈을 부릅뜨고 선왕 곁에서 그것들을 감시하느라고 순간순간 마음 편할 날이 없었습니다.

신라왕이 자주 바뀌자, 모든 군벌들이 중심을 잡지 못하는 듯
눈치만 보는 것이 언제 등 뒤에서 누가 칼을 꽂을지 모르게 살벌했습니다.
저는 형님의 명령을 받고 5천의 군사를 거느리고 서라벌을 지키러간
이상, 한 치도 빈틈없는 왕실 보위가 제 사명이라고 여기며 지켜왔습니다.
간간히 형님이 그립고 청해진의 자유가 그리워 달려오고 싶었지만,

형님께서 모든 위험을 감수하시면서 군사를 저에게 내어 주시면서 아무 것도 생각하지 말고 오로지 김우징 대왕님을 안전하게 옹위하는 것이 너의 사명이라는 그 말씀만을 깊이 새기면서, 저의 임무에만 열중했습니다.

때때로 형님께 달려와서 하소연도 하고 싶었지만, 오직 왕실을 튼튼히 하여 형님의 따님께서 세자인 문성왕의 황후가 되기까지가, 저의 임무라고 여기며 형님께 문안 인사 올리는 것 까지도 불필요한 오해의 소지가 있다고 생각하며 그리움과 외로움을 참아가며 때로는 남몰래 눈물을 흘리기도 했습니다.

하지만, 이젠 저의 임무가 다 끝났습니다.

김우징 대왕님이야 장보고 장군 형님의 명령이니 저의 소임으로 여겨 목이 붙어 있는 한~보필해야 하지만, 그분의 아들까지를 제가 보필할 이유는 없다고 생각하니 이젠 홀가분하게 형님께 돌아와 저의 소임을 보고 드리고 형님이 다시 돌아가서 문성왕까지도 보필하라고 하시면 어쩔 수 없이 돌아가야 되겠시만, 저의 솔직한 심정은 다시는 그 감옥 같은 신라 왕실로 돌아가고 싶은 생각은 없으며 형님 모시고 이곳에서 해적들을 호령하며 살고 싶을 뿐입니다.

염장은 어느 사이 대성통곡을 하면서 어린아이처럼 엉엉 울고 있었다.

장보고장군
아우야 잘 왔다.
네 말을 듣고 보니 그랬을 같구나. 그간에 소식 한번 주지 않는 아우가 솔직히 좀 섭섭했는데 듣고 보니 너는 역시 내 아우였구나...

오직 내 명령을 성공적으로 수행하겠다는 그 일념뿐인 너의 조직에 복종하는 명령수행정신...그래서 나는 너를 좋아한다. 하여간 잘 왔다.

복잡한 문제는 차차 생각해 보기로 하고 오늘은 술이나 마시자, 하하하

장보고와 술상을 차려놓고 두 사람이 퍼 마시기 시작하여 밤늦도록 술을 마시면서도 염장은 술을 마시는 척하면서 옷 속으로 술을 쏟아 부었으나 장보고 장군은 대적하는 대로 올곧게 마시다가, 먼저 취해서 쓰러져 코를 골고 있었다.

염장은 품속에서 단도를 꺼내는가 싶더니 장보고 장군의 심장을 향하여 칼을 꽂아 비틀면서 난도질을 쳤다.

장보고 장군은 외마디 소리도 못 지르고 꾸르륵 꾸르륵 피를 토해내며 부르르 떨다가 축 늘어졌으며 염장은 피 묻은 옷을 벗어 처치하고 여분으로 가져온 봇짐속의 다른 옷으로 갈아입고 옆방으로 자리를 옮겨 잠을 자고 있었다.

다음날 아침에 일어나 장보고 장군의 시체가 놓인 방문을 열어 제치고 군사들을 불러 어제 밤에 괴한이 들어 장보고 장군을 살해했다면서 부관으로 데려간 10여명의 병사들에게 경비를 서게 하고 장보고의 심복 부하들을 불러 빨리 서라벌로 가서 상대등을 만나 장보고 장군이 어젯밤에 변고를 당했다는 부고를 알리고 범인을 색출할 군사들을 보내 달라는 편지를 써 주었다.

그렇게 하여 신라의 왕실 수비대원들과 염장이 데려갔던 5천명 군사들을 급히 청해진으로 불러들여 현장을 수습하고 있었다.

이후 청해진의 실태를 파악해본 결과 동원 가능한 군사가 약 12만 여명 정도 되었던 것이다.

염장은 자신이 신라왕실의 명을 받아 청해진을 맡기로 했다며 자신에게 충성할 것을 지시했으나, 겨우 2만 여명이 충성을 맹세했으며 남은 절대다수의 목포권역 출신들은 죽어도 염장에게는 충성할 수 없다고 버티었다.

염장을 지지하지 않겠다는 배타적인 입장표명까지가 한계였으며 뛰어난 장수들이지만, 장보고라는 구심점이 없는 상태에서는 오합지졸에 불과 하면서도 염장을 따르지 않겠다는 선언 자체로서 대담한 청년들이었으며. 전남 목포권의 청년들인 장보고 부하 10만여 명을 학살할 음모로 벽골제(전북 김제)저수지 준설 공사라는 명목으로 때려죽일 계획을 세웠으나 이들은 대거 탈출하여 코리아를 건국했다.

염장은 신라의 상대등과 깊이 숙의를 거듭한 끝에 장보고의 부하들 10만 여명을 제압하자면 신라의 내륙군대 20만 대병을 투입해도 흩어져 약약하고 있는 장보고 부하들이 해전에 숙달된 때문에 ㄱ 연맹 대원들을 소탕하기가 사실상 곤란하다는 결론을 냈다.

이 심각성으로 고심을 거듭하여 하나의 묘안을 짜냈던 것이며 그들을 왕명으로 차출하여 전라북도 벽골군(오늘날의 김제군)의 저수지 바닥의 토사 준설공사를 빌미로 투입시켜 한데 모아놓고 신라의 정예군들을 경비병으로 투입하여 작업을 독려한다는 구실로 하루에 몇 십 명씩 때려죽이자는데 의견이 모아졌다.

목포권역 청년들을 학살하려했으며 우리나라엔 삼한시대부터 존재하는 충청북도의 제천 군에 있는 "의림저수지"와 전라북도 벽골군(오늘날의 김제군)에 벽골제(碧骨堤)저수지가 있었다.

충북의 "의림저수지"는 드물게 펼쳐진 내륙의 들판에 농업용수를 공급하기 위해서 건설한 저수지이며 벽골군(김제군) 저수지 또한 호남평야의 농경지에 농업용수를 공급하기 위해서 삼한시대 언젠가부터 조상들이 축조한 저수지이다.

특히 완도를 중심으로 하는 가까운 벽골제 저수지는 대략 5년경마다 장정들에게 동원령을 내려 저수지 준설공사를 하는 것은 여름철의 장맛비로 인해 토사가 밀려와서 저수지의 바닥에 침전된 토사가 쌓이면 하상이 높아져 저수량이 줄기 때문에 가뭄이 오는 경우 농업용수 부족으로 인하여 흉년을 맞게 되는 것이다.

23
충북 제천 의림지와 전북 김제 벽골군 저수지

이 때문에 주기적으로 실태를 파악하여 토사가 차면 장정들의 국가 동원령을 내려 지게를 지고 저수지 바닥에 쌓인 토사를 등짐으로 파내는 강도 높은 노동을 하면서 꾀를 부리는 일꾼들을 독려하는 과정에서 더러는 맞아죽거나 과로로 죽어나가는 경우도 왕왕 있어왔던 것이다.

이 점을 착안하여 왕명으로 그들을 징집(徵集)해서 자연스레 모아놓고 때려죽이거나 골병이 들도록 두드려 패서 힘을 못 쓰도록 폐인으로 만들 계획을 세웠던 것이다.

그것은 합법을 가장한 아주 효과적인 집단 주살 흉계로서 신라왕실과 염장은 무릎을 치면서 묘책임을 강조하여 박장대소(拍掌大笑) 하면서 깔끔히 해결하게 되었다며 장보고를 암살해준 염장에게 공로를 칭찬했다.

염장은 서둘러 청해진으로 돌아와 조직의 운영동원 연락망의 전달통문 방식으로 해당 대원들에게 출동명령을 보냈다.

연맹체의 조직원들 중 호명된 자들은 10일 이내에 전북 벽골제 저수지 준설 공사장으로 작업복과 지게 하나씩을 준비하여 모이라고 했다.

이는 신라의 왕명이니 차질 없이 참석하여 저수지 바닥 준설공사에 참여하고 일이 끝나는 즉시 원대 복귀하는데 대략 기간은 농번기가 시작되기 전인 3월경까지 일을 끝내야하기 때문에 좀 강도가 있는 노동이니 단단히 각오하고 출동하라는 명령을 보내면서 이는 왕명이기 때문에 소집에 불응하는 자는 군법에 준하여 사형에 처한다는 포고령(布告令)임을 강조했다.

그러자. 염장을 따르지 않기로 한 장보고 부하들은 술렁거리기 시작했으며. 더러는 강한불만으로 성토하면서 거부하겠다고 나섰다.

이에 소대장급인 지휘계통에서는 설득에 나섰으며. 저들이 왕명으로 나온 이상 우리들은 따라야 하며 그 까짓 거 못할 것도 없지 않느냐는 설득으로 달래면서 농한기에 끝날 일이니 지금에 이 답답한 심경을 달래는 기회로 삼자는 설득으로 달랬다.

*박정희에 국토개척단, 전두환의 삼청교육대는 바로 장보고의 부하들 때려죽이기 작전을 *벤치마킹(Benchmarking)한 것이다.

우리가 역사를 바르게 해석하고 잘못된 점은 통렬히 비판하여 두 번 다시 되풀이하지 않도록 하는 것이 지식인들의 몫이다.

지식인들이 역사를 정확하게 분석 조명하여 준엄하게 비판해서 잘못된 정책이나, 정치인의 일탈을 엄히 비판하고 죄악으로 자리매김 시키는 것이 역사가들의 사명인 것이며 그 작업을 게을리 함으로써 박정희에 정적들을 깡패와 창녀들까지 섞어 때려죽이는 방법으로 쿠데타세력에 비판적인 사람들과 깡패 그리고 창녀들을 소탕하여 정치범들과 섞어서 "국토개척단"이란 이름으로 제주도에 투입하여 곡괭이와 삽질로 한라산을 파재껴 5.16도로를 개설하면서 패죽이거나 병신을 만들었으며 전두환도 이를 벤치마킹(benchmarking)하면서 역시 반 쿠데타세력이 될 만한 젊은이들을 두드려 패서 밟아죽이거나 병신을 만들어서 아직도 대한민국의 사회구석구석의 빈민촌에서 근근하게 살아가며 신음하고 있는 사람들이 있다.

또한 천하의 졸장인 이순신장군을 만고의 충신영웅으로 둔갑시켜 이순신의 죄상들이 영웅으로 둔갑되는 것을 경험한 상당히 많은 지식인들과 권력층들은 마음 놓고 반사회적 반국가적 역적에 준하는 처세를 하면서도 그들이 죄를 짓는다고 생각지 못한다.

왜냐하면 이순신도 그렇게 처신했지만, 나중에 죄를 덮고 영웅인척, 하니 영웅대접을 해주더라는 믿음이 있기 때문인 것 같다.

그렇기 때문에 자신들의 잘못을 인정치 않고 이순신을 존경한다고만 주장하면 덩달아서 그들 또한 영웅으로 착각해주는 어리석은 국민들이 이순신처럼 부정직한 사람들을 골라서 투표해주는 나라가 바로 대한민국이다.

필자도 어린 나이에 공장노동자를 해본 경험상 겪은 것인데 나이 어려서공장에 취직하면 회사가 시키는 일 이외에 나이 많은 사람들의 몸종이 되어야했었다.

그들은 약하거나, 어리거나 지능이 떨어지는 노동자들을 종놈처럼 부리면서도 무엇인가? 마음에 안 들거나 기분이 안 좋으면 쳐다봤다고 두드려 패고 못생겼다고 두드려 패며 인사를 안했다고 두드려 맞아야했던 것이다.

많은 사람들이 경험했지만, 군대에서도 신병이 들어가면 심심풀이 삼아서 두드려 팬다.

이러한 상황에서 고된 공장 일을 마치고도 샌드백(Sand bag)처럼 매 맞은 몸으로 밤중까지 공부하여 한글이라도 읽고 쓰는 처지의 나,

스스로를 자랑하고 싶은 것은 내가 결코 좋은 가정에서 돈을 펑펑 쓰면서 공부하여 출세한 사람들을 부러워하지 않아도 되고 내가 이 세상에서 무엇이 옳고 잘못이라는 사실을 판단하여 나의 주장을 펼 수 있는 소중한 자유를 쟁취했다는 것이다.

대개 부유층에서 태어나 본인들이 돈을 벌지 않는 청소년들은 사고가 다르다. 가난한 청소년들이 돈 버는게 힘들어 절약하는 삶을 살아가는 누군가를 쪼잔 하고 비굴한 인격자들로 취급하며 무시를 넘어서 격멸한다.

그러한 정서는 정치가를 뽑는 투표로도 잘 나타나 돈을 벌기위해 피땀 흘리며 경제활동한 사람들을 아주 저급한 사람들로 무시하며 학벌 좋고 멋있게 살면서 각종 편법과 특혜를 누린 사실상의 반사회적인 사람들에게 투표하는 경향이 두드러진다.

그런 사람들의 아이돌(Idol)은 돈을 잘 쓰고 멋이 있으며 친구들에게 무엇인가를 사 주고 보스(boss)처럼 군림하는 특징이 있는데 초, 중고등학교에서부터 시작하여 대학에 이르기까지 경제활동 하는 근로 청소년들을 찌질 한 사람들로 비하하면서 성장하여 사회에 나와서도 그 기조는 지속되어 취직이 될 때까지도 이어지는 동안 이들의 성격은 어떻게 형성될까? 이유 불문하고 거짓말 잘해서라도 돈을 많이 쓸 수 있는 능력자들로 인정받는다.

그렇게 소년시절부터 길들여진 청년세대들은 근면 성실한 직장생활로는 만족이 안 되기 때문에 가장 선호하는 직업이 정치가이며 권력형 사법집행가로 국가기관에 종사하는 것이 제일 이상적으로 여기는 것 같다.

왜냐하면 국가기관의 이권은 거짓말 잘하는 사람의 것이기 때문이다.

아~니 서류를 그럴듯하게 꾸미는 기술조차도 능력으로 통하며 부정부패일지라도 가급적 통 크게 잘 할 수 있는 것은 그들의 세계에서 가장 알아주는 능력이 된다.

거기에 옳으냐? 그르냐는 유치한 생각이며 국가는 마치 돈을 끄집어내는 금고와 같은 개념이며 무엇이던 가급적 많은 이권을 만들어내는 사람들이 최고의 엘리트(Elite)로 인정받는다.

반대로 푼돈 가지고 바들바들 떠는 사람들은 가장 밥맛없는 존재이며 그런 사람들이 바로 지난 대통령선거에서 야당후보로 나왔던 대통령 후보와 그런 후보에게 투표한 사람들은 가장 재수 없고 밥맛없는 사람인 것이며. 바로 그런 유권자들은 날로 늘어난다는 사실이다.

그렇다고 이 사람들이 아둔한 사람들은 결코 아니며. 예를 들어 이순신장군이 영웅일수 없는 사실은 익히 알지만 그래도 이순신을 영웅이라고 해야 자신들의 위상이 올라가기 때문이다.

왜냐하면 이들 자신이 부모나 국가를 속여서 재화를 편취 해내는 방법으로 거짓말을 그럴듯하게 사용해왔기 때문이며. 또한 자신들을 가장 잘 알고 있는 부모들도 속이고 부모들이 생명처럼 아끼는 재산을 축내 왔을지라도 그것을 문제 삼는 야박한 부모는 거의 없었기 때문이다.

국가도 조직관리 체계가 거의 비슷하기 때문에 국가의 재물을 축내는 문서가 허위에 가까울 정도로 과장 날조 되었다고 해도 감사관이 모를 정도라면 그것은 그 사람의 능력으로 평가된다.

그래서 잘못된 역사를 분석하여 혹독하게 비판하고 다시는 잘못이 되풀이되지 못하도록 타산지석(他山之石)으로 삼아야 하는 것이다.

그렇지 않는다면 엉터리로 왜곡되어진 역사는 고스란히 후세의 교과서가 되어 똑같이 반복되는 병폐의 해독이 되는 것이며. 그렇게 볼 때 우리는 분명히 잘못된 역사관을 정립하고 있으며 그 해독은 현대사회에 심각한 부작용으로 나타나고 있다.

지난 20대 대통령선거의 결과는 잘못된 역사관의 반영이 극명하게 나타나 국제사회의 웃음거리가 되는 대통령을 뽑았지만, 그에게 투표한 사람들은 마음 것 즐기고 있는듯하다.

왜냐하면 그들의 수준과 일치하기 때문에 행복해하는 것 같다.

그들 중의 일부 무식한 사람들은 속았다는 것을 뒤늦게 깨닫는 계층도 더러 있다 해도 또 다른 지지층이 늘어났을 수도 있으니 대통령을 해먹는 데는 별 지장이 없을 듯하다.

여론 조사에서는 좀 불안하기도 하지만, 크게 문제가 되지 않는 이유로서, 기본적인 표심은 여전히 확보하고 있다고 믿기 때문에 대통령의 거짓말은 끊임없이 되풀이 될 것이다.

본론이어
드디어 기간 내에 청해진 요원들의 벽골제. 입소는 90%를 넘어 성공적으로 징집 되었고. 간단한 개회식이 끝나고 담수를 빼낸 저수지 밑바닥으로 청해진 병사들을 몰아넣고 바닥에 깔린 토사를 파내기 시작한 바로 첫날이었다.

물을 빼어낸 저수지 바닥에 북쪽으로 날아가던 철새 떼가 내려앉아 물고기들을 잡아먹고 있었으며. 인부들이 철새들을 바라보며, 잠시 서 있었다.

이를 본 신라의 정예 군인들이 서 있는 인부들을 사정없이 두드려 패자 왜? 때리느냐고 항의하는 대원의 목을 쳐 죽였다.

이 광란을 지켜 본 병사들이 너무하는 것 아니냐고 항의하자, 칼로 정글의 가시덩굴 베듯 후려쳐서 순식간에 10여명의 대원들이 죽어나갔다.

지켜보던 소대장급 중의 일부는 이빨을 악물면서 참고 있었지만. 그 다음날도 비슷한 사건이 발생해서 여러 사람이 죽어나갔다.

이를 본 소대장급의 지휘자들이 그날 밤 은밀하게 회합하여 저들은 저수지 준설공사의 목적이 아니라. 장보고의 정예 부하들 10만 명을 때려죽이는 작전이었다는 것을 간파하여 탈출 계획을 세웠다.

그 다음 그다음 날도 여전히 수십여 명씩 죽어나갔으며 장보고의 부하들의 작전계획은 주모자의 행동을 시작으로 일제히 지게를 벗어던지고 흙을 퍼 담는 삽질 부대가 앞으로 나아가 50명가량의 무장군인들을 후려치면서 칼과 창을 빼앗아 사정없이 무찔러 죽이는 것으로 무장군인들을 무차별 도륙하고 탈출한다는 작전을 짰다

칼과 창을 휘두르는 싸움이라면 그 험한 파도에서도 해적을 무찌르고 살아남은 악전고투의 용사들에게 있어서 신라의 내륙에서, 차출된 정예 군인들 쯤이야 어린애들과 장난놀이 정도의 한바탕 몸 풀기에 지나지 않는다.

드디어 행동을 개시하기로 한 디데이 날이 밝아왔다.

하루에도 몇 차례씩의 살상 극이 되풀이 되는데 저수지 둑의 길이가 10여리나 된다는 남쪽 끝자락에 있는 토사 적재장 부근에서 트집을 잡아 장보고 부하들을 때려죽이는 행사가 매일 되풀이되었다.

왜냐하면 그래야 시체를 흙더미에 끌어다가 던지고 그대로 흙 짐을 시체위에 쏟아 부어 묻어 버리기가 쉽기 때문이었다.

그 때문에 대개의 살상은 흙을 부리는 지점으로부터 가까운 곳에서 살육 작전이 벌어지게 되는데 그리되면 장보고 부하들에겐 무기가 없기 때문에 불리하다.

그래서 저수지에서 흙을 파서 지게에 실어주는 삽질부대 쪽에서 시비꺼리를 만들기로 했던 것이다.

약속대로 한 대원이 흙짐을 지고 비틀거리다가 토사바닥에 넘어지면서 허리를 움켜쥐고 쓰러졌으며 삽질하던 대원들이 몰려와 쓰러진 대원을 주물러 주자 경비병이 소리치면서 칼을 들고 목을 향해 내리치려는 순간! 옆에 있던 장보고 부대원이 삽날로 칼을 막자, 땡그랑 소리가 나면서 칼이 빗나갔으며 동시에 옆에서 있던 신라군 5~6명이 달라들어 장보고 부하들을 향해 칼을 휘둘러 장보고 부하들 여러 명이 지게를 진채로 목과 심장에서 피를 쏟으며 쓰러졌다.

그 광경을 본 순간 장보고 부하들은 지게를 벗어 동발을 통째로 휘두르며 고함을 치자, 그 함성과 동시에 준설 공사장 전체에서 일제히 지게목발을 들이밀며 넘어지는 신라군의 칼을 빼앗아 그야말로 파도치는 해상에 해적들을 제압할 때보다도 더 민첩한 동작으로 펄펄 날아다니듯 신라군을 향해 삽이 있는 사람들은 삽으로 신라군의 대갈통을 부시면서 창칼을 빼앗아 신라군들을 닥치는 대로 쳤으며 삽이 없는 사람들은 지게를 벗어서 신라군들이 휘두르는 칼을 막으며 지게 동발을 방패삼아 후려치기 시작하여 불과 삼십 여분 만에 신라군 창칼을 빼앗고 대갈통을 부셔서 죽어가자 남은 병사들은 일제히 도망쳤다.

그 다음 장보고 군사들은 여유 있게 숙소에 돌아와서 옷가지들을 챙기고 걱정스레 모여드는 주민들을 향해 손을 흔들면서 떠나가기 시작했다.

우선은 지도부가 유도하는 대로 따라나섰다.

많은 대원들은 개성에 있는 왕건의 아버지가 운영하는 왕융상단으로 가겠다고 했으며 나머지는 북원의 양길이 휘하로 그리고 상당 부분의 대원들은 강릉에 김순식 (훗날 왕건에게 귀부한 후엔 왕건으로부터 성씨를 하사받아 왕순식이 됨) 상단으로 가겠다고 했다.

그 다음 상단부분은 궁예에게도 갔으며 더러는 경기도 유천궁 상단 또는 압해도의 능창 장군 순천 마로산성의 박영규 등 각자가 선호하는 곳에서 숨어 살겠다는 사람들도 있었다.

전국의 반 신라계 세력들은 내륙에도 상당수가 있어서 경북 경기도 죽주산성의 기원, 강원도 북원(원주)의 양길, 전라도 광주 지원, 등등 그밖에도 상당히 많았다.

24
코리아를 건국한 호남청년들...

전국에서 봉기한 반, 신라계 혁명 투사들

궁예, 견훤, 양길, 기원, 지원, 박영규, 진선, 오다련, 능창, 김순식, 왕융, 유천궁, 이들은 군사를 지원 하거나, 자금을 지원한 반 신라계의 혁명가들이라고 할 수 있었다.

학살로 집행될 사형수나 다름없는 벽골제에서 하루에 수십여 명씩 죽어나가는 것을 가슴 아프게 생각하던 주민들도 눈물을 흘리며 탈출의 성공을 안도했으며 그들은 죽음의 문턱에서 여전히 십만 여명에 가까운 대 병력이 되어 벽골제를 떠나고 있었다.

당시엔 총기나 대량살용의 무기가 없던 시대였으며 그렇다고 통신이 발달한 것도 아니고 빠른 교통수단이 있는 것도 아니므로 최고의 추격수단이 기마병을 이용한 작전인데 10만여 대병이 움직이는데 만약에 그들을 소탕작전 한다면 십만 대병과 전투를 벌이게 됨으로 그야말로 내전 상황을 방불케 될 것이다.

장보고 부하들은 그렇게 전라도 땅을 벗어나 충청도의 한적한 해변에서 모여 지휘자급들이 토론 겸 구수회의를 열었다.

의견이 종합된 것은 이렇게 많은 인원들이 함께 움직일 수는 없으며 일단 대량의 무리에서 흩어져 각자 조용히 살면서 때를 기다리되 가급적이면 개성에 있는 왕융 상단으로 비상연락처를 정하자는 제안에 따라 그들 중에서 상당수는 개성의 왕융상단에 의탁하거나 최소한 그 주변 황해도 연백 들녘에서 농사일 품팔이라도 하면서 지내겠다는 계획을 밝혔다.

그리고 어디엔 가에 의탁 가능한 또 다른 곳으로는 강릉에 김순식 상단 또한 압해도의 능창 장군의 휘하 그 다음 내륙에 양길 죽주산성 기훤(箕萱)이 등등 연고가 되는대로 찾아가 정착하면서 때를 기다리자는 약조를 하고 자신들과 뜻이 맞는 사람들끼리 그룹을 지어서 흩어지기로 했으며. 그렇게 헤어진 후로는 종적이 묘연하게 장보고의 청해진 요원들이 역사 속으로 사라졌다.

아마도 더러는 어느 산골에 가서 일생을 초야에 묻어두고 농부로 지냈는 지도 모르며 상당부분은 각 호족들의 수하가 되어 반 신라 운동에 매진했을 것으로 여겨진다.

그렇지 않고서야 신라전역에서 그렇게 많은 호족들의 병사가 어디서 다 생겼겠는가? 아마도 후백제의 견훤의 군대에도 상당부분 합류했을 것이다.

한편 신라의 입장에서도 경비병력 50여명을 죽이고 도주한 중죄인들이지만, 신라의 우려는 장보고 잔당들이 똘똘 뭉쳐서 반 신라운동을 할 염려가 있었던 것이며 그들이 자진하여 어디론가? 사라져 주었다면 굳이 그들을 추적하느라 소란을 피울 이유는 없었지만, 그럴만한 병력도 없었을 것이다.

그런 의미에서인지...신라의 정예군인 50여 명 중에 상당수를 잃은 것은 애석한 일이지만, 군사란 본래가 소모성 국가보위 수단적인 인적

자원의 도구이지...군사를 살리기 위해 국가가 존재하는 것이 아니며 일단은 조용히 잦아들기를 기다리는 것이 상책이라는 기조였다.

삼국시대의 복잡다단한 역사의 소용돌이는 계속 이어져 삼국을 통일한 신라의 지방 각지에선 저마다 썩어가는 신라의 패망을 학수고대하면서 장차 패권을 꿈꾸는 호족들이 세력을 키우느라 혈안이 되어 있었다.

결국 당나라를 끌어들여 삼국을 통일한 신라는 부패하여 망하고 한반도의 서남쪽에서 신라로부터 박해받던 호남청년들은 왕건을 도와 고려로 탄생하여 한(Khan)민족은 기어이 고려(korea)를 세워 대한민국으로 이어 오늘에 왔으니 우리들은 북한을 통일하여 한반도를 원형대로 복원시켜 세계가 부러워하는 통일국가로 이 땅을 다듬어 동해바다의 푸른 물결과 금강산 설악산 한라산을 잇는 삼천리강산으로 거듭나서 전 세계의 사람들이 꼭 한번 와보고 싶은 나라를 만들어 우리의 위상을 드높이려는 비전을 가진 당당한 민족의 기개를 세워나가야 한다.

위에 열거한 내용들은 우리의 역사 속에 수많은 영웅호걸이 나타나지만, 거의가 하나의 이상을 두고 민족의 영화를 꿈꾸는 것이 아니라, 저마다에 개인의 영달을 위해 공동체를 갉아먹는 행위에 올인 하여 결과적으로 나라를 좀먹는 경향이 적지 않다.

25
오직 한반도 통일 국가를 세우는 것이다.

다음 장부터는 우리 대한민국의 당면한 문제점이 무엇인가에 대하여 검토해 보고자한다.
1, 왜? 이순신을 영웅 충신이라고 추앙할까?
1, 왜? 정직하지 못할까?
1, 왜? 부정부패가 극심할까?

*답은 대한민국 교육의 실패이다.

1) 이순신 영웅화 사기교육 때문이다.

2) 각종 종교의 사기교육 때문이다.

*이순신이 진짜로 충신 영웅이었을까?
임신왜란에 있어서 이순신 장군의 첫 전투부터 상세히 분석해 보고 이순신은 어째서 충신 영웅이 되었는지? 살펴보자...

먼저 임진왜란에서 일본 수군의 전쟁목표는 무엇이었을까?

일본의 "도요토미 히데요시"는 조선침략 전쟁 2년여 전부터 조선의 전력을 조사 분석하여 수군전력은 조선이 월등하여 일본 수군으로는 수군전쟁이 불가하다는 결론을 냈다.

임진, 정유재란에 일본군 총 참전현황부터 알아보자
일본 육군

제1군 =18,700명 (고니시 유키나가 직속사병) 7,000명
제2군 =22,800명 (가토 기요마사   "   )10,000명
제 3군 =11,000명 (구로다 나가마사   "   ) 6,000명
제4군 =17,000명 (모리요시나리   "   ) 2,000명
제5군 =24,700명 (후쿠시마 마사노리 "   ) 5,000명
제6군 =15,700명 (고바야카와다카카게 ")10,000명
제7군 =30,000명 (모리데루모토   "   ) 미상
제8군 =10,000명 (우키타 히데이에   "   ) "
제9군 =11,500명 (하시바 히데카츠   "   ) "

　합 계 161,400명

일본 수군 참전현황 총 10,150명
*구키 요시타카   1,500명 세끼부네 약 50척
*도도 다카토라   2,000면   "   67척
*와카자카 야스하루   1,500명   "   50척
*가토 요시아키   1,000명   "   33척
*구루시마미치후사   700명   "   13척
*구와야마사하루   1,000명   "   33척
*도쿠히 미치토시   7,00명   "   13척
*스카이 에몬쇼   250명   "   8척
*호리호치 요지요사   850명   "   28척
*스기와카 덴사부로   650명   "   22척

임진, 정유 왜란에 참가한 일본군
육군 161,400명
수군 10,150명
　　　　총 합계 171,550명이다,　왜선 총 317척

임진왜란에서 왜적의 숫자를 분석해보고자 한다.

먼저 왜적 수군을 분석해보겠다.
참전 수군 10,150명, 전함 317척 평균 승선 군사 32명

다음 왜적 육군 참전 총 161 400명
육군 장비 포함 평균 승선 인원 24명 6,725척이 필요하지만 육군, 또는 수군 모두다 임진왜란 정유재란 나누어서 여러 차례 왔으므로 총 몇 회인지는 알 수 없다.

*참전 왜적 비율 육군 161 400명 수군 10,150명 =15:1의 비율이다. 다시 이야기 하면 육군 15명에 수군 1명꼴이다.

일본 수군 10,150명 참전 (전함 317척)
조선 수군 8,700명　"　(전함　58척)
조선 수군(충청 3척 명량 25척 이순신 26척 원균 4척=합계 총 58척
왜선 317척: 조선 58척: 5,5:1 왜적 비율 6명대 조순 수군 1명

서기 1592년 4월 13일 왜적들 제1군이 "고니시 유키나가"이며 그는 770척의 전함에 18,700명의 육군을 싣고 부산으로 쳐 들어왔었다.

(18,700명을 770척으로 나누면 평균 24명이 타고 왔다는 계산이 나온다.) 그렇다면 일본 수군 10,150명을 24인으로 나누면 일본의 전

함 세기부네 423척이 된다.

관련하여 일본 수군들이 전함 423척을 왜영에 정박시키고 수시로 조선의 해안가 민가들을 습격하여 식량을 탈취하고 청년들을 납치했다는 것은 사실로 여겨진다.

그런데 423척이 나왔다 해도 100%가 전투에 참가하는 것은 아니며 본진을 지켜야 할 임무를 부여받은 전함을 제외한다면 작전에 나가는 전함은 많아야 200척 미만이 되며 임진왜란 초기 원균 장군이 싸운 해전엔 왜적선이 많아야 50척 내외인데 이순신이 싸웠다는 전적에 왜적선이 수백 척으로 과장 날조한다는 사실을 참고하면서 임진왜란 사건을 살펴보시기 바랍니다.

*왜적 수군의 주요목표 (조선의 남부 해안에 민가들을 몰아내는 전략)
1.조선 남부 해안가 민가들을 습격하여 식량을 탈취한다.
2.조선 남부 해안의 남녀 청장년들을 납치하여 일본으로 보낸다.

*가급적 조선 남부 해안가를 초토화시켜 비워놓아야 일본인들이 가까운 해안가에서부터 조선으로 이주하여 거류하면서 조선을 점령 지배한다.
단, 조선 수군은 공격하지 말아, 그들의 전함은 일본보다 세다.

본문
이순신 장군의 전적이라며 자랑삼는 전투 중 아무 곳이나 하나 끄집어내어 분석해보면 거의가 엉터리 주장으로서 사리에 맞는 내용이 없다.

임진왜란 발발은 서기 1592년 4월 13일 부터인데 이순신 장군의 첫 전투는 23일 후인 서기1592년 5월 7일 "옥포해전" 부터이다.

그렇다면 이순신 장군이 출전하기 전에는 누가 싸웠을까?
물론 원균 장군이 싸웠다.

생각해보시라 일본 육군이 20여일 만에 한양까지 치고 올라갈 동안 일본 수군들은 장기 두었을 것으로 생각하는 사람이 있다면 그게 바로 친일파 매국노들의 발상이다.

대한민국 유권자들은 친일파로부터 장장 124년간 속아왔다**
(서기1900년~2024년까지)
임진왜란사의 수군전쟁에서 왜군들이 단. 한번이라도 원균장군의 경상. 우수영 또는 이순신 장군의 전라. 좌수영을 공격 한 사실이 있었는지? 아시는 분 있으시면 말씀 하시지요

왜적 수군은 침략군이며 조선 수군은 방어 군입니다.

수군과의 전쟁을 목적으로 조선 땅에 온 침략 수군이라면 당연히 조선 수군을 먼저 공격해야 하는 것 아닙니까?

그런데 왜적 수군이 조선 수군을 공격한 사례가 있었습니까?
있었다고요?
한산도. 칠천량. 명량. 전투가 침략전투 아니면 뭐냐고요?
맞기는 한 것도 같은데 틀립니다.

세계해전에서 침략군이 맨 처음 적국을 침략하여 민간인들 식량 노략질부터 하나요?
일본 수군들의 목표는 조선 수군과의 전쟁이 아니라, 조선의 해안을 초토화 시켜서 조선인들을 쫓아내고 일본의 신민들이 이주하여 농어

업을 경영하면서 조선을 일본 영토로 만드는 목적이었습니다. 하하하하

일본군 침략 서기1592.04.13.

1) 한산도 해전 (1592.07.08.) 3개월 후

2) 칠천량 해전 (1597.07.15.) 5년 후

3) 명량 해전(1598.02.17.) 7년 후

이게 일본이 우리나라에 수군 전쟁하러온 군대라고 생각하십니까? 다른 사람들은 제쳐 두고 6.25 참전용사 그리고 월남전 참전용사님들에게 묻겠습니다.

역전의용사(歷傳의勇士)님들입니까?
참전 용사님들은 전쟁에 나가서 민간인들로부터 식량 노략질하다가 3개월 후에 적군들과 전투했습니까?

여러분들 주장을 들으면서 숨이 꽉~ 막힐 지경입니다.

보충역이나. 방위 출신들은 빼고 현역으로 만기 제대하고 특히 실전에 참가했던 6.25.또는 월남 참전 경력자라면 이순신 영웅 논이 얼마나 터무니없는 가짜라는 것을 알아차리고 임진왜란에서 일본의 수군 침략 목적은 조선 수군과의 전쟁이 아니라. 조선의 양민들 식량을 탈취하여 전쟁을 수행할 군량과 징집될만한 청장년. 부녀자들을 납치 및 학살하여 조선인의 군수자원 씨를 말리기 위해 조선인의 코와 귀를 베어 오라고 했다는 사실을 들어서라 도 알아차려야 하는 것 아닙니까?

뭐요?

이순신이 수군 전쟁에 이겨서 나라를 구했다고요?

매국노들의 위장 공작에 동조하는 그런 식견으로 월참 경력자라며 전투 수당 달라는 요구가 나옵니까?

참 군인으로서 이순신이 영웅이라는 분들을 보면 오히려 특별 수당이던 뭐든 한 푼도 대접받을 만한 자격이 없는 분들이 아주 많다. 라고 여겨집니다.

정신들 똑바로 차리세요,

목숨 걸고 자유 공영의 참 민중들 재산과 생명을 지키기 위해 청춘의 투혼을 불사르며 인류의 공적들과 싸워 살아남은 용사님들의 고귀한 생명을 매국노들의 이권다툼에 동조하며 더럽게 사용하시겠습니까?

내말에 동의하신다면 당장 찬물로 귀부터 깨끗이 닦는 세수부터하시고 이순신이 영웅이라며 날뛰는 자칭 타칭 팔푼이 칭 등신들을 계도하는데 앞장서서 진정한 대한민국 위상에 우뚝 선 노병의 이상 세계로 당당하게 거듭나셔서 나라에 어른이 되시기 바랍니다.

우리들은 흔히 *모르는 것은 손에 쥐어 주어도 모른다.*라는 말이 있습니다.

임진왜란에서 원균 또는 이순신의 전적이라는 것을 살펴보면 거의가 해변 마을에서 노략질 중인 왜선을 때려 부수는 내용뿐입니다.

또한 왜적들이 원균 또는 이순신을 공격 했다는 내용도 거의 없습니다.

1. 한산도 해전 　(조선군이 왜적 유인)
2. 칠천량 해전 　(이순신 옛 부하들 도주)

3. 명량 해전　　(식량 노략질선과의 전투)
4. 절이포 해전　(완벽한 왜적의 공격)

임진왜란에서 수군 전적이라는 것을 분석해 보면 올곧은 왜적의 조선 수군 공격은 위 4번째의 "절이포"해전 단. 한건뿐입니다.

역사가들이 "절이포" 해전은 거의 거론하지 않지요.
왜냐하면 절이포 해전을 상세히 설명하면 다른 해전에서는 왜적들의 조선 수군을 공격한 것이 아니라는 게 비교되기 때문일 겁니다.

그밖에 전적을 살펴보면 거의가 해변 갯고랑 싸움으로서 왜적이 조선의 민가를 습격하는 곳을 덮치는 전투가 대부분입니다.

*왜적 수군의 전투 목적은 조선 수군과 전쟁이 아니라. 식량노략질 목적이었음이 명확하게 나타나지만, 순전히 이순신을 영웅 만들기 위해서 왜적들이 공격해왔거나. 이순신이 쳐들어간 것처럼. 억지 과장 날조하는 내용들임을 분명하게 알 수 있습니다.

사실이 그러함에도 불구하고 국민들은 아주 잘 속아서 이순신이 영웅이라고 철갑 통처럼 믿고 있습니다.

그런데요.
그 대상의 국민들이 군대의 미필자 이거나. 전쟁경험이 전혀 없는 분들이라면 그럴 수 있다고 도 여겨집니다.

하지만, 월남 전쟁 참가자 또는 6.25전투 참전한 역전용사(歷傳勇士)님들 조차도 허무맹랑한 이순신 영웅담을 사실로 믿는 것을 대할 때는 과연 저런 분들이 전쟁에서 어떤 개념의 전투인지? 알고나 싸웠을까?

참으로 민망합니다.

생략하고

*서기:1592.09.01.

부산왜영(釜山倭營)공격 사건에서의 조선 수군 전사자 6명중에 애석하게도 정운 장군께서 전사 하셨는데요.

그 원인은 이러했습니다.

임진왜란 개전 후 1592년 4월15~30일까지 긴박했던 기간에 조선의 최대 전략 자산인 판옥선 80척을 지키려고 이순신에게 원균 장군의 부관 이영남 장군을 몇 차례인가? 보내어 이순신을 설득할 때 이순신 장군의 부관이며 조선 수군 최고의 충신으로 용감했던 맹장인 정운 장군께서 자진하여 이순신을 설득 하는 자리에 배석해서 왜적이 침략하여 나라가 누란지세(累卵之勢) 위기인데 전라도 경상도 담당이 웬~말이요. 당장 출정하여 왜적의 기세를 꺾어놔야 합니다.

경상도가 무너지면 곧 전라도로 밀려올 왜적들입니다.

전라도가 경상도로 파병 가서 함께 싸우면 영.호남 연합군이지만. 왜적이 경상도를 무너트리고 전라도로 내려온다면 왜적들은 기고만장하여 사나울 텐데 경상도 수군이 패망한 뒤에 전라도 수군이 홀로 싸우는 게 정말로 나라를 위하는 것이라 생각하십니까?

원균의 특사로 온 이영남장군 보다도 정운 장군이 더 열 받아서 구구절절 옳은 주장을 했으나. 이순신은 요지부동으로 장수란 맡은 구역을 잘 지켜야 한다면서 끝내 파병을 거절했었다.

이에 열 받은 정운 장군은 이영남 장군이 힘없이 돌아서자!

혼잣말처럼 중얼거렸었다.
차라리 이순신 저 새끼를 없애고라도 참전하고 싶은 게 솔직한 심정입니다.

그 후 이순신은 부하들을 대동하고 돌아다니며 경상도 가까이에 있는 탄약 창고의 실탄을 전라도로 옮기다가 나중엔 경상도에 있는 탄약고들 중에도 전라도와 가까이에 있는 것들까지 전라도로 옮겼다.

이 상황을 지켜보던 정운 장군은 이순신 과 독대를 요청해서 하소연 하듯 따졌다.
이 수사님! 도대체 왜? 경상도 출병을 안 합니까? 경상도가 무너지면 전라도를 허무는 것은 식은 죽 먹기와 같습니다.

경상도 주변의 탄약고를 전라도로 옮기면 왜적들이 전라도는 오지 않으리란 보장이 있습니까?
탄약고만 있으면 왜적을 막을 수 있다면 더욱 그것을 옮기면 안 되는 것 아닙니까?

탄약이 없어서 싸울 수 없다면 원균 장군은 죽어야 한다는 뜻 인가요? 정운 장군은 너무도 화가 나서 장군께서 끝내 경상도 파병을 거부 하신다면 나는 장군을 베고라도 군사를 이끌어 경상도의 왜적들을 박살내겠소이다. 라며 악을 쓰고 밖으로 나왔다.

*이 내용을 TV드라마에서는 정운 장군이 밖으로 나와 이순신이 듣지 않는 곳에서 *차라리 이순신 저 새끼 빼고 우리끼리 경상도로 가야한다* 라는 푸념식의 혼잣말로 중얼거렸다. 라고 처리했다는 것이다.
그러한 성정을 가진 정운 장군이라서 훗날 1592. 09.01.선조임금의

어명으로 부산포 왜영(倭營)을 치러 가서도 마지막 전투에서 왜적선 470~500척 가량이 선착장에 정박하고 언덕위에 포대를 설치하여 사정거리가 긴~육전대포(陸戰大砲)로 대응해오자. 요새(要塞)안으로 들어갈 것이냐?

말 것 이냐?를 놓고 회의를 하고 있었던 것이다.

*총 지휘자 원균 장군

우리는 지엄한 왕명을 받아서 부산의 왜영(왜적의 본영)을 치러왔습니다.

지금까지 *물운대 *화준구미 *서평포 *다대포 *절영도 다섯 곳의 경비 보초선 여러 척을 박살내면서 *구렁동*까지 치고 오는 동안 왜적들의 초계함 28척을 격침 시키며 사고 없이 잘 왔습니다.

(보충 설명):

위에 5곳에서 왜선 28척들을 박살낸 것은 본격적인 왜선의 공격이라기보다는 왜적의 본영으로 들어가는 각, 물목 요소에 왜적 본영을 방어하려는 경비 보초병의 임무로 지키고 있는 왜선들로서 이들은 왜적 본영의 대비 태세를 갖추는 동안 시간을 벌어주는 보초선(步哨船)이었던 것이다.

따라서 이들의 임무는 전투하다가 세가 불리하면 도망치는 것이 아니라, 결사 항전하다가 죽는 것이 이들의 임무였던 것이다.

조선 수군들의 출전 임무는 선조임금의 명령인 왜적의 본영에 정박 중인 왜선들을 때려 부수어 왜적들이 일본으로 도망가지 못하도록 막아놓으면 명나라의 지원군과 합동으로 왜적들을 몰살시키겠다는 전략이었다.

이는 멍청한 유성룡의 오판으로 왜적들이 조선 민가와 관가로부터 탈취한 고가품들을 부산 왜영(倭營)으로 옮기는 우마차의 행렬을 보면서 왜적의 철수로 착각하여 내린 부산 왜영에 정박중인 배들을 전파(全破)시키라는 명령이었다.

 일본의 보초선박들이 만약에 조선 수군과 전투를 목적으로 당시의 세계 최고의 전함인 조선의 판옥선 80여척을 만났다면 조선군의 함포 사정거리가 고작 100보~200보밖에 안됨으로 조선의 판옥선보다 배가 빠른 세끼부네의 속력으로 일찌감치 도망쳐 안전한 곳에서 구경이나 하다가 슬슬 약 올리며 도망쳤을 것이다.

 관련하여 매국노들이 이순신의 전공을 부풀리기 위해서 이순신의 전적이 23전 23승이라고 사기 치는 전투엔 부산 왜영공격 (倭營攻擊)하나에서만도 1.물운대 2.하준구미 3.서평포 4.다대포 5.절영도 6.본영공격 6건 중 무려 5건의 전적을 부풀린 것이다.

 *이 상황을 다른 방식으로 설명하면 가령 어느 진지를 공격하는데 1초소 근무자 6명 2초소 근무자 5명 3.초소 근무자 5명 4초소 근무자 6명 5초소 근무자 6명 식으로 단, 하루에 하나의 목적으로 같은 부산 본영의 경비초소 선박들을 부수며 본영에 진입하면서 하루 6건의 전적을 부풀려 승리라고 선전하는 것이다.

 부산 왜영 공격명령은 분명하게 경상도 수군절도사가 하나뿐인 원균장군에게 내려져서 원균장군이 지휘했지만, 일기를 안 쓴 원균장군의 지휘 사실은 빠져있으며 이순신이 지휘한 것으로 둔갑시켰는데 그 근거가 무엇이냐 하면 바로 이순신의 난중일기(亂中日記)가 국가의 기록물로 둔갑된 것이다.

조선시대엔 사관들이 있어서 그들이 기록한 사서(史書)는 비록 입금이라 하더라도 볼 수 없도록 국법으로 독립시켰던 것이다.

그 정신에 기초하여 생각해본다면 이순신의 자화자찬(自畵自讚)식의 개인 일기가 국가의 중요 사료가 될 수는 없는 것이다.

어느 한사람의 일기가 국가 사료로 인정된다면 사관들이 국법으로 보호받으며 사료를 기록할 까닭이 없으며 그 한 예증으로 사기꾼의 일기에서 원균장군의 전함 168척이 왜적에 의해 불탔다며 조선 수군의 참전자가 14,000명이라고 발표했다.

이는 거짓말인 이유가 조선수군의 판옥선 승선인원이 척당 150명으로서 참전인원 총합계 150/14,000명=판옥선 93척입니다.

하지만 전쟁에 나가는데 협선(挾船)을 필요로 하는데 협선은 맹선으로서 보통 50명 정도 승선하여 5~10척 정도가 따라다니며 보조하는데 최하 5척만 따라갔다고 해도 250명 정도 됨으로 판옥선 2척이 빠지게 되어 판옥선이 91척을 넘을 수가 없습니다.

본래 판옥선 보유현황
1) 충청도 수영   판옥선 3척
2) 전라도 우수영   25척
3) 전라도 좌수영   26척
4) 경상도 우수영   4척

총합계 58척밖에 안되는데 이순신이 체포된 뒤에 원균이 삼도 수군 통제사를 맡고나서 칠천량 전투에서 별안간 168척을 침몰시켰다는 것은 터무니없이 과장 날조하여 원균을 형편없는 장수로 몰기 위한 매국노들의 거짓입니다.

 매국노들의 이순신 영웅 만들기 위해서 거짓된 주장을 했다는 증거는 안위를 비롯한 이순신의 옛 부하들 일기에서 칠천량 전투는 대치중에 경비를 서든 원균의 부하들 판옥선이 도주했다고 써 놓았는데 그게 사실인 것은 실제로 배설장군이 판옥선 12척을 가지고 도망쳐 전남 장흥군 회진면 "회룡포"로 숨었는데 마침 그 전함 한척에 이순신의 개인 몸종 "계생이"타고 있어서 배가 회룡포에 정박하자, 탈출하여 맨발로 뛰다시피 하여 이순신이 백의종군 중인 경남 거제군 초계면 모여리 권율 장군의 본영으로 찾아가서 이순신에게 배설 장군이 숨어있는 회룡포를 고변하여 알게 된 것이다.

 이순신의 또 다른 옛 부하들도 각자, 도망쳐 다도해 지방의 섬에 숨어서 어부로 가장하여 살았으며 원균이 칠천도에서 전사하자, 이순신은 왕명도 없이 권율과 짜고 백의 종군지를 무단이탈하여 "회룡포"로 찾아가서 배설로부터 가용 전함 11척에 수리가 필요한 전함 1척을 포함 12척을 인계받아 제2차 삼도수군통제사로 복귀했다.

 물론 권율의 주선으로 유성룡을 움직여 이순신 재 등용을 꺼리는 선조를 설득하여 이순신 백의종군지인 권율 본영 무단이탈하여 20여일 만에 정식 왕명으로 삼도수군통제사의 사령장을 받기는 했지만. 그것은 이순신의 천운(天運)인 동시에 사실상 유성룡이 선조를 대신하며 조선을 경영하는 망국지변의 통치 행위였으며 원균의 사망은 권율의 갑질에 의해 사지로 몰아서 전의를 잃고 방황하다가 죽은 것이나, 다름없다.

그런 잘못된 정치는 이순신이 활동한때로부터 450여년이 지난 서기 2024년인 오늘날도 다르지 않아서 대한민국 정부를 운영하는 것이 사실상 어느 조형 미인이 콜 검(call, prosecutor)들을 거느리며 5천만 국민들을 가지고 놀고 있는데도 매국노들이 권력 자리를 차지하고 큰소리 탕탕 치며 검찰이 피의자를 불러 조사하면서 녹음을 할까봐서인지? 검찰을 밖으로 불러 핸드폰을 빼앗고 내가 하는 말을 받아 적으라며 불러주는 대로 적어가지고 나와서 우리가 철저히 조사했다고 큰소리치는 나라가 되었다.

검찰의 핸드폰을 피의자가 빼앗고 조사시킬 정도이면 피의자 관저에 들어갈 때 검색대에서 녹음기 같은 것이 있는지를 검색 받았을 것이며 한 마디로 검사들을 범죄자 취급 하듯 불러놓고 하고 싶은 말만 되풀이하고도 혹시나 잘못된 말이 있으면 검사들이 허위 날조했다. 라고 뒤집어 씌워도 검사들은 피의자가 거짓말했다는 증거가 없으니 오히려 담당 검사가 피의자의 처분만 바라는 꼴이 되었다.

아마도 이런 나라라면 피의자도 검사도 이순신이 만고의 영웅이라고 믿으며 그를 본받아 전 국민들이 속아 줄 사기를 치는 것이 가장 소원인 사기꾼들이 지배하는 나라가 아니라는 징후를 찾을 길이 막막하다.

26
결론은 글 배운 사람들이 사기꾼이다.

글 배운 사람들이 역사도 조작하고 범죄도 감추고 거짓말도 법에 안 걸리도록 요령 것 하는 등 너도나도 공부한 놈들 조심이 너도나도 불조심보다 우선해야 할 시대를 만든 것이 대한민국이다.

글 배운 놈들이 도둑이 안 되게 하려면 각종 공무원 시험에서 무학력자도 섞으면 어떨까? 무학, 초졸, 중졸, 고졸, 대졸 비율에서 가산점을 주는 방식으로 100점 만점에 50%의 기준점이 대졸자 2% 고졸자 3% 중졸자 10% 초졸자 15% 무학력자 20%의 가산점을 준다면 학력제일주의에서 벗어나, 정의가 좀 더 바로서고 공무원들의 특권 의식이 평준화 되며 매국노 선생들로부터 왜곡당한 어용교육 학력 제일주의 사회에서 탈피할 것 같다.

서기1910~1945년까지 일본에 의한 일본인 답계 교육받은 사람들의 매국노 사상을 36년간 세뇌 교육으로 친일파가 된 상당수의 민족반역자들을 선생으로 모시고 그 절대 다수의 친일 사상을 가진 선생님들로부터 2024년까지 해방 후 79년간을 또 어용학자들에 의해 왜곡된 사상으로 편찬된 교과서로 공부하여 선거 때마다. 매국사상에 물든 절대다수의 친일파 정치가들을 뽑아, 대한민국을 통치해 온 이 나라의 국민들은 의례히 보수층으로 바꾼 부패한 매국 사상가들과 한통속인 보수층이란 여당에게 절반 이상의 국회의석을 내주어 민주 사상가가 대통령이 되어도 망국적인 부패 매국집단이 유도하는 대로 정책이 끌려

다닐 수밖에 없었다.

〉친일 매국노 도깨비와 문경주의 문답 대화〈
임진왜란사
경남 사천해전에서의 거북선이 첫 출전했다.

이순신이 사천해전 1년 후 유성룡에게 보낸 편지에서. 전투가 끝난 후에 수술로 총탄을 제거하고 치료했으나 총상을 입은 지? 1년이 지났지만, 여전히 상처가 아물지 않았다.

부상 자체가 가볍지 않은데다가 당시의 소독 및 외과 치료 수준이 열악했고 전시 상황에서 제대로 안정을 취하지 못하고 격무에 시달리는데다 본인의 나이까지 적지 않아서 제대로 회복이 안 되는 것으로 추정이 가능하다.

아래 답신은 유성룡이 이순신에게 두 번이나 보낸 편지에 답을 못해 미안하다는 내용인 듯하다..

'살피지 못한 동안 기운은 어떠하십니까?. 전에 두 번이나 주신 글을 받고 나아가 뵙고 겸하여 적을 토멸할 계책도 말씀 드리려 하였으나, 접전할 때에 스스로 조심하지 못하여 적의 총알에 맞아, 비록 죽을 지경에 이르지는 않았으나, 어깨뼈를 깊이 상한데다. 또 언제나 갑옷을 입고 있으므로 상한 구멍이 헐어서 진물이 흐르기 때문에 밤낮 없이 뽕나무 잿물과 또는 바닷물로 씻고 있지만 아직 쾌차하지 못하여 미안합니다.

군사들을 거느리고 길을 떠나실 날이 언제인지요. 나랏일이 매우 다급하게 되었는데 병이 이와 같아서 북쪽을 바라보며 길이 통탄할 따름

입니다.

도깨비주장

사천해전은 이순신이 치른 다른 해전과 마찬가지로 지형과 조수를 이용한 전략 이외에 거북선을 처음으로 실전에 투입해 그 성능을 확인하였다는 점에서 시사, 하는 바가 크다.

거북선은 각종 함포로 무장한 최전방 돌격 선으로서 적선 격침은 물론, 적진을 혼란에 빠뜨리는 임무를 성공적으로 수행함으로써 이후 거북선은 한산도 대첩을 비롯한 각종 해전에서 조선 수군을 상징하는 전선으로 위용을 떨치게 된다.

미디어에서의 모습

이순신의 총상은 전투 중에 입은 것이 아니라, 사천까지 진군하던 도중 일본 측이 대기시켜 두었던 저격수에게 당한 것으로 묘사했으며, 실제 역사와는 달리 왼쪽 어깨가 아닌 오른쪽 어깨에 총상을 입었다.

또한 전라 좌 수군과 경상 우수영 수군이 합류하여 사천으로 진군한 것과 달리 전투 도중에 합류한 것으로 그려졌고, 유인한 일본군 함대도 도쿠이 미치유키 가 직접 통솔하는 함대가 아니라 별동대 인 것으로 나왔다.

앞선 옥포 해전과 마찬가지로 일본 해군이 박살이 나는 장면이 실감나게 묘사되었으며, 특히 전투 직전까지도 도도다카도라에게 큰소리를 질러대며 기세등등했던 도쿠이 미치유키가 거북선의 위력에 질린 나머지 '이건 말도 안 돼...!

친일 매국 도깨비의 주장

저 괴물은 대체 뭐냔 말이야...! 저 괴물을 박살내란 말이야...!'라며 공황에 빠진 것이나, 원균의 함대를 신나게 밀어붙이다가 이순신 함대가 날린 포격에 그대로 무너지는 것도 감상 포인트. 또 전투가 끝나고 어깨에서 총알을 빼내는 고통을 참는 김명민의 연기가 매우 일품이다.

그밖에 일본군이 실제 기록처럼 풀잎 등으로 못을 가리지도 않은 거북선 위로 도선하는 장면이 의아하다는 평도 있는데, 이렇게 치면 도선하라는 명령이 내려진 것부터를 문제 삼아야 한다.

적의 요새나 성곽을 공격할 때에도 맨 앞에서 돌격했다가는 황천길 직행이라는 것이 뻔~한데도 돌격 명령을 받고 달려가는 병사들이 있는 것과 같은 이치로 송곳이 꽂힌 철판이 덮인 거북선의 특징을 극중에서 묘사하기 위한 것으로 보이나, 애초에 도선을 하려해도 입구가 보이지 않는 뚜껑 판에다 대고 도선을 하라는 것은 조금 어색한 느낌이 있다.

도쿠이의 패전을 지켜 본 예전의 옥포 해전에서 패했던 도도 도 이순신의 활약에 놀라기도 했다.

임진왜란 1592에서는 첫 회에 나오는데, 불멸의 이순신과 달리 거북선에 도선하는 장면은 없고 거북선의 활약과 장사진이 펼쳐진 이후의 전투 양상을 잘 표현했다.

특히 최근 학설인 곡사 사격이 아닌 직사 사격으로 왜선을 요격했을 것이란, 추측을 적극 수용해 거북선이 돌격 후 장사진(長蛇陣)치는 것이 아니라, 사실상의 단독으로 적진을 횡단하면서 무차별 사격으로 적을 제압하는 양상으로 표현했다.

이순신은 물론 나대용의 부상도 여기에 휘말려 일어난 사고로서 거북선의 전투와 더불어 약점도 같이 노출되어 일본군의 거북선 공포증을 잘 보여준다.

   거북선이 왜선에 들이받은 뒤 용두가 배에 끼어서 움직이지 못하자,
   거북선에선 용두와 선수에서 포를 쏘고 노를 뒤로 저으며 빠져 나오려 애를 쓰는 모습이 나온다.

   *거북선은 여러 번 설명했던 바와 같이 전혀 쓸모없는 무용지물이라서 폐기된 허깨비 같은 존재이기 때문에 이 대목에선 재론하지 않겠다.

   문경주. 임진왜란 연재
   선거 잔치의 난장판 패싸움은 이제 겨우 1차전이 끝났다.
   한바탕 뛰어 놀던 정치 사기꾼들의 투혼도. 심판관도. 사기꾼이니,
   누가 이겼든 졌든 그것은 중요한 것은 아니다.

   다만. 뒤 청소는 일등국민들이 아닐지라도 조금쯤은 "덜"사기꾼인 청소꾼들의 땀으로 싸움판의 뒤처리를 해결할 것이다*

   이번 싸움의 주최 측은 "콩 친 건"일까? 아~니, 건 년이 진짜
   흥행의 주인공일 것이다.

   대한민국 제22대 국회의원 선거싸움에 참가할 대상 총 선수는
   44.280.011명 유권자 중에 기권할 유권 선수는 아직 모르겠지만.
   분명한 승리의 편은 있을 것이다.

   하지만 그것도 중요하지 않은 것은 제2라운드 싸움에서 어떤 승패가 있을지? 그것이 관전 포인트다.

다만! "콩,천,건,"중에 하나는 최고로 질 좋은 야바우 꾼이며 유권자 44.280.011명은 그 다음 질이 떨어지는 꾼들이고 진짜는 없을 꺼다.

아마도 "콩,천,건,"
요것들은 이순신이 영웅이라는 사람들이 존경할 도깨비 요괴들이 아닐까? 생각된다.

술통령이 뭔가를 감추거나. 개 같은 보살처럼 아차 싶으면 뭐든 숨기는 것들이 진짜로 범죄 집단들이다.

세상 사람들이 다 알 수 있는 사건이나. 분명한 역사적 사실조차도 속이는 자가 매국노들이며 역적 패당들이다.

개인이 거짓을 주장하면 사기꾼이지만, 거짓된 정치가인 줄 알면서도 편들어 투표하는 국민들은 매국적인 역적이면 몰라도! 평범한 국민은 아니다.

위에 대목을 이해하면 이순신과 그 "도깨비"패당들의 거짓말에 뜻을 분명히 알 수 있을 것이다.

경상도 우수사 원균 장군은 왜적이 쳐들어온 1592.04.13.이후 줄곧 자신의 우수영 기지에 보관된 판옥선 80여척을 지켜야할 문제로 고심하고 있었다.

판옥선 80여척이 경상도. 우수영에 보관하게 된 경위
제승방략(制勝方略)제도는 조선 전기 지방군사 운영체계로서. 진관체제가 제승방략'제도로 채택된 것이며 배경은 몇 가지 요인들에 의해서이다.

익군제도를 설명하자면 복잡하여 생략 합니다

〈제승방략〉 제승방략은 진관 체제의 약점과 대규모 군대의 침입에 취약한 허점을 보완하기 위해 만들어졌는데 적군이 침입 할 경우에 침략 지역과 인근의 '진'들에게 민병대 또는 군졸들이 지정된 장소로 집결하라는 행정 조치가 통보되어 모아진 병력을 지휘할 장수를 중앙에서 파병하여 침략군에 대응하는 형태의 체제로 운영하는 것이었다.

여기서 국방 시스템이 작동되지 못했던 것이다.

그 원인은 교활한 유성룡이 제 친구 동생 이순신을 봐주기 위해서인지? 아니면 모사꾼이라서, 국가를 보위할 옳은 판단력이 없었는지는 확실치 않으나, 이순신에게 급히 부산으로 출병하라는 명령을 내려달라고 진언했어야 하지만. 임금을 모시고 도망칠 생각에 몰입했으며 선조 임금 또한 판단력 부재에 의한 무능한 임금이었던 것 같다.

이로써 빈약한 각. 군진의 전투력을 하나로 모아서 대규모 병력에 대한 방어를 할 수 있었으나. 국방 시스템 지휘권 발동 부재로 임진왜란을 고스란히 당했다

만약 제승방략이 제대로 작동했다면 중앙에서 내려온 훈련된 장수가 바로 수군을 장악하면서 이순신 .이억기를 불러 부산에서 왜적을 막았어야했다.

또한 여수에 이순신이 아니고 "빽"없는 원균에게 판옥선 26척을 주었다면 왜적이 쳐 들어왔다는 사실을 인지하는 즉시 전함을 끌고 부산으로 갔을 것이다.

부산지역 최대 전투인 '동래성 전투'는 현재의 부산광역시 동래구에

모였던 병력들이 중앙에서 지휘자가 내려오기 전에 모두 도망쳤으며 부산진 수군의 경우는 전함을 단. 한척도 배치하지 않았고 맹선 (화물 운송 및 각 섬 간 연락선)3척과 탄약 창고 지키는 150명의 군졸을 관리하는 박홍장군을 임명했던 것이다.

이는 전적으로 이조판서이던, 유성룡의 인사배치 잘못인데도 유성룡은 끝끝내 저의 실책을 감추기 위해 마치 임진왜란을 막기 위해 조선 최고의 맹장인 이순신을 키워서 전남 여수에 조선 최고의 전함인 판옥선 26척을 주었다며 유성룡의 실책을 감추려고 이순신을 칭찬했다.

과연 그럴까?
이순신에게 줄 전함 26척을 부산진에 주었거나 원균에게 주었으면 임진왜란은 초반에 싱겁게 끝날 전쟁이었다.

그런데도 전혀 필요가 없는 전남 여수에 판옥선을 최대인 26척이나 주었으며 이순신은 그 귀중한 조선 수군 전략자산을 보유 했음에도 불구하고 원균 장군이 다급하게 지원을 요청할 때 참전치 않았다.

정당한 이유도 없이 이순신이 맡은 구역은 전라도라는 핑계였으나. 제승방략제의 목적이 주변의 진.관이 침략 받으면 인근의 진관에서 전부 참전해야 하는 운영체계 임에도 정면으로 어긋난다.

이순신의 속내는 유성룡의 빽을 믿고 군영을 별장개념으로 여기는지?
어머니 조카2명. 아들 2명 개인몸종 "계생이" 까지 7명의 가족이 새로 지은 여수의 요새 형 수군 기지에 모여 가족별장처럼 살았다.

군인이란 전쟁에 참전하지 않으면 훈련을 빼고는 사실상 할 일이 없었으니 "죽방틀"(통발)을 도랑물에 설치하여 "피레미"를 잡아 세어보니 2.000마리가 넘더라고 난중일기에 써 놓을 정도로 이순신의 인격은 형편없는 위인이었다.

*여수가 과연 최대의 수군전함이 필요 한 곳인가?
적군이 조선으로 쳐들어온다면 어디가 취약지구인가?*

1). 조선의 동남해안 쪽 관문인 부산
2). 북방의 오랑캐 침입 압록강 두만강 주변
3). 호남의 곡창지대 군산일원
4). 동해안 강릉 일원

여수의 중요 방어 가치 전혀 없음
1) 청정지역 굴 양식장(일본에도 굴은 많이 있음)
2) 갓김치 (미쳤나? 일본이 갓김치 전쟁하러 조선까지 올까?)
3) 농토 없음 (농경 토지: 1970년대 간척사업 후에 일부 있음)
4) 특수 광산업 (전혀 없음)

국방에 제1의 판옥선을 여수항에 가장 많이 배치해야 할 하등의 이유를 찾지 못하겠다.

그렇다면 이순신이 왜?.여수에 필요하며. 유성룡 이순신이 무엇 때문에 충신. 영웅인지? 그 이유를 알아듣게 설명해주시기 바랍니다.

누가 이순신. 유성룡을 충신. 영웅이라 선전했을까요?
1) 최고 학부 출신들
2) 고등학교 학력 이하

3) 무 학력자들.
(머슴, 노동자. 종이 줍는 영세민들..)
4) 남자들...
5) 여성들...
6) 도깨비들...
1)의 지식인들일 것 같다.
3)번의 사람들은 절대 아니라고 생각한다.
3)번의 무식한 사람이기 때문이다.
  그렇다면 윤석열 대통령은 어떤 계층의 사람들에 의해서 대통에 당선되었을까?,아마도 1)번에 의해서 당선되었을 것이다.

  왜냐하면 역적 친일 매국노들 또한 위에 1)번의 사람들이 가장 많았기 때문이다.
  이완용. 김활란. 윤보선. 김창룡. 박정희 .백선엽. 백인엽. 이광수. 등등 정치. 사회. 문화계의 지도자급이 모두다 고학력 지식인 친일파이다.
  조선에 이어 대한민국은 항상 고학력자이며 친일파들이 지배했었던 나라가 바로 대한민국이다.
  내가 매국노가 아닌 것은 3)번 출신이기 때문이며 우리 부모님이
    나를 공부시키지 않아서 3)번의 애국자로 살 수 있게 되어 늘 감사드린다.
  〈제승방략을 도입한 이일〉
  일본군이 북상하자, 이를 막기 위해 중앙에서 파견될 제승방략을 주장한이일장군 본인도 당했다.

  이일장군이 지휘하기 위해 경상도 남부의 민병들이 부산에 이어 대구

에 모였었지만, 이일 장군이 오기도 전에 일본군이 먼저 도달하자. 지휘관이 없어서 도망쳐 해산되는 낭패가 생겼다.

이와 같이 제승방략은 치명적인 문제가 있었는데 위 사례와 같이 지휘 부재와 기동력의 문제가 심각했다.

병력이 모이는데도 시간이 필요했으며 모이더라도 중앙에서 내려오는 지휘관을 한동안 기다려야했고 모인 병력들은 낯선 고장에서 방황하며 절대 다수가 훈련되지 않았으며 절대다수가 비상사태에서 갑자기 징집 되어 조직화된 집단의 면모가 전혀 없었다..

지휘관이 도착하더라도 전투지역에 대한 분석 및 판단이 곤란했고 지휘관 부재 시에 지휘체계 또한 제대로 갖춰지지 않았기 때문에 병력이 쉽게 흩어지는 단점들이 있어 아주 허탈하게 나타났다.

이론적으로는 가능하지만, 실전에서의 취약한 문제점이 많은 징집제도였던 것이다.
따라서 군수물자가 구비되어 있더라도 병력운용이 힘 들었으며 임진왜란 초기부터 조선의 정규군인 관군은 일본군에게 상대가 되지못한 이유중의 가장 큰 문제는 일본군들은 조선군의 "활"보다 위력이 월등히 강한 조총을 가졌다는 것이 결정적인 패인 중에 하나였다.

이러한 제승방략의 문제점이 지적되고 류성룡을 비롯한 중신들이 제승방략에서. 진관체제로의 회귀를 주장하며 임진왜란 3년차인 1594년 '속오군'을 중심으로 진.관 체제로 돌아가며 지방군의 재건에 돌입했다.

*속오군*은 무엇인가?*

조선 시대에, 훈련도감에 속한 속오군의 편제 방법. 속오군을 대(隊)·기(旗)·초(哨)·사(司)·영(營) 따위로 상향 조직하였다.

조선시대 군사체제(제승방략체제) 관련 문제점

유사시에 각 고을의 수령이 그 지방에 소속된 군사를 이끌고 본진(本鎭)을 떠나 배정된 방어 지역으로 가야하는 분군법(分軍法)은 세조 때 완성된 진관체제가 전국적 방위 망으로서 그 성립기반이 지나치게 광범위하여 실제 방어에서는 오히려 산만하여 무력하며 그 기능을 상실해 갔다.

특히 진.관 체제에서의 지방군인 정병과 수군의 유지가 어려워지자, 군사가 아닌 일반백성들까지 동원하여 전쟁에 임하는 제승방략이 응급으로 실시되었다.

중종 때의 삼포왜란, 명종 때의 을묘왜변을 겪으면서 적용된 전략으로서, 후방 지역에는 군사가 없기 때문에 1차 방어선이 무너지면 그 뒤는 막을 방책이 없는 전법이었다.

진.관 체제로 임진왜란을 당한 때인 1592년(선조 25)5월8일 이순신(李舜臣)과 원균(元均)이 지휘하는 조선 수군이 적진포(赤珍浦)현재의 (경상남도 통영시 광도면 적덕리) 앞바다에서 왜군을 무찌른 해전에 해당되며 임진왜란이 일어난 전투에서 옥포· 합포에 이어 세 번째로 왜군을 무찌른 싸움이 진관체제의 합동작전에 해당한다고 할 수 있다.

도깨비들의 이순신 영웅타령

1592년5월4일 전라 좌수영인 여수를 출항한 이순신은 당포(唐浦)현재의 (경상남도 통영시 산양면 삼덕리)에서 경상 우수사 원균과 합세하여 옥포· 합포 등지에서 모두 31척의 일본 수군을 분파(焚破)하고 8일 남포(藍浦)현재의 경상남도 창원시 귀산면, 남포리)앞바다에 이르러 휴식하던 중 고리량(古里梁)에 왜선이 머물고 있다는 정보를 입수하였다.

  원균과 이순신은 즉시 모든 전선을 둘로 나누어 여러 섬과 섬 사이를 수색하면서 돼지 섬 돈도(猪島)를 지나 "적진포" 앞바다에서 왜선 13척을 발견하였다. (이 또한 왜군의 조선군 공격이 아니라, 식량 노략질이었다)

  그때 왜적은 병선들을 포구에 한 줄로 매어두고 대부분 상륙하여 민가들의 재물을 탈취 하던 중 아군의 위용 앞에 당황하여 산으로 도망치고 있었다.
  이 부분에서 영화. 드라마는 이순신이 출동해보니 왜적들이 산봉우리에 있어 이순신이 함포를 쏘니 도망갔다. 라고 처리하여 전혀 앞뒤가 맞지 않는 주장으로 이순신을 영웅으로 만드는 논리였다.

  이순신의 명령으로 낙안군수 신호(申浩), 방답첨사(防踏僉使) 이순신(李純信),녹도만호(鹿島萬戶) 정운(鄭運)등 여러 장령(將領)과 군사들이 포 구로 돌진하여 대선 9척, 중선2척 등 모두 11척을 분파하자, 왜적의 일부는 육지로 도망쳤다. (이게 이순신이 영웅인가? 식량탈취 왜적과 싸운 방범대원과의 전투 수준이다)
  이 부분도 역사적 사실 왜곡이며 아직은 이순신이 삼도수군통제사가 되기 1년 전으로서 경상도는 원균장군이 명령권을 가지는 것이다.

임진왜란 후 수군의 1차 출동으로 옥포·합포·적진포해전에서 승리하자, 왜적과의 싸움에 자신을 가지게 되어 이후의 작전에 크게 영향을 주었다. (원균 장군은 이미 8차례 이상 식량 노략질 왜적을 섬멸했다)

　*서기1583년 여진족의 *나탕개*가 2만 병력으로 침략한 사건으로 조선의 진.관 체제가 여지없이 무너지자. 제승방략(制勝方略)제로 바뀐 것이다.
　관련하여 불과 9년 후 1592년4월13일 왜군들이 부산으로 쳐들어와서 조선은 처참하게 침략 당했다.
　결과적으로 서기1583년에 제승방략제로 바뀌어 9년 후인 서기1592년 임진왜란이 발발하여 부산을 지키던 판옥선의 수군들을 집으로 돌려보내어 생업에 종사케 하고 비어있는 판옥선을 거제도 뒤편에 정박시켜 경상 우수사로 하여금 지키게 했던 것이다.

　따라서 진.관제이던 제승방략제 이던 어떤 시스템(system)이 중요한게 아니라. 정치가 또는 군인들의 애국심이 중요한 것이다.

　당시의 조선전함은 고려의 최무선장군이 연구하여 어떻게 하던 왜구들을 이기고 말겠다는 애국심으로 경기도 강화섬에서. 전함을 개발하느라 실패를 거듭하여 연구한 결과 질 좋은 조선 적송을 베어 그늘에 음건(陰乾)으로 5년 이상 송진을 굳혀야 비로소 튼튼한 전함이 된다는 사실을 알아냈다.
　*그런데도 이순신 영웅 만드는데 혈안이 된 어용 지식인들은 이순신은 아무 곳에서든 생나무를 베어 전함을 만들었다. 라며 사기치고 있으며 공부는 하기싫고 아는 척은 하고 싶은 반% 인간들은 이순신 영웅은

무엇이던 다 한다는 식으로 토론장에 나서면 꼭 이기려고만, 악을 쓴다.

또한 화약을 만들려고 장장5년여 간에 걸쳐 연구할 때 최영장군은 열악한 고려 말 조정살림에도 불구하고 *화통도감*을 설치해 주어 고려 정부차원에서 지원했으며 최무선장군은 중국인 "이원"이라는 상인을 자신의 집에 공짜로 기거시키며 용돈을 주는 등으로 화약 제조법을 그가 아는 만큼 전수받아 실험을 거듭하여 완성했다.

중국인 이원씨도 화약제조 기술자는 아니었으며 당시의 중국에서는 웬만한 사람들은 화약제조를 할 만큼 일반화된 과학일정도로. 화약에 관심 있는 사람들이 많아 국내외의 지식인들을 찾아다니며 물어서 배우는 형태의 기술 동냥으로 실험을 거듭한 끝에 드디어 10여년을 매달려 화약무기를 개발 성공시켰던 것이다.

최무선장군이 개발한 화약무기 중에 화포(火砲)와 석포탄(石砲彈)이 있으며 화포는 훗날 화염방사기(火焰放射器,)로 발전하여 영어로 번역된 명칭으로는 플레임스로워(flame thrower)라고도 한다.

석포탄은*돌꾸러미탄(Rockets)이며 즉. 락(Rock)은 돌이라는 뜻을 가지는 키트 형 돌 꾸러미 탄이 되는 것이다.

미사일(弭射軼)은 화살이 도망갔다는 뜻이다.
(즉. 활미. 쏠사. 달아날 일(실=일자)의 우리말 미사일을 영어는 미소일(missile)이라, 번역했으며 *크루즈 미사일(cruse missile)*은 그릇 형 미사일 또는 단지형 미사일. 이란 뜻이다.

*크루즈 미사일(cruse missile)이 그릇, 항아리에 불을 담아 성벽으로 기어오르는 적병에게 부어서 퇴치한데서 유래한다.

*크루이즈 미사일(cruise missile)은 순항cruise 그릇cruse 가운데 "I"자만 빠지면 그릇이다

*토마호크 미사일(Tomahawk missile) 도끼 미사일. 도끼로 나무토막 찍듯 쏴서 파괴한다는 의미이다.

*스커드 미사일(scud missile) 화살이 질주하듯 날아간다.
스치듯 빠르다. 등등의 무기들에 그 뿌리는 최무선 장군에게 닿아 있으며. 최무선 장군은 서기1370경부터 함선과 화약 무기를 만들기 시작하여 세계 최초로 함포를 개발하여 서기1380년에 진포(군산시)에 쳐들어온 왜적선 500척을 박살냈다.

27
고려의 최무선 장군 세계최초의 함포사용

그 기록은 군산의 "진포공원"에 가면 당시에 사용했던 함포의 모형과 참전자(최무선. 낫세. 심덕부)3인의 동상과 기록이 남아있다.

*진포대첩에서 일본의 아기발도가 1만 명 이상의 왜적들을 500척에 싣고 와서 군산 금강 둑에 세워놓고 민가에 들어가 장정들을 칼로 위협하여 소달구지를 끌고 오도록 하여 세곡 창고에 가득 쌓인 곡식들을 세끼부네 500척에 실어놓고 세곡을 날랐던 청년들과 성행위 가능한 여인들을 납치하여 밧줄로 엮어서 끌고 온 배에 가득 싣고 군사 100여 명을 배치하여 배들을 경비하도록 한 뒤 왜적들 본진은 부여 공주의 백제 사찰들을 강탈하러 갔다.

그 사이에 고려의 수군은 강화도에서 새로 건조하여 함포 발사시험까지 마쳐 완전 성능이 입증된 고려의 전함 80척을 끌고 가서 일본의 왜적함대 세끼부네 5백 척을 박살낸 기념비가 위에 비석에 새겨 군산의 진포 공원에 우뚝 서있다.

임진왜란에서 위력을 떨친 판옥선은 당시에 최무선 장군이
만든 전함에 판옥을 세운 것만 다를 뿐! 고려의 전함 형태의
그대로이다.

그로부터 191년 후인 이탈리아 "레판토" 전투에서 세계 최초로 함포를 사용하여 해전에서 승리했다는 기록으로 남았으며. 최무선장군은 무려191년이나 앞선 발명이지만. 고려는 공식적인 전쟁에서 사용된

것이 아니라. 해적선을 상대로 한 전투라는 이유로 세계 해전 기록에서 빠져있다.

관련하여 1592년 임진왜란에서 사용된 판옥선 역시 세계 최초의 요새형(要塞形)고려의 군함으로서 함포는 대중화 되었지만 판옥을 씌운 것은 그때까지도 세계최초일 것으로 여겨진다.

사실이 그러함에도 불구하고 이순신이 전함을 만들었다는 등등의 숫한 거짓을 일삼아하는 학자라는 사람들은 매국노형 사기꾼들로 봐야 하고 아니면 매국노들로부터 사기당해 아는 척하는 사람들이라 해도 양민들은 아니다.

**문경주 임진왜란사 연재*
내가 임진왜란 사를 사실적으로 쓰고자하는 이유는 두 가지의 목적이 있다.
*첫째 매국노들일수록 영웅 이순신 이야기가 거짓인줄 알면서도 이순신을 존경한다. 라며 아주 못된 짓을 서슴지 않을 뿐만 아니라. 스스로 애국자인척 이순신 영웅 논리를 강조하여 마치 자신도 정의로운 애국자인 것처럼 행세한다는 사실이다.

*이광수 작가는 친일목적의 "이순신전"이란 소설을 최초로 썼었다.

이광수 본인 자의로 썼는지? 아니면 일본 총독부 압력에 굴복했는지는 확실치 않지만, 이순신전 소설이 일본 사관학교 부교재로 읽혔으며 특히 동아일보에 서기1930년대 무려10개월간 연재했으므로 친일 소설임은 틀림없다

우리나라의 모든 소설작품 속에 이순신은 일본의 조종에 의한 이광수의 이순신전 소설에 기초하여 판타지(fantasy)적 창작 수준의 소설책이다.

일본은 왜? 이순신을 띄우려 했을까?

이순신이 한. 두 번 왜군을 이긴 것은 틀림없으나. 엄밀히 따져 이순신이 승리한 게 아니라. 당시의 조선 판옥선은 세계적으로 우수한 전함이었는데도 순전히 이순신을 영웅으로 조작하기 위해 우리의 역사에 빛날 조선 판옥선의 품격을 격하시켜 마치 이순신이 아니면 판옥선은 개털인 것처럼 우리의 뛰어난 시대적 개발 전함 판옥선을 이순신의 발 밑창에 깔았다.

한마디로 일본은 우리 조선의 발명품인 판옥선의 위력을 인정하기 싫었으며 유성룡이 쓴 "징비록"내용처럼 조선의 왕조와 선비들은 나쁜 놈들이며 조선에서 오직 유성룡 이순신 단, 두 사람만을 뽑아서 칭찬하고 그이외의 사람들은 아주 형편없는 버러지들이며 특히 왕조와 선비들은 백성을 수탈하고 패거리지어 정치싸움으로 이권이나, 챙기는 지구상의 패악당(悖惡黨)무리들로 비하하여 반드시 일본이 조선을 정벌하여 조선백성을 개조해야 할 속국(屬國)의 흡혈충(吸血蟲) 같은 존재로 비하하기 위해 이순신을 박해한 조선왕조를 포악한 지배층으로 설정하여 매국노들을 세뇌시켰던 것이다.

사실은 조선 수군들 중에서 출세를 위해 거짓으로 경쟁하여 승리한자가, 바로 이순신이며 조선인들의 특징은 사람의 인격을 존중 하는 것이 아니라, 수단방법을 안 가린 승리 자체를 노리기 때문에 권력싸움에서 정당하던 아니던 상관없이 승리한 이순신을 띄우면서 조선의 왕권과 벼슬아치들을 악독한 놈들로 비하하는 교육을 시켜왔으므로 조선왕조는 마땅히 망해야 할 못된 정권이라는 공감대를 확산시켰던 것이다.

그 결과가 일본 시대에 공부한 사람들이 조선왕조를 극단적으로 미워하는 성향은 후대까지도 각인되어 조선왕조를 히스테리적으로 싫어하며 자연스레 이상적인, 롤 모델(role model)을 일본으로 설정하는 심성 속에서 친일파가 무한대로 양성된 것이다.

문제는 우리의 국민들 수준이 소설을 읽고도 그게 실제의 역사라고 믿으며 역사학자로 행세하는 얼간이적 인물들이 아주 많다는 사실이다.

28
조선을 일본 식민지로 이용할 목적

그 사례로서 일본은 이순신을 존경하는 척 하면서 이순신은 충성을 다한 영웅이지만. 조선의 지식인과 정권은 이순신을 박해한 나쁜 놈들이니. 일본이 응징해야 한다며 조선을 침략해서 일본인들의 식민지로 만들어 장장 36년간을 강압적인 침략통치로 자원을 수탈해갔다.

*박정희 또한 일본 놈들처럼 매국적 친일행적을 감추고 이순신을 존경하는척하며 일본인들에게는 일본의 근대화에 우상 역사인 명치유신을 단행한 지사님들을 존경한다. 라며 일본 정객들이 모인 자리에서 사실상 조선침략의 대표적 주역이었던 이등박문을 본받겠다. 라는 취지로 공언함으로서 안중근의사는 마치 무도한 살인범인 것처럼 격하시켰던 것이다.

박정희에 쿠데타를 미국의 케네디가 승인하지 않고 계속하여 박정희에게 군부로 복귀하라며 6개월간, 종용할 때 일본 정치가들이 나서서 미국이 시행하려는 대한민국의 경제개발로 대한민국을 자립시키려는 미국 정책에 일본이 책임지고 지원하여 도울 테니 박정희 쿠데타를 승인하여 동북아시아의 관문인 한반도에 공산세력을 지켜낼 사나운 이빨을 드러내어 짖을 사냥개로 키우도록 일본이 관리하겠다며 설득했다.

일본이 미국 케네디를 설득해서 드디어 미국이 일본의 제안을 긍정 수용했던 것이다.

케네디는 대한민국을 독일에 이어 일본처럼 대한민국도 경제를 개발하여 유럽의 서부독일 경제성장 모델과 2차 대전으로 파탄지경의 일본 경제 성장사례를 대한민국에도 적용하여 동북아의 공산주의 팽창을 막는다는 구상이었던 것이다.

미국의 위성국을 늘리는 방법으로는 경제적으로 잘 사는 나라로 만들어서 소련 중공의 공산화 팽창 위협을 방어할 극동정책뿐이라는 구상을 하고 있었다.

일본은 미국에 의도를 간파하면서 미국으로부터 일본상품의 특혜관세 적용의 감소 추세에 따른 일본 상품의 가격 경쟁력 문제가 수출둔화 영향으로 경제적 불확실성을 고민하고 있던 때에 미국이 대한민국의 경제개발을 구상한다면 그것은 특혜관세(pre ferential tariffs)또는 수입쿼터(import quota) 제도뿐이었다

국제무대에서 자유경제 활동을 유도하는 방식으로서 후진국의 저평가 된 상품들의 질량(質量)에 적합한 가격에 맞춰 세계시장으로 끌어들이는 방법의 특혜관세(特惠關稅)적용밖에 없으므로 이 제도는 마치 가뭄에 양수기와도 같은 특혜였다.

그러한 일본은 경제가 발전하여 오히려 선진국의 수출에 영향을 주는 단계로 격상되어 선진국 경제에 위험이 될 정도로 경제규모가 커지자, 일본 상품의 특혜관세를 일반관세로 전환 적용해. 일본의 경제성장의 한계를 느끼고 있을 때 미국이 대한민국의 경제개발을 고민 한다면 그것은 일본에게 또 다른 기회가 될 수 있었다.

일본이 대한민국 경제부흥을 돕는 척 하면서 대한민국의 관세특혜의 과실을 일본이 따 먹겠다는 야심으로 대한민국 경제개발을 일본이 적극

지원하겠다며 케네디를 설득했던 것이다.

　케네디의 답변:

　그렇다면 박정희를 일본으로 보낼 테니 책임지고 미국이 박정희에 쿠데타를 승인조건을 알려 미국에 와서 경거망동하지 말고 인사만하고 가도록 교육시켜 보내달라는 조건이었던 것이다.

　비밀이 해제된 한일회담 외교문서

　케네디-이케다 회담에 관한 공동성명서 및 무역과 경제 문제에 관한 미일공동 위원회 설치에 관한 내용 참조

　1961년 6월

　케네디-이케다 회담에 관한 공동성명서 및 무역과 경제문제에 관한 외교문서 공동위원회 설치와 관련 비밀 서한의 전문 외무부 공람문서 등등 종합검토...

　*실제로 일본은 미국이 대한민국의 경제개발을 목적으로 예고한 공표에 따라서 세계에서 가장 많은 기업들을 대한민국의 구로동 수출공단과 마산시 수출 자유지역에 투자하여 전체의 외국기업 투자비율의 90%가 일본 기업이었으며 극히 소수의 미국. 독일. 기업들 순이었다.

　일본이 대한민국으로부터 특혜관세를 어떻게 빼먹었느냐?

　대한민국의 친일, 기업가들과 합자회사를 만들어 대한민국의

　유능한 모사꾼들을 사실상 일본기업의 합자 파트너(partner)로 내세워 일본상품들을 파는"쎄일즈맨"처럼 부려먹는 방식으로 선진국의 바이어(buyer)들에게 보내어 대한민국 상품도 일본 상품과 똑 같이 만들어 제품속의 부속이 일본제품이며 성능 또한 같다는 샘플을 재사허여 주문받고 실제로 상품이 갈 때는 일본의 완제품을 들여다가 made in japan 딱지를 떼어내고 메이드인 코리아 (made in Kore a)의 라벨 (ravel)을 붙여서 수출했던 경우도 상당했었다.

1) 일본의 조종에 의해 일본상품에 가짜 코리아상표를 붙여 미국이 우리나라에게 주는 특혜관세를 일본이 따먹었다.

2) 박정희는 일본의 조선총독과 비슷한 존재이기 때문에 일본기업들에게 많은 특혜를 주었다.

3) 우리나라에서 지식인층 정서상 성격형성시기인 초등학교 시절부터 마음속 깊이 친일사상이 자리 잡아 자신들도 모르게 박정희를 좋아하는 것은 자연적인 현상이었다.

친일파가 될 수밖에 없는 조건들...
(가.)조선에서 상놈의 신분을 해방시켜 준 정권이 일본이었다.
(나.)처음으로 신식교육을 일본이 시켜줬으므로 일본인식으로
사고하고 행동하지 않으면 미개인 취급받았다.
(다.)일본 통치하에서 자전거도 타고 자동차도 탔으며 기차도
탈수가 있었으므로 이순신처럼 유성룡 패당에 줄을 잘 서야
천하의 졸장이었던 이순신이 맹장 대접도 받을 수가 있었던 것처럼.
일본을 잘 섬기는 사람들이 출세했었다.

*도깨비 요설과 문경주 논박 *
임진왜란에서 일본 육군이 한양까지 치고 올라갔던 가장 무섭고 치열했던 4월14일~5월7일까지 23일간을 원균 장군은 오줌 누고 바지 여미는 짬조차도 적탄을 경계하던 그 처참한 시기를 보낼 때에 이순신에게 경상도로 파병 와달라며 구구절절 사정해도 오지 않은 이순신이었다.

그런데도 경상도 우수영 수군 기지를 폭파한 것을 알게 된 선조임금은 이순신에게 당장 출두하여 경상도를 지키라는 파병 명령이 떨어지자, 마지못해 경상도에 와서 원균장군의 뒤를 따라다니며 이순신은 마치 저 혼자 싸운 것처럼 일기를 써서 남겨두고 죽었는데 후세 사람들은 이순신 혼자 싸웠다. 라는 식으로 이해할 수밖에 없었을 것이다.

이순신은 전공을 조작 부풀려 과장되게 일기를 썼지만, 일기는 고사하고 전공 보고서를 쓸 틈도 없이 왜적으로부터 생명을 위협받는 양민들을 보호하는데 골몰했던 원균의 전공을 모두 이순신이 가로채어 이순신 혼자 싸운 것처럼. 전공 보고서를 써서 스스로 영웅 행세하는 이순신을 천거한 유성룡은 더불어 훌륭한 재상으로 대접 받는 나라에서 국민들은 사기꾼들의 거짓을 보고 듣고 배워 학습되었기에 변절과 술수가 능란한 것은 이 시대의 구린내 나는 정치 실체와 높은 경륜인척 하는 엉터리판세 이다.

29
사기꾼을 충신 영웅이라며 섬기는 국민들...

박정희는 1961년 11월12일부터 한.미 정상회담이라는 주제로 미국 방문길의 하루 전인 11월11일 당시에 국교가 전혀 없는 일본을 미국의 훈령에 의해 찾아가서 기다리고 있던 일본 정객들을 만나 굽실 거리며 일본정부 수뇌들을 향해 생명의 은인으로 여기는 듯 스스로 명치유신의 지사님들을 항상 존경한다. 라는 망언을 선언하여 일본 정치인들이 더욱 흡족해 놀랐다는 것이다.

일본은 박정희 쿠데타를 미국으로부터 승인받기 위해 일본의 모든 조직을 동원하여 미국 정보기관에 왜곡된 정보를 넘겨주면서 대한민국에서 박정희 군사독재정권이 들어서지 못한다면 남북통일을 빌미로 정치가 개판되어 중국 소련의 스파이들이 침투하여 대한민국을 공산화 시키든가? 중립 국가를 지치하며 일본에서 가까운 부산 항구에 인공기가 휘날리든가? 아니면 소련 중국 대한민국의 국기가 나란히 펄럭일 텐데 그리되면 일본은 대한민국의 경제개발을 도울 수도 없고 돕지도 않을 것이니 미국 혼자서 대한민국 경제개발이 가능하겠느냐며 협박하고 있었던 것이다

박정희가 혈서를 써서 일본군에 지원할때부터 어떻게 하던 한반도에서 일본의 괴뢰군(傀儡軍)이 되겠다는 야망의 꿈을 키운 것이며 일본이 조선을 식민통치하는 권력에 끼어들고 말겠다는 야욕으로 모든 수단을 동원하여 대일본제국에 충성을 맹세하고 일편단심 기회를 엿보다가 꿈

속에서도 그리던 일본군이 되었으나. 예기치 않았던 해방을 맞아 또, 한번 좌절했었다.

천신만고의 절망 속에서 거지꼴이 되어 대한민국으로 귀국했지만. 대망의 꿈을 품은 역성 혁명가에겐 처와 딸 부모가 있는 본 집에도 못 들어가고 누이의 집 곁방에 의탁하여 지난 신문들이라도 얻어서 친일 역적들의 처리에 관한 시국 기사를 살펴보기 위해 누이를 매일같이 이장님 댁으로 보내어 지난 구문이라도 구걸 해다

준 덕택에 급변하는 당국의 시책에 관한 소식을 읽으며 자신의 앞날을 관망하다가 드디어 기회를 잡은 게 일본대신 미국의 괴뢰(傀儡)집단으로 따르는 것이었다.

결단을 내리자. 곧장 미국군이 창설한 태릉의 군사영어 학교에 찾아가서 입대하여 ABC부터 배우며 또다시 제2차로 미국의 포고령에 앞다투어 미군 부속 군과 같은 당시의 국방경비대 일원이 되었다.

하지만 군인이 되어서도 주체할 수 없는 불만으로 보급품을 훔쳐 술과 바꾸어 마시며 현실의 불분명한 혼란의 고통을 견디느라, 막연한 무엇인가의 기회를 노렸다.

근근하게 적응하여 대한민국 군대의 장교가 되었으나. 통솔 기강이 서지 않아 부대의 관리가 엉망이라서 담뱃불에 의한 군수창고 화재가 나서 부하들의 방한용 동복이 불타 영창에 갈 처지에 놓이자, 친일파 군인들이 똘똘 뭉쳐 십시일반(十匙一飯)식으로 군복을 몇 벌씩 빼돌려 모아주어 사건을 무마시켜서 의법 조치를 모면했다.

문제는 그뿐이 아니었다.

부대원들을 시켜 불법으로 나무를 베어 숯을 구어 민간인들에게 처분하여 술값을 충당하느라. 헌병 초소를 피하기 위해 산길로 우회하다가 눈사태를 만나서 병사들이 떼죽음을 당했다.

박정희에 잔머리로 폭설에 의한 자연재해 사고로 위장 처리하여 부하들이 개죽음된 꼴이 되었으나 양심에 꺼렸던지? 훗날 대통령이 된 뒤에 그 산골짜기에 "위령비(慰靈碑)"를 세워 주었다는 것이다.

박정희는 항상 쿠데타를 염두에 두었던 듯 실세 장군들에게 접근하여 불평불만을 늘어놓아 은근하게 쿠데타를 타진했지만. 번번이 무시당하면서도 기어이 권력을 잡고야 말겠다는 속내는 언제나 마음속에 담아서 명치유신(明治維新)야망으로 이등 박문의 거사 방식을 모델로 역성 쿠데타를 꿈꿨던 것 같다.

내심으로 일본의 명치유신 지사들을 존경해오다가 마침내 한국적민주주의라는 유신 쿠데타를 단행하여 제2의 친일정권을 탄생시킨 대한민국의 반역주의 즘에 주역이 되었던 것이다.

따라서 아직도 박정희 독재집단 병균에 감염된 세포들이 대한민국 중추 골수에 박혀 한민족의 혈통을 갉아먹고 있는 것은 아닐까? 심히 우려된다.

이순신으로 돌아와서..당항포 해전(唐項浦海戰)

*서기1592년(선조 25)음력 6월5일~6일과 1594년 음력 3월 4일 두 차례에 걸쳐 이순신이 이끄는 조선 수군이 당항포에 주둔한 일본 수군을 상대로 싸운 해전이다.

도깨비 주장에 문경주 반박

위 문장에서=이순신 장군이 이끄는 이란? 표현은 잘못된 것이다. 원균 장군이 이끄는 조선 수군이라고 해야 맞다.

왜냐하면 "당항포"는 경상남도이기 때문에 군사 지휘권은 당연히 원균장군에게 있었으며 이순신은 경상도로 파병 온 협력 조력군일뿐이다.

만약에 당포해전에서 패했다면 절대로 이순신장군이 이끄는 조선수군이 아니라, 원균장군이 이끄는 조선 수군이 패전 했다라고 썼을 것이다. 이순신을 띄우는 어용학자들은 돈벌이 수단으로 글을 쓰지만 그에 속아 넘어가는 독자들은 뭐냐? 이다.

제1차 당항포 해전과 제2차 당항포 해전이 있는데. 1차 당항포 해전은 1592년(선조 25)년6월 5일부터 6일까지 2일 동안이며, 2차 당항포 해전은 1594년 3월 4일 1회의 전투뿐이었다.

당항포는 오늘날의 경상남도 고성군 회화면 당항리 의 포구(浦口)를 말하며 포(浦)는 영어로 포트(port)인데 영어권에서는 시.포트(sea port) 즉. 바다의 항구이며 육지의 비행장은 에어포트(Airport)라고 한다.

포(浦)자는 물가. 또는 개포. 즉. 갯고랑을 의미 하는데 이"포"자를 영어는 포트 (port)로 번역하는 것이다.

조선 수군의 연합 함대가 옥포. 당포. 사천 해전에 이어 네 번째로 치른 당항포해전이다.

경상 우수영 원균장군의 전함4척을 선봉으로 이순신의 전라 좌수영 전함 23척, 이억기 전라우수영 전함 25척. 총52척이 큰 선단을 이루어 참가했었다.

총 지휘는 지역사령관인 원균이 맡았다.

조선 수군이 3일간을 수색했으나. 왜적들이 보이지 않았지만, 4일째 되던 날에 드디어 원균장군이 관리하는 거제도의 첩보원으로부터 "당항포"에 일본군의 전함들이 정박해있다는 첩보를 입수 했다.

조선수군 연합함대는 6월5일 아침 안개가 걷히자마자. 당항포로 진격하는데 포구에는 왜적의 세끼부네 9척, 화물선 4척, 모두13척이 모여 있었다.

세끼부네 13척은 경비 목적이며 화물선은 조선인들의 식량을 탈취하여 싣고, 남녀 청장년들을 납치하여 태우고 가는 운반선이었다.

조선 수군 연합함대는 당항만(唐項灣) 입구에 판옥선4척을 숨겨두고, 거북선을 선두로 일제히 공격을 개시했다.

조선수군의 갑작스런 공격을 받은 일본군들은 조총을 겨누며 반격대형을 취했다.

이에 조선수군은 일본군들이 육지로 탈출 봉쇄와 해안주민 보호를 위해 일본군을 해상의 한가운데로 유인하여 왜적 선을 포위해 맹공격을 가하여 왜적선 들 대부분은 여기서 격침 되었으며 도주하는 나머지 일본군의 전선들도 모두 추적해 불태웠다.

도깨비요설에 문경주 반박 해설

위 내용은 거짓말이다.

왜적의 속도는 조선 판옥선의 배가 빠르기 때문에 절대로 따라갈 수가 없다.

본문...

4척의 세끼부네 병력은 육지로 도망쳤으며, 패잔병들을 소탕하기 위해 미끼로 남겨둔 왜적선 1척에 패잔병들이 모여 배를 타고 도주하려는 찰라(札刺)에 미리 대기하던 이순신장군의 공격명령을 받은 조선수군 방탑첨사 무의공 이순신(李純信)에 의해 6월 6일 새벽 모두 다 섬멸시켰다.

*무의공 이순신은 훗날의 삼도수군통제사와는 다른 동명 2인의 이순신이다.

이때 원균장군이 왜적 선에 올라서 왜적의 수급 50여개를 베기도 했으며 방탑첨사 이순신도 활을 쏴서 적장을 사살하는 전과를 세웠다.

*1592년 6월7일 사천, 당포, 당항포 에서 해상 전투를 벌인 조선수군들은 연합 함대를 구성하여 웅천, 증도, 앞바다에 진을 치고 있었다.

거제도 앞바다에서 일본군의 전선 7척이 율포에서 나와 부산진 쪽으로 향하는 것을 발견했다.

정오쯤에 영등포 앞바다에 이르자, 조선 수군은 배를 힘차게 몰아 율포만으로 추격해 들어갔으며 전함 2척을 나포하고, 나머지 전함 5척을 불태워 일본군 36명의 목을 베었다.

이것이 당항포의 2차 출전의 마지막 전투인 "율 포" 해전이다.

*제2차 웅포해전

(1593년 5월 2일)

*제2차 당항포 해전
(1594년 3월 4일)

장문포 해전 (1594년 9월 29일)
수륙병진(水陸竝進)책이 무산된 일본 수군도 내륙을 오가며 학살·납치·약탈을 일삼았다.
*1594년 3월4일(양력 4월 23일)에 많은 왜적들이 소탕되었다.

도깨비 요설에 문경주해설
위 문장에서 수륙병진 책을 쓰려던 왜군의 계획이 무산되었다는 것은 소설가들의 이순신 영웅 만들려는 요설이며 왜적들의 목표는 오직 식량 탈취와 징병가능성 있는 조선의 해변 주민들 중에 장차 조선의 의병 또는 징집가능성 있는 청장년 남여들을 납치하는 목적이었다.

한산대첩
(서기 1592.07.08.)
이순신은 함선 20척을 거제도 견내량(見乃梁)으로 보내 수비하도록 하고 동시에 전라 좌수영과 경상 우수영에서 10척, 전라 우수영에서 11척을 선발해서 공격함대를 편성했다.

선봉 공격함대의 사령관은 어영담을 임명하고 원균 장군,
이순신장군은 나머지 3군 함대를 이끌고 학익진을 펼치며 함대가 시위하는 한편, 다른 왜군의 지원과 도주로를 차단하기 위한 준비까지 철저하게 마친 뒤 공격명령을 내렸다.

왜군들은 조선 수군의 완벽한 전략 앞에서 손쓸 틈도 없이 일거에 무너졌다. 먼저 어영담 함대에 의해 10척이 격파 후 불태워졌다. 이어

나머지 21척도 당항만으로 진격해 들어간 조선군에 의해 모두 불태워지고, 패잔병들은 전의를 상실한 채로 육상으로 도주했다.

왜곡된 영화 평론

불멸의 이순신에서 제2차 당항포해전의 실제는 수륙 협공 전략이었으나, 육군의 무미건조적인 태도로 인해 육지로 달아나는 왜군을 섬멸하지 못한 전투로 묘사했다.

당항포 쪽 바다는 앞이 막힌 항만(港灣)이 아닌 남쪽의 견내량을 통과해 당항포로 갔을 것이라는 의심이 드는데, 이와 관련되어 전해지는 야사(野史)가 있다.

임진왜란 발발 직전 일본은 여러 명의 간첩을 파견하여 조선 해역을 탐색했었다. 일본 첩자가 고성의 어느 주막에 묵었는데 주인이 일본첩자의 짐 속에 들어있는 지도를 보게 되었으며 거기에 조선의 해안지도들이 여러 개 들어있었는데 지도들 중에 자신이 사는 고장의 지도가 있어서 그 지도에 나타나는 고성 땅을 바다색으로 덮어 칠했다는 것이다.

덧칠한 색이 바다를 뜻했으며 다음날 일본첩자는 변조 수정된 지도를 모르고 그냥 떠났다는 것이다.

그래서 일본군이 가지고 온 문제의 지도를 보고 당항포를 다른 쪽 바다와 뚫린 것으로 착각해 진입했다는 주장도 있다.

그렇게 상상해본다면 지금의 고성 읍내를 색칠해주면 뻥~뚫린 바닷길로 착각했을 개연성도 있었을 것이다.

도깨비 주장 문경주 반박

하지만 당항포해전 직전에 사천과 당포(통영부근)로 진출입 했던 왜적들이며 조선 양민들의 식량을 노략질한 것으로 봐서 전해지는 야사는 설득력이 없다.

*본문

당시에 왜적의 반격을 받은 해전으로서 왜적 수군의 총 지휘관 모리시마노카미 무라하루가 전사하고, 더욱이 가시바루 우시노스케, 오모리 로쿠다유, 아와다 한시치, 와타나베 시키부 등등 숙달된 수군으로 알려진 왜장들이 여러 명이 죽었다.

도깨비 요설에 문경주의 반박 해설

임진왜란사를 살펴보면 모든 자료가 이순신을 영웅 만드는데 초점을 두어 터무니없이 과장날조 되어있는데 속아 넘어가는 독자들이 많이 무식하여 한심하다는 생각이다.

1) 자세히 살펴보면 왜적들의 공격이란 게 하나같이 비무장 민간인들의 식량노략 질이었다.

2) 왜규이 조선 수군의 기지를 공격했다는 기록이 진혀 없다.

3) 왜적들이 식량노략질 했다고 써 놓고도 마치 왜적과 대규모 해상전투했다는 주장과 조선의 갯고랑을 일본 첩자가 조사해갔다는 주장까지 하고 있다.

전적을 자세히 살펴보면 매번 갯고랑에서. 민가들을 습격하여 식량을 노략질하는 왜적들을 원균 장군이 심어놓은 첩보원들이 발견해 왜적 출현 정보를 가져오는데 대하여 소탕작전이 전부이다.

문경주 결 론

일본은 임진왜란 전에 조선을 염탐한 첩자 또는 왜관의 요원들로부터 조선전함과 세끼부네의 전투는 불가능하다는 사실을 파악했을 것이다.

관련하여 왜적들은 조선의 수군을 공격하는 것이 아니라, 해변의 민가들을 습격하여 식량 약탈과 군적자원인 청장년들을 납치하는 것이 임무이었다.

1) 왜적 수군들의 침략 목적은 조선의 남부해안의 민가들을 초토화시켜 민가들이 살수 없도록 만들어 장차 일본인들이 조선으로 건너와 정착할 침략예정 터전에 전초기지를 만드는 것이었다.

2) 관련하여 조선인들의 식량을 강탈함으로서 조선의 저항군들에게 기부하거나 그들이 생존 할 식량을 없애 대항할 수 없도록 초토화 시키는 목적이었다.

3) 청장년 남녀의 씨를 말리 듯 납치해 일본으로 잡아다가 조선 출병 왜군들의 빈 일손을 대신하여 농사지을 노예로 부려 먹고 남는 것은 시모노세키 항구에 개설 된 노예시장에 팔아넘기는 것이다.

임진왜란 사를 읽어보면 아주 분명한 식량노략질 목적으로 조선민가를 습격하는 왜적들의 약탈실상을 자세히 알수있는데도 조선수군과 전쟁으로 과장하여 좀도둑 형 왜적들을 함포로 잡았지만. 격렬한 육박전을 한 것처럼 날조하여 이순신을 슈퍼맨(Superman)처럼 과장하는 동시에 일본이 조선 민간인 납치와 식량 탈취의 비인도적인 죄상을 덮어주는 조작 질이다.

4) 그나마 경상도에서 작전한 것은 지역 사령관인 원균 장군의 전공인데도 꼭, 이순신의 전공으로 선전하고 국민들은 이를 99%가 사실로 믿는바 연구대상의 무식한 민초들이다.

**이순신 장군이 백성 사랑하는 마음을 알 수 있는데 왜적의 배를 모두 불태운다면 왜군들은 육지로 도망가게 될 테고, 그렇게 되면 육지에 있는 조선 백성들이 피해를 받기 때문에 왜적이 타고 도망갈 왜선을 남겨 두었다고 "당포파왜병장"에 기록해두었다.

도깨비 요설에 문경주 각설

위 문장은 조작된 것이다.

서기1598년11월19일 노량해전에 앞서 왜군들은 조건 없이 돌아가겠다며 철군 길을 터 달라고 이순신에게 사정했었다.

또한 "명나라의 진린 도독은 돌아갈 적에도 곧 사랑하는 가족들을 만나려는 꿈에 부풀어있기 때문에 *필생구즉사, 필사구즉생(必生求則死.必死求則生)으로 싸울 것이므로 살고자하는 사람들을 죽이려하다가는 아군의 피해가 더 클 수도 있으니 그냥 돌려보내는 것이 순리이며 곧 끝날 전쟁에서 단, 한명의 조선인이라도 더 살아남아서 그리워하는 가족들을 만나게 하고 전쟁으로 피폐해진 조선을 재건하는데 힘을 보태어야합니다."

이렇게 충고했지만, 이순신은 그 말을 바꿔 단, 한 놈의 왜적도 살아서 돌려보낼 수 없다며 싸움을 고집하다가 이순신도 죽었으며 아까운 조선의 병사들도 300명이나 죽었고 명나라 군사들도 500명이 죽었다.

어째서 돌아가겠다는 왜적들을 상대로 사투를 벌여 수많은 죽음을 만들었을까?

1) 이순신이 조선과 백성들을 너무 사랑하는 충성심으로 불타는 영웅이라서...

2) 왜적들을 죽이는 것이 재미있어서...

3) 생애에 다시는 전쟁이 없을 것 같아서 실컷 싸우려고...

4) 싸움실력을 뽐내려고...

5) 이순신이 지은 죄가 많아, 전쟁을 이대로 끝난 다면 역적으로 몰려 죽을 것을 알기에 도망치는 왜적을 다 죽여서 영웅이 되지 못한다면 어차피 죽을 목숨이니 죽을 때까지 싸워서 전사하면 지은 죄가 사면되기 때문이었을 것이다.

도깨비 요설에 문경주의 해설

서기1592년 9월1일(음력)유성룡의 잘못된 판단내용

왜적들이 별안간 철군하려하는데 아마도 명나라가 참전하는데 기가 질려서인듯하니 차제에 왕명을 내려 부산에 주둔한 왜영(倭營)을 쳐서 왜선들을 때려 부수어 원수를 갚는 것이 가한 줄 아뢰옵니다. 이에 선조임금은 즉각 경상도 좌수사 원균 장군에게 부산 왜영(倭營),공격을 명령하면서 이순신 이억기에게도 부산으로 출동하라고 명령했다.

당시에 출동했던 이순신의 변설이다

"이순신이 원균 장군에게!"돌아가려는 왜적을 가로막으려고 왜선을 부수면 왜적들은 기어코 돌아가기 위해서 조선의 어선들을 탈취하려 할 것이며 그 과정에서 어선을 빼앗기지 않으려는 어민들이 숱하게 죽을 것이다.

따라서 선조임금의 왜선 쳐부수라는 명령은 대단히 잘못된 것이라고 우겨서 이순신의 부관이었던 정운장군이 듣다가 비겁한 이순신의 전투

기피에 울화가 치밀어 회의장을 박차고 벌떡 일어서며 뱉은 말이"당신들은 하루 종일 이순신장군과 회의나 실컷 하시오"라고 소리치며 밖으로 나와 정운 장군 혼자서 전함으로 올라가 북채를 쥐고 출천을 독려하며 왜적의 수군 본영으로 돌진했으나. 우군 없이 정운 장군의 판옥선 홀로 치고 들어갔으므로 왜적의 저격수가 장총으로 조준 발사하여 총알에 맞아 즉사 했다.

이순신 장군의 후퇴주장은 이러했다.

"왜적선을 때려 부수면 왜적들이 철군을 하려해도 타고 갈 배가없으니 못 돌아갈 것이며 그리되면 왜놈들은 조선 양민들을 학살하고 식량과 어선을 탈취할 것이니 조선은 어선과 백성을 잃게 됨으로 철군하려는 왜적들을 공격해선 안 된다.

선조임금의 판단은 잘못된 것이며 잘못된 명령을 따르다가 개죽음 당할 필요가 없으니 그냥 돌아가자는 주장이었다."

당시에 이순신의 주장에 틀린 점은 없었다.

문제는 노량해전에서 왜적을 한 놈도 돌려보내지 않기 위해서 왜적을 전멸시키겠다며 공격하다가 무모하게 죽었다는 사실이다

이순신의 주장은 그때그때 다른데 그 이유는 국가와 민족을 위해서가 아니라, 이순신 자신만을 위해서이다. 무조건 돌아가겠다는 왜적을 가로막고 자살 전투로 그간의 지은 죄를 벗어나기 위해 죽을 때 까지 싸워서 목적대로 전사를 가장한 자살을 성공했지만, 목적도 불분명한 싸움에서 아까운 조선청년들 300명과 명나라 수군 500명을 함께 데리고 자살하여 죄과를 벗어나는 동시에 영웅까지 되었어도 일본 놈들의 후퇴를 막지도 못했다.

또한 명나라 진린 도독이 뇌물을 받고 이순신에게 출전을 하지말자고 주장했다는 모략은 참으로 교활한 이순신 영웅조작 "빠"들로 짐작된다.

이순신의 주장대로 진린 도독이 뇌물 을 받았다면 무엇을 얼마나 받을 것이며 뇌물을 받고도 명나라 군이 함께 싸우다가 명나라 수군들이 조선 수군의 전사자들 300명보다 더 많은 500여명이상이 전사 했을까? 우리나라 전쟁역사의 3대 대첩으로 이순신의 한산대첩, 을지문덕의 살수 대첩, 강감찬의 귀주 대첩,이 있고 임진왜란 3대 대첩으로 한산도 대첩, 진주 대첩, 행주 대첩,이 있다.

도깨비요설에 문경주의 해설
이순신의 한산대첩 역시 잘못된 역사왜곡이다.

엄격히 따지면 원균 이순신의 한산대첩이며 굳이 한 사람만 표기하려면 원균 장군의 한산대첩이다.

1) 경상도의 사령관은 원균이다.

2) 이순신은 전라좌도 수사로서 경상도에 온 파병 군이다.

3) 경상도의 첩보 조직은 원균의 관리 하에 있었다.

4) 섬의 지형도 및 왜적의 은신처 등은 원균밖에 모르며 왜적의 유인 작전 또한 원균이 작전을 주도 지시했을 것이 분명하다.
*모든 사건은 숨기는 자가 범인이다.

원균도 이순신처럼 전투마다 장계를 썼다는 기록은 있으나 실물은 없다.

아마도 이순신 영웅 만드는 자들에 의해 원균의 장계를 빼돌려 숨겼다는 정황이다.*

1) 이순신의 조카뻘인 택 당 "이식"이 인조반정 쿠데타의 협력한 공로로 "대제학"이 되어 선조수정실록을 썼다.

원균은 자신의 전공을 임금에게 아뢰어 포상을 부탁하는 실세 친척도 없었으며 일기도 안 써서인지? 원균 장군에게도 충무시호를 주자고 건의하는 친척의 "빽"도 없었으니 항상 바보 취급만 당한 것이다. 원균 장군에게는 임금을 움직일 조카가 없어서 충무시호를 못 받았고 공을 세워도 이순신이 훔쳐가고 천하의 졸장으로 매도당했다.

2) 이순신이 충무공이 된 것은 서기1643년이므로 서기1593년8월 이전에 이순신의 호칭에서 "통제사"또는 충무공이라는 높임 자체가 전부 사기소설로 보면 된다.

더욱이 충무공 시호는 사망 후 45년 뒤에 받은 것이므로 살아생전에 활동을 논하면서 충무공이란 호칭을 쓰는 자체가 조작이다.

주된 작전은 경상도이고 이순신은 전라도에서 온 지원군이며 원균은 경상도 지역사령관으로서 전공 있다면 당연히 지역사령관의 전과인데도 불구하고 이순신의 전공으로 조작하느라 당시엔 시호를 받은바 없는 이순신에게 "충무공시호"를 붙이거나 삼도수군통제사를 의미하는 줄임말로 "통제사"라는 호칭을 넣어 명청한 국민들을 속이려는 친일매국노들의 교묘한 역사조작이다.

따라서 한산도 대첩이 얼마나 대단한 전투였기에 우리나라의 역사와 임진왜란 3대 대첩 중에 첫 번째 대첩으로 꼽힐까요?

이순신 장군의 한산도 대첩에 대해 알아보겠습니다.

지금으로부터 430여 년 전인 서기1592년 4월13일 섬나라 일본의 조선침략으로 임진왜란이 발발했습니다.

순식간에 경상도가 유린당했고 개전 된지 20일 만인 5월 3일에 왜군에게 한양을 점령당했습니다.

조선의 선조임금은 도성을 버리고 한반도 끝자락 향해 도망치기 시작했다.

이런 절망적인 상황에서 전라도 좌수사이던 이순신은 조선에서 최다로 많은 전함을 보유하고도 경상도가 침략당하는 것을 외면하면서 자신이 맡은 담당구역은 전라도라며 경상도 우수사 원균 장군이 간절하게 도움을 요청했으나. 이순신은 전혀 움직이지 않고 안전한 전라도 여수에서 가족 7명과 함께 4월13일~5월7일까지 꼬박 20여 일 간을 놀고 있었습니다.

원균 장군은 경상도 좌수영에 보관된 조선의 전략자산인 부산방어용 빈 전함 80여척을 지키기 위해 혼신의 노력을 다하면서 경상도로 파병와 줄 것을 간절히 요청했지만. 이순신은 무려 20일간이나 참전을 거부하여 가장 중요한 골든타임 (golden time)을 놓쳐서 왜적 수군들의 조선 해안 농가들 삶에 난장판을 만들었다.

1) 이순신은 어머니를 장장 6년간이나 군영에 모시고 살았으므로 처음부터 목숨 걸고 싸울 생각이 추호도 없었을 것이다.

2) 이순신은 유성룡의 빽을 믿고 경상도 출전을 거부하는 사이에 원균 장군은 병력이 너무 적어 더 이상 방치하다가는 조선의 전략자산

인 부산을 지킬 판옥선 80척을 왜적에게 탈취 당할 것이 뻔~하여 차라리 자침시켰던 것이다.

3) 원균 장군은 24일 동안 거의 날마다 왜적과 싸워야 했으며 만약 "제승방략"규정대로 전란을 당한 경상도로 이순신이 출동했다면 왜적 제1군, 고니시 유키나가 이후에 온 제2군~7군까지는 상륙을 못하고 철수 했을 것이다.

결과적으로 이순신은 조선의 유사시에 국방계획인 제승방략(制勝方略)의 자진 참가 불응죄를 적용하여 목을 쳐야했다.

도깨비 요설
이순신은 1차 출정해 옥포, 합포, 적진포에서 모두 승리를 거뒀고 왜선을 42척이나 격침시켰지만, 조선함대는 한척도 피해를 입지 않았으며 조선 수군 한명만을 부상당하는 압도적인 전과를 보여줬습니다.
여기서 멈추지 않고 2차 출정을 해서 사천, 당포, 당항포, 율포, 에서는 더욱더 압도적인 모습으로 승리를 거뒀습니다.

서기1592년 5월 29일부터 6월 10일까지 이어진 2차 출정에서는 왜선을 67척이나, 격침 시키면서 왜군들을 9.000명 가까이 수장시켰으나, 조선 함대는 피해가 없었으며 조선 수군 13명만 사망했습니다.
이 글은 그럴듯하게 쓰기는 했으나 약 80%가 완전 창작소설 거짓말입니다
도깨비 요설에 문경주 상황설명
위 이순신 전적이라고 설명하면서 이순신이 5월29일~6월 10일까지면 약 11일간입니다. 임진왜란 발발 4월13일05월 7일까지 약 23일까

지 일본 수군들은 장기 두었을 까요? 일본 육군은 한양까지 치고 올라갔는데 왜적들은 이순신 기다리느라 4월13~~5월29일까지 약 46일간 이순신처럼 "시"나 썼을까요?

그동안 전함 4척밖에 없는 원균이 혼자서 싸웠는데 전부 이겼으니 살아남은 겁니다. 뭐요? 원균이 도망만 다녔다 구요? 일본의 세끼부네의 속력은 조선 수군보다 배가 빠르다고 여러 번 반복 했는데요. 도망치면 100% 따라잡혀서 모두 죽습니다.

그런데도 원균이 멀쩡하게 살아있다는 것은 도망치지 않았으며 왜군과 싸워서 100% 이겼다는 것을 입증합니다. 원균은 전함 3척 가지고도 500척을 가진 왜군들이 어쩌지 못하여 살아남았는데 전함 23척을 가지고 온 이순신이 식량 탈취하는 도적선 몇 척 때려 부순 것을 전공이라고 자랑합니까?

이순신이던 원균이던 왜적 몇 척을 부수었다는 것은 100%가 갯고랑에 왜선을 정박시키고 왜군들이 해변 마을로 들어가서 식량 탈취와 젊은 남녀들 납치중일 때 비어있는 배를 부순 것입니다.

왜적들이 전면적으로 조선 수군을 공격한 사실도 없어요, 언제나 조선 수군이 정박된 왜선을 부수는 것이며 왜선이 도망치면 따라잡을 수가 없습니다.

또한 임진왜란에서의 왜적은 일본국군이 아니며 각 호족들의 사병입니다 굳이 일본군이라면 "태 합" 도요토미 히데요시를 지키는 왕궁 수비대 정도와 조선에 나와 전투 참가자들의 승률 기록관이 있을 뿐입니다.

"안택선"은 전투 지휘선이 아니고. 누가 얼마나. 잘 싸웠는지를 채점하는 사람이지요. 조선으로 말하면 선전관 정도라고 보면 되고. 대한민국. 기준으로 설명한다면 "특무감찰관"정도입니다.

쉽게 설명하면 임진왜란 출전 장수들은 군인이 아니라. 각각의 호족들 사병입니다. "도요토미 히데요시"의 연맹체제로서의 그들이 조선에 나와 얼마나 잘 싸우느냐? 점수를 매기는 사람이 *안택선*을 타고 전투중인 장수들의 승률을 채점하여 조선 또는 명나라로부터 확보한 토지와 노략질하는 재화를 참가한 호족들에게 분배하기 위한 채점관의 기록에 기준하여 등급을 매겨 전후처리 분배를 해주겠다는 도요토미 히데요시의 약속이 있었지요..관련하여 안택선은 전투함이 아니라. 전투관찰 함선입니다.

"아래 소설이 거짓인 이유"

1) 안택선은 많아 봐야 3~5척 정도이며 전투선도 아닙니다.

사실이 그러함에도 불구하고 200명 군사가 탄 "안택선"을 이순신이 30여척 침몰시켰다. 라는 주장은 완전 사기소설입니다.

2) 이순신을 잡으려고 도요토미. 히데요시.에게 함선 또는 병사를 더 달라고 했다. 이것도 완전 거짓입니다. 임진왜란 참전병사는 100% 호족들의 사병들이므로 본인의 능력 것 군사를 가져올 수 있으나. 사병의 가감(加減)을 보고는 하겠지요. 예를 들어서 "고니시 유키나가"는 전함 770척에 병사 18.700명을 거느리고 왔었습니다.

도깨비 요설에 문경주 해설

위에 문장은 50%이상 과장이며 새차 말씀드리시만, 왜석의 수군들은 100% 식량 노략질이 주된 임무였습니다.

1) 이순신이 삼도수군통제사가 된 것은 서기1593년 8월15일.
2) 이순신이 "충무공시호"를 받은 것은 서기1643년입니다.
따라서 1592년 즈음 이순신에게 삼도수군통제사 또는 충무공이라고 표기하는 사람들은 아래 두 부류입니다.
(1) 철저한 친일 매국노들
(2) 무식하면서도 아는 체 하려는 등신들 *이순신의 실체는 단지 전라도 좌수사 신분으로 "제승방략"에 의해 임진왜란 발발과 즉시 경상도로 파병 가야하는 장수였지만, 이순신은 맡은 구역이 전라도라며 20여일 간이나 개기 다가 5월7일에서야 왕명에 의해 경상도로 파병 가서 옥포 해전에서 전공사기를 친 천하의 야바우 꾼 같은 나쁜 놈이다.
  **문경주 임진왜란 사. 연재

여러 번 반복하지만, 대한민국의 지식은 썩어 뭉개졌다.
역사를 논하는 학자라는 사람들의 생각이 올바른 학문을 연구하여, 사실을 밝히려는 것이 아니라. 이미 의식 세계가 부패되어 좋은 이야기 만 해야 대중이나. 구독자들의 인기를 얻어 자신의 지명도 가 넓어져 교수를 더 오래도록 해먹을 수 있으리라는 인기영합의 포인트를 노려서 인지? 거짓으로 점철된 이순신의 영웅논리에 군더더기를 마구 덧붙여 영웅중의 왕 영웅으로 만든다.
이와 같은 수법은 이순신 팔이 소설을 써서 돈벌이를 욕심내는 작가들이 주도 조장한 것이다. 작가라는 사람들의 논리를 보면 이순신 영웅화 스토리(story)에 단. 한 문장이라도 더 영웅다운 거짓말을 보태어야 책이 팔린다는 생각에 말이 되는 거짓인지. 아닌지? 분간 없이 마구 끌어다 붙여 소설을 쓰고 있다.

그 이유는 독자들 또한 영웅주의 친일 매국노들처럼 무식해서 사리분멸이 안 되는 무지렁이 같기 때문에 작가들이 유도하는 대로 반응하며 감탄하는 그야말로 지식 불구자들이 대부분이다. 이순신에 관한 영웅담이 단, 한 문장. 단. 한 컷이라도 더 들어가야 그 책을 사거나. 또는 영화를 보기 때문에 작가. 작품 독자들 삼위일체가 모두 가짜영웅 만들기의 전문프로젝트(projects) 선수가 되어 있으며 정치가들 또한 열심히 학습하여 한 대목 한 문장이라도 더 외워야. 지지자들이 늘어나 똑똑한 정치가로 인정받는 다고 믿는 모양새다.

이런 행위들이 그럴듯한 작가의 표현 능력이라고 평가해야 하는데 독자들은 그게 역사적 사실이라는 믿음이 문제가 있는 것이다.
교육제도 또한 문제가 있다

역사의 진실은 사실대로 교육시키고 왜곡된 소설은 그런 작품이 얼마만큼 부풀려서 작품을 썼다는 비교 논리로서 역사의 진실과 작품은 다르다는 사실을 분별할 수 있게 가르쳐야하는 것이다.

그런데 우리의 교육은 어떤가? 선생님 자체가 왜곡당한 관념이라서 자신이 아는게 진실이라고 믿기 때문에 오히려 단체로 영화를 관람시키거나 또는 특정 책을 읽고 독후감을 써 내라고 하는데 그게 왜곡된 줄을 아는지? 불분명한 작품들을 읽히고 영화 연속극을 관람시켜 역사 교육으로 대신하거나, 인터넷을 검색하여 숙제 해오라는 과제를 지정해 주기도 하는 현실이었으니 결과적으로 역사교육 내용과 소설을 동일시 하는 경향이 있어서 창작 문인들이 공교육의 대부분을 대신하고 있는 꼴이다.

따라서 나는 소설과 실제를 구분 못하는 그런 정치가를 x처리하지만. 정치인들에게는 하등의 신경 쓸 일은 아니다.

왜냐하면 확률적으로 나 같은 사람은 1/100 정도에 해당함을 알고 있기 때문에 무시해도 되며 사기작품 사기영웅 추종자들이 그만큼 많아 그들의 지지표를 얻는 것이 절실하기 때문이다.

그렇다면 나는 어떤 근거로 이순신을 사기 영웅으로 간주하는지를 다시 한 번 설명하고자한다.

30
이순신을 영웅이라고 믿는 이유

 대중들의 수준에 맞도록 사고하고 행동해야 그들이 좋아하는 지식인이 될 수 있기 때문에 결과적으로 진실을 왜곡모략. 비판하면서 거짓을 칭찬하며 양심을 팔아, 지지층을 구걸하느라. 각기 다른 대중들의 상반되는 정의와 불의에 수반 되는 부패 또는 정직성 등을 반죽하듯 섞어가며 바른 역사이든 잘못된 역사인식이든 상관없이 표심에 치우쳐야 선거에서 당선가능한 정치가로 지지받을 수 있기 때문이다.

 1) 이순신은 전라도 지키는 군인이기 때문에 경상도로 쳐 들어온 왜적을 막아야 할 하등의 책무가 없으므로 경상도가 왜적들에게 함락되고 전라도로 쳐들어오면 그때 싸우면 되는 것 아니냐?

 2) 제승방략의 개념은 적군들이 쳐들어오면 출병하라는 것이 아니라. 경상도가 궤멸된 뒤에 나가서 싸우라는 것 아니냐?제승방략이고 뭐고 관계없이 적군이 쳐 들어오면 어차피 싸우던가? 도망쳐야 되는 것 아니냐?

 3) 대한민국에 서기1950년6월25일 북한이 남한을 침략한 전쟁에 UN군은 왜왔을까? 대한민국이 아직 적화되기 전인데 무엇 때문에 파병왔을까? 심심해서일까? 미친놈들일까? 그들이 각기 전쟁터에 온 것은 대한민국이 오라고 협박해서 왔다기보다는 국제적 시스템에 의해서 각각 나라들의 결정에 의해서 전쟁터에 온 것이다.

4) 임진왜란 당시엔 전화가 있는 것도 아니고 한반도의 땅 끝 부산으로부터 천리 밖에 있는 선조임금이 국토 끝자락에서 일어나는 전투상황을 시시각각 알아서 무엇을 어떻게 해라 말라 지시할 시대가 아니었다.

부산과 가까이 주둔하는 장수들...예를 들어 원균. 이순신이. 스스로 알아서 "제승방략"제도 시스템대로 전쟁을 수행하면 되는 것이었다.

부산항구가 조선의 출입관문인데 부산에는 판옥선을 한척도 배치하지 말라고 선조임금이 지시했을 이유도 전혀 없었다.

그렇다면 누군가? 부산에 왜관(倭關)이 있었으니 침략 받을 가능성이 전혀 없으므로 부산에 있는 전함을 다른 곳으로 옮기는 것이 가한 줄로 아뢰오. 라고 진언했을 것이며 그 사람이 유성룡이었는지?

아니면 유성룡과는 아무런 상관도 없는 누군가가? 부산으로부터 판옥선을 철수하자고 했을 수 도 있으며 그 이유는 여러 가지로 추정해볼 수 있을 것이다.

(1) 일본인들이 불편을 호소해서...
(2) 일본인들 보기가 민망해서...
(3) 조선 군사들이 일본인들에 대한 "갑 질"이 심해서...
*여하튼 조선 판옥선을 부산으로부터 철수하는 데는 왜관 측의 누군가가? 문제를 제기했을 것이며 조선이 자진하여 국토 방어시스템(system of defense)을 허물어주자고 했을 가능성이 없다면 왜관 측으로부터 로비(lobby)를 받았을 개연성이 높으며 국방력을 변경하는"로비"라면 엄청난 컴미숀(commission)이 오고 간다는 것은 널리 알려진 상식이다.

부산을 지키던 판옥선의 철수가 유성룡 재임 이전이든 이후이든 유성룡의 책임이 없다고 할 수 없는 이유로서 과거에 어느 정권이 부산의 수군을 뺐다 하더라도 대외관계가 변하고 있었습니다.

우선 대마도주가 조선에게 일본이 전쟁을 일으키려 한다는 경고성 정보를 주었습니다. 그 정보를 받고 사실 여,부를 알아보기 위하여 정탐사절을 일본에 보내서 수개월을 기다려 도요토미 히데요시를 면담했다는 것입니다.

*일본이 명나라를 치겠다며 조선은 길을 비켜 달라고 하여 사실상 일본이 전쟁을 일으키려는 생각을 노골적으로 확인받고 돌아온 일본 정탐사절들을 1591년 말에 조정대신들을 모아놓고 선조임금이 일본 정탐사절들을 불러서 보고를 받았다는 것입니다.

1) 황윤길 (야당 정탐사) 신 황윤길이 도요토미 히데요시를 직접 보고 느낀 바로는 틀림없이 명나라를 치러가는 전쟁을 일으키려는 것으로 판단했습니다.

도요토미 히데요시는 작은 체구이지만 눈빛이 살벌했으며 명나라를 치겠다는 욕심으로 보건대 조선 같은 작은 나라는 전쟁을 하고 말고가 중요한 것이 아니니, 순순히 길이나 비켜달라는 투의 선전 포고 같았습니다. 신의 소견으로는 일본의 침략이 기정사실인 듯, 하오니 전쟁준비를 철저히 하시는 것이 옳은 줄로 아뢰옵니다.

2) 김성일 (유성룡과 동문수학한 여당 정탐사) 아뢰옵니다.
제가 본 도요토미 히데요시는 꼭 원숭이처럼 못생긴 자로서 허풍만 가득하여 감히 조선을 칠 인물이 못되는 위인입니다.

괜히 전쟁준비를 한다며 호들갑을 피우면 민심이 흉흉해질 수 있사오니 무시하는 것이 옳은 줄 압니다.

두 사람의 정탐내용이 전혀 달라서 결론을 못 냈으며 윤두수를 비롯한 야권 대신들은 어쨌든 전쟁준비를 철저히 하자고 강하게 요구했으며 김성일을 편드는 여권 대신들은 감히 왜놈들이 명나라를 치겠느냐며 허풍이니 걱정을 할 필요가 없다고 강조했다.

선조임금 또한 전쟁은 생각만 해도 무섭다 며 까짓 왜놈들이 무슨 전쟁을 일으키겠느냐는 투로 편하게 생각하여 가볍게 넘겼다.

그렇게 보고가 끝나고 유성룡은 어릴 적부터 같은 동네 살면서 동문수학하던 김성일을 이조판서 집무실로 불러 차를 나누며 김성일에게 도요토미 히데요시가 그렇게도 못생겼고 전쟁할 위인이 못되더냐고 물었다.

김성일: 아니야! 도요토미 히데요시 눈빛을 보니 무슨 일을 낼 놈이었어, 그놈 눈빛에 살기가 있었고 보통 놈은 아니야! 그가 본래 "바늘"장수를 해서 돈도 많이 벌었다는 거야, 그는 전쟁에서 져본 사실이 없을 정도로 아주 독한 놈 이래 나도 그가 곧 전쟁을 일으킬 것 같은 느낌이었어! 하지만 내가 자네와 같이 여당편이니, 나를 일본 정탐 부사로 추천한 자네의 속생각은 황윤길의 반대의견을 주장하라는 것 아니겠나?

정탐정사 황윤길이 야당편이니, 나는 무조건 황윤길의 반대 주장을 해야 하는게 부사로 따라간 나의 책무 아니겠어?

그래서 나는 무조건 전쟁은 없다고 강조했으나, 내 솔직한 생각은 도요토미 히데요시가 무슨 일을 저질을 것 같네...유성룡은 김성일의 말을 듣고 나서 참! 싱거운 사람이라며 혀를 차면서도 즐겁게 웃었다는 것이다.

과연 유성룡의 진짜 속생각은 무엇이었을까? 유성룡이 제대로 된 재상이라면 당연이 부산 방어를 염두에 두고 이순신의 함대 중에 절반이라도 부산과 가까운 원균의 기지나, 부산진에 파견 주둔시켜야 맞다.

유성룡의 직무유기 죄상

1) 판옥선 10여대라도 부산에 파병 주둔시켰으면 임진왜란을 막을 수 있었다.

2) 임진왜란 발발 즉시 여수의 이순신함대를 부산으로 출두시켜야 했다. 만약 이순신 함대를 부산으로 출두시켰다면 고니시 유끼나카 와 가토 기요마사의 군대는 상륙했을지 모르지만, 그 뒤의 3진~7진까지의 일본군들은 부산 상륙을 못해 되돌아갔을 것이며 이미 상륙한 고니시 또는 가토 도 결국은 천수 했을 것이다.

3) 여수의 이순신 주둔은 아무리 연구 해봐도 유사시를 대비한 기동 타격대 구실로 주둔시켰어야 맞다. 왜냐하면 여수는 왜적들이 쳐 들러 올 하등의 우려사항이 없었기 때문이다.

(1) 여수는 한양을 치러가는 관문도 전혀 아니다..
(2) 곡창지대로 가는 길목도 전혀 아니다
(3) 일본 놈 들이 노리는 곡창지대도 전혀 아니다.

*국방력 검토 상 부산에는 판옥선이 단 1척도 없는데 전남 "여수"에

조선 수군 장비인 판옥선 26척이나, 배치해야할 하등의 이유가 없다.

어느 지역에 군사를 배치하자면 상당한 필요사항 요함.

1) 부산 방어 군사 육군" 부산진 3천명 동래성 3천명 도합=6천명 실제 주둔은 하지 않고 유사시 동원할 군적부상의 병력이며 수군전함은 100척 가량이나, 군사들을 해산하여 생업에 종사케 하고 함선은 무장해제하여 경상 우수영(거제포구)에 존치시켜 원균 장군에게 빈 배를 지키는 임무로 판옥선 3척을 주었다.

2) 전남 우수영(울돌목)명량은 판옥선 24척 주어서 곡창지대로 가는 뱃길 목을 지키게 했다.

3) 충청수영은 판옥선 3척으로 대천, 안면도, 해역을 지키게 했다.
*여수는 중요한 국방차원의 요충지도 아닌데 조선 수군 최대의 판옥선 26척을 주었으며 물론 군사도 가장 많이 주었다.

그렇다면 국방논리상 부산이나, 명량에 적선이 나타나면 즉각 출동하여 기동타격(機動打擊)전투에 돌입할 예비군 성격의 군대로 주둔시켜야 했으며 그랬을 것이다

명분과 목적이 그러함에도 불구하고 임진왜란에서 1592, 4월13일~~1592년 5월 7일까지 무려 23일간을 원균 혼자 싸웠으며
이수신은 여수에서 3주 이상을 놀고 자빠져 있어서 그 중요한 시간을 허비(time loss consequence)했다.

당시의 제승방략(制勝方略)이나, 여수에 주둔이 유사시(有事時)에기

동타격대(機動打擊隊)목적이었다면 이순신은 목을 쳤어야 마땅하며 만약에 유성룡이 제 친구의 동생에게 안전한 일자리를 보장해주는 목적으로 혹시라도 여수에 놀러 오는 왜적을 치려고 이순신을 주둔시켰다 해도 유성룡과 이순신은 반드시 목을 쳐야 마땅한 죄인들이다.

이순신이 여수에 최대의 조선 판옥선 26척을 꼭 주둔시켰어야 할 이유와 그 호용가치를 입증되지 못한 상태에서 이순신을 영웅 충신이라고 우기는 사람들이 있다면 이 또한 사형 틀에 매달아도 결코 안타까워하지 않을 대하민국의 민족정신을 오도(誤導)시키는 반역자들이다.

본설로 돌아와서
대마도 주가 조선에 찾아와서 일본이 명나라를 치러 가는데 조선은 길을 터 달라고 한다하여 정탐사절로 황윤길 김성일을 보내서 도요토미 히데요시가 명나라를 치러갈 것이니 조선은 길을 빌려주라고 했다는 이야기를 들었다면 당연히 부산에 이순신 함대를 배치해야 국가 인력을 책임지는 이조판서의 안목이라고 할수 있을 것이다.

왜냐하면 특별한 왕명도 없었는데 하사관급의 이순신을 계급관리체계를 뛰어넘어 국방의 위협이 전혀 없는 여수에 배치하면서 종7품의 하사관을 별판 장군으로 특진시켜 당시에 세계 최강의 무적(無敵)인 판옥선을 26척이나. 배치하는데 에는 그만한 이유를 브리핑(briefing)하지 않고는 도저히 결재받기가 불가능하다.

1) 유성룡은 이조판서로 조정 중신들의 인사 추천권을 가지고 있기 때문에 유성룡이 아니었다면 이순신이 전라 좌수사로 발탁자체가 불가능하다.

2) 또한 판옥선 26척을 여수에 배치하자면 상당한 설득력도 있어야 한다.

가) 품의서(稟議書) (샘플sample=가상자료)
기안(起案) 신. "이조판서 유성룡"

*부산은 조선의 관문이기 때문에 철저한 방어를 대비해야 합니다. 작금에 부산을 방어할 전함100여척의 승조원 15.000명을 해산시켜, 가정으로 돌아가서 생업에 종사케 하고 비워놓은 전함들은 부산에서 가까우며 안전한 곳에 존치 보관해야하는데 소관이 검토하건데 경상 우수영에 정박시켜 우수사로 하여금 관리 보존케 하여 틈틈이 점검하게 해야 합니다.

그리고 국가변란 등의 유사시 군적(軍籍簿)상의 익군(翼軍)들을 모은다 하더라도 중앙에서 지휘자를 내려 보내기까지는 다소 시간이 걸리기 때문에 그 안에 어떤 변고가 있을지 모르는 타라. 전라도 여수 좌수영의 이순신 수사에게 판옥선 26척을 주어 우선 급할 때는 이 수사를 부산에 출두케 하여 변고를 평정하게 함이 마땅할 것으로 사료되옵니다.

품신(稟申) 이조판서 유성룡 제승방략(制勝方略)으로 부산을 지킬 전함이 필요치 않다하여 수군을 감축하는데도 불구하고 침략 가능성이 희박한 여수에 판옥선을 26척이나. 주자면 그럴듯한 구실이 반드시 필요할 것이며 아마도 위와 같은 서류를 기안해서 결재(決裁)를 받았을 가능성이 상당하다.

관련하여 이순신을 발탁하기까지에도 계급세탁이라는 기상천외(奇想天外)한 편법이 자행되었는데 거기에다가 전함을 26척이나 주었다는 것은 지극히 상식적이지 않았다.

유성룡은 아무 책임이 없는 것처럼 초연한 선비로 행세하는데 진짜 범인은 무엇인가를 숨기는 자이다.

1) 이순신은 유성룡이 아니었으면 "녹둔도" 또는 여진족을 지키는 찌질 한 분대장 또는 소대장급의 군인이었을 뿐이다.

2) 유성룡은 이조판서가 되자마자, 하사관급 종7품의 이순신에게 종3품 별판 급 장군으로 "전라도 좌수사"라는 4단계 진급을 시키면서 진도군수 → 가리포 → 첨사(완도) → 전라도 좌수사로 발령 내어. 낙하산 인사인 동시에 계급 세탁이었던 것이다.

3) 전라도 좌수영은 어떤 위치인가? 전라도 좌수영은 서기1479년 성종10년에 기존 전라도 우수영에서 파견소를 설치하여 판옥선 3척을 주어 혹시 왜적이 식량 노략질 오는 경우 맞아 싸워서 지키라는 임무를 맡겼던 곳이다.

여수는 바다가 청정하여 굴양식이 잘 자라고 또한 갓김치가 유명하여 농사처는 별반 없는 빈촌이라서 특별히 지켜야 할 요충지는 아니었다.
그런데 어째서 당시에 세계 최강의 전투함 판옥선을 26척이나 여수에 주었을까?

나는 이점을 주목하고 있다

*부산은 조선의 동남해안 쪽 관문으로 해상 방어 제1호 갑종 경계 구역이지만, 어떤 이유인지는 확실치 않지만 부산을 지켜야 할 전함 80~100척을 무장해제 시켜 군사들을 각자의 집으로 돌아가 생업에 종사케 하고 비어있는 전함 80척이상인데 겨우 판옥선 3척밖에 없는 원균에게 부산 소속의 그 전함을 경상도 우수영에 떠 맞기며 지키라고 했다는 것이다.

　*문경주의 추정...
　품의서를 작성한 사람이 누구이든 왜관 측의 입장에서의 문제이지? 조선 당국이 아쉬워서 부산을 지켜야할 판옥선을 철수하지는 않았을 것이며 어느 임금이든 일본인들이 불편할지도 모르니 부산의 판옥선을 퇴거 해주라고 지시하지도 않았을 것이다.

　그렇다면 당초에 부산의 판옥선을 퇴출시키자는 제안을 과연
　누가했으며 어떤 이유로 결재 안을 올렸을까?

　1. 부산시민중의 하나. (어느 건달.)
　2. 부산현감. (부사. 경상도. 감영.)
　3. 유성룡(유성룡은 이조판서로 조정의 공직자들 인사 제청권을 가지는 실세 중에 실세로 군림했으며 평화시기라서 병조판서는 있으나마나 한 존재로 임금의 경호만 전담하여 마치 내시부의 책임자와 같은 존재이었다.

　그렇다면 이 문제를 결재 받을 만한능력을 가진 재상은 유성룡 말고는 없는데 과연 어떤 이유로 부산에 전함 배치를 포기 또는 조건부 이전 등의 구체안을 건의했을까?

유사시에 부산을 방어해야 할 군대와 장비를 부산과 가까운 곳에 배치했어야 하는 것은 기본적인 상식이다.

가령 서울을 지키기 위해 군사를 안양이나 과천, 김포 등에 원균 장군을 주둔시키면서 군사 50명을 배치하고 이순신은 원균의 9배에 해당하는 군사 450명을 이순신에게 주어 평택쯤 배치했는데 적군이 나타났을 때 원균은 23일간 피터지게 싸우면서 이순신에게 "제승방략" 대로 빨리 경상도로 와서 함께 싸워서 부산을 지킬 전략자산인 전함 100여척을 관리하자며 부관인 이영남 장군을 여러 번 보내어 사정했으나 이순신의 맡은 구역은 평택이라며 출동하지 않고 매일같이 일기(日記)를 썼는데 그 일기 대부분은 라이벌(rival)인 원균을 끊임없이 비난하면서 이순신 자신을 자화자찬(自畵自讚)하는 내용뿐이라면 그것을 가지고 후세사람들이 역사를 판단해야 할 경우 과연 어떤 것이 정답일까요?

1) 원균 장군은 단. 한 줄의 일기를 쓸 겨를도 없었지만. 일기를 쓸 생각조차 안했으며 일기기 문제가 아니라. 양민들의 식량을 약탈하는 왜적들을 물리치느라. 악전고투하고 있었다.

2) 이순신은 후방에서 원균을 아는 사람들 만나면 원균의 흉이 될 약점들을 캐 물어 상대방이 네...라는 대답만 나오면 00에 의하면 원균은 어떻게 나쁘다더라. 라고 일기에 써 놓았다.

일기를 대략 몇 가지로 분류해보자

(가) 그날의 중요한 일과를 기록한다.
(나) 남을 비판하고 스스로를 변명 자랑한다.

(다) 세상 사람들을 비판하며 자신을 최고의 지성과 능력을 갖춘 인물로 묘사하여 후세가 좋게 평가하도록 써 놓는다.

(라) 그밖에 남는 시간은 가급적 "시"나 담론을 써서 후세에 자랑삼는 것만이 역사로부터 좋은 평을 얻어 자신이 후세까지 길이 빛날 것이라고 생각했을 것이다.

(마)조선 양민들의 식량탈취를 막겠다며 순찰을 도는 것은 원균처럼 미련한 놈들 짓이며 순찰을 돌지 않으면 싸울 일도 없으니 그럴 시간 있다면 일기 한 줄이라도 그럴듯하게 더 쓰는게 역사로부터 칭찬받을 가능성이 높다.

여러분들은 위에 나열된 중에 어떤 인물이 올바르다고 칭찬하시겠습니까?

문경주의 상황진단

서기2024년도의 국민들 중에 이순신이 영웅이라고 생각하시는 분들은 위에 (나)~~(마)번까지의 사고방식을 가지신분들이며 이순신을 영웅으로 믿는다 해도 이 시대의 국가 짐 덩어리 당을 지지하시는 분들이라고 생각됩니다.

내가 이순신을 좋게 평가하지 않는 이유는 단. 하나 (가)번을 정답으로 여기기 때문인데. 나의 주변 사람들이 내게 충고합니다.

인간은 본래 자기중심에서 생각하고 자기를 존중하며 자기만을 위해서 사는 게 지극히 자연스럽고 정상적이다

그런데 당신의 생각은 그렇지 않아서 탈이다.

당신이 신앙을 전파하는 종교 지도자도 아니고 정치가도 아닌데 왜? 사상의 자유를 보장하는 나라에서 스스로 판단해 최선의 노력으로 살아가는 사람들의 가치관을 계도 간섭하려드느냐 입니다.

관련하여 이순신이 영웅이라고 믿는 분들의 가치관은 이 시대에는 맞는 것 같습니다.

나의 가치관과는 맞지 않다는 것이지요. 따라서 나에게는 여러분들의 사상을 바꾸라고 할 권한도 없으며 영향을 미칠 능력이 또한 전혀 없습니다.

단지! 내 생각은 이렇다는 것을 세상에 밝혀 이렇게 생각하는 미친놈도 여러분들과 같은 세상에 살고 있다. 라는 것을 알리는 자체가 계란으로 바위치기 하는 무모한 푸념 꾼이지요.
세상의 갈등은 이권에 연결되었다

가령 월남 전쟁에 참전한 용사들이 생명을 걸고 싸운 전투 수당을 박정희가 갈취해먹었다며 국가가 보상금을 달라는 문제가 있습니다.

오늘날의 유권자들이 모두 동의 한다면 어렵지 않게 해결이 되겠지요. 그렇지만 생각이 다른 분들이 적어도 서기 2024년 현재까지는 더 많다는 게 엄연한 현실입니다.

*이순신이 취해야 할 일은 왜적이 부산으로 쳐들어왔다는 통보를 받자마자. 부산으로 출병했어야한다.
임금이 몽진해야 할 위기라면 당연히 이순신이 부산으로 자진 참전해야 할 것이다. 임금이 생각할 때 이순신을 비롯한 원균장군이 협력했을

테지만. 왜적을 막을 수 없었으니 왜적들이 한양까지 치고 올라왔을 것이라고 여겼어야만, 국방시스템의 조직이라고 할 수 있다.

설마! 이순신이 여수의 군영에서 저의 모친과 아들 2명 그리고 조카 2명, 개인 몸종인 "계생이" 까지 7명의 가족들끼리 놀아나고 자빠져 있으리라고는 꿈에도 생각 할 수 없었을 것이다.

왜적이 한양까지 밀고 올라왔다면 국가가 누란(累卵)에 위기인데 어느 임금이 이순신은 여수에서 꼼짝 말고 너의 어미와 군사들이 마음 것 놀다가 배고프면 맛있는 것들을 끓여먹으며 일삼아 일기나 쓰면서 편히 쉬고 있으되 임금이 피난길에 올랐거나 말거나 그런 것은 신경 쓰지 말나면서도 원균 너는 혼자서 뒈질 때 까지 싸우는 게 뒷배 없는 자의 운명이다. 라고 했을까요?

나도 사람들을 관리해봤는데 그들 중에서 쓸 만 한 놈은 극히 손가락에 꼽을 정도였다.

훗날에 보면 괜찮다고 생각했던 녀석들은 거의가 다 잘되었지만, 저건 아니라고 여겼던 사람이 성공한 경우를 본적이 없었다.

일본 육군들은 임무를 부여받은 대로 사투를 벌이며 한양으로 치고 올라가는데도 일본의 수군들은 이순신처럼 골든타임 24일간을 일기나 쓰면서 원균에 관해 흉잡을 연구나 하고 심심하면 죽방틀(통발)로 피레미 잡을 궁리나 하며 그래도 더 심심 하면 군사들과 뱃놀이 삼아 판옥선 시승 운전이나 시키고 왜적이 부산을 초토화시키고 전라도에 오면 싸우려고 훈련한 것으로 일기를 쓰는 그런 사람이 이순신이었다.

단. 하루도 거르지 않고 조선인들이 거주하는 해안가를 누비고 다니며 있어 보이는 조선 농어가들만 보이면 공격하여 쳐들어가 장차 조선군에 징집되거나. 의병으로 참여할 가능성이 보이는 자들은 남.여 불문하여 가차 없이 납치하여 조선의 군적자원이 될 만한 인적자원의 씨를 말리고 식량을 가급적 많이 탈취하는 작전은 그때그때 알아서 하는 것이 아니었다.

일본인들의 특성은 한번 목표를 정해주면 이순신처럼 요령 것 적당하게 하는 시늉만내는 것이 아니라. 철저히 자신의 임무를 수행하는 민족성이다.

따라서 조선의 양민들 식량 노략질이 하고 싶으면 하고 놀고 싶으면 쉬는 장난이 아니라. 작전명령 수행이기 때문에 최선을 다하면 안택선에 승선한 채점관이 왜군들의 일거수일투족을 관찰하여 누가 얼마만큼 용감히 임무를 성실히 수행했는지를 기록해 두었다가 본국의 도요토미 히데요시에게 보고해서 나중에 실적 순으로 조선의 영토 또는 획득한 몫의 재화를 분배받는 수익할 전표가 되는 것이었다.

따라서 일본인들은 무엇을 해라 말아라가 분명하게 정해진 민족이며 조선민족 특성은 정직하지 못한 양반들의 권력 싸움에서 이기는 자에게 굴종 당해 온 문화적 특성이 있어서 옳고 그름 보다는 상관을 잘 속이고 무엇인가를 적당히 하는 척 잘하는 것을 능력으로 평가받는데 익숙하다.

다음은 이순신을 삼도 수군통제사로 만드는 흉계들을 살펴보겠습니다.

**2024년 8월 26일 (월) 오전
**임진왜란 사, 연재*

*내가 주장하고자 하는 내용들은 극우 매국노들의 거짓말 역사적 극우어천가(極右御天歌)를 쓰는 사람이 아니다.

31
영웅 조작 공작단은 여전히 존재한다

문경주의 해석

칠천량 해전은 원균장군의 대표적인 실패작으로 꼽는 조선 수군의 말살 수준과 원균의 최후를 맞은 곳이다.

1. 원균은 유성룡, 권율, 이순신이 파 놓은 함정에 빠져죽은 미련하지만 안타까운 장수이었다.

2. 이순신 영웅 공작 단은 조선이 망해도 이순신만 영웅 되면
그 뿐이고 원균이 미련하고 나쁘게 묘사될수록 비례하여 이순신은 영웅이 될 수 있었다.

3. 아래 인용 자료들은 원균을 악당으로 간주하고 이순신을 충신 영웅으로 칭찬하는 대표적인 왜곡 모략된 자료인데 이 내용을 객관적이며 합리적으로 분석해보겠다.

서기 1597년 7월 15~16 전투
왜군: 도도 다카도라'=시마즈 요시히로
조선군: 원균 장군 참패
*칠천량 해전(漆川梁 海戰)*양력: 1597년 8월 27일

(음력:1597년 7월 15~16일)
장소: 경상도 칠천량(경상남도 거제도와 칠천도 사이 해협)
원균의 자승자박(自繩自縛)비판적 분석

지휘관:　　원균 장군
(삼도수군통제사 겸 전라 좌도 수군절도사)
이억기　　(전라우도 수군절도사)
최 호　　(충청도 수군절도사)
배 설　　(경상우도 수군절도사)
김 완　　(조방장) 배흥립 (조방장) 우치적 (순천 부사)
왜군 참가자:
도도 다카토라. 가토 요시아키, 와키자카 야스하루.시마즈 토요히사,구키 요시타카. 고니시 유키나가,
소 요시토시.간 미치나가
조선군 병력 판옥선 168척

문경주 계산식
판옥선 승선인원 150명 정원x판옥선168척=25.200명이 된다.
(상당히 부풀려진 가짜 자료인 듯하다.

　조선 수군 참가; 14.000명? 150명/14,000명은=판옥선 93척밖에 안 된다.

엉터리 자료라는 전제로 분석자료
　거북선 3척 승선인원 100명X3척=300명, 정도 판옥선 1척당 승선인원 150명이 정원이다.=판옥선 93척이며 거북선 100명
　X3=300명+판옥선 91척 승선인원 13,650명이면 총합계 13,950명으로서 참가 전함은 91척이 된다.

도깨비 요설 문경주 해석

수군병사. 14,000명÷150(판옥선 정원)승선 전함 91척이다..

당시의 여러 정황상 참가 수군 14,000명도 많이 부풀려진 거짓 자료일 것이다.

판옥선, 거북선 합쳐 94척이 된다고 가정해도 판옥선 168척이면 병력수가 25,200명이 되어 참전인원 14,000명의 1,8배가 넘는 숫자이다.

자고로 친일매국노들의 주장이라는 것은 거의가 사리에 맞지 않아 터무니없는 사기꾼들의 요설에 불과하다.

이순신이 마지막 노량해전 참가 판옥선 60~80여척으로 나오는 것을 유추할 때 배설장군의 탈주 선을 11~12척으로 본다면 칠천량 해전에서 불태우거나 격침된 전함은 2~8척이어야 맞다.

원균 장군이 마지막에 전함을 불태웠으면 한척뿐이어서 도망쳤을테지... 수십여 척이면 도망칠 까닭이 있겠는가?, 싸우면 될 일이었다.

선전관 김수의 증언을 참고해도 원균은 아들의 등에 업혔다 걷기를 반복하다가 산비탈 나무그늘 아래 퍼져 눕는 것을 보고 선전관은 혼자서 도망쳐 왔다는 증언을 대입해 보더라도 최종적으로는 판옥선 한척을 타고 와서 그 와중에 전함이 왜적에게 넘어가지 않도록 불태운 것은 원균의 군인 정신이 작동했다고 봐야한다.

*또한 거북선 3척이 있었다는 대목도 이해가 안 되는 것은 거북선은 이미 무용지물이었다는 것이 밝혀져 사실상 폐기된 전함인데 어디서

나왔을 것이며 왜? 필요하여 그 때까지 가지고 있었다는 것인지? 알 수 없다.

왜적선 규모 세키부네+아다케부네 1,000척으로 추정하며 조선 판옥선 156척 침몰 및 실종 거북선 3척 침몰 최고 지휘관 전사(추정) 인적피해 조선 수군7,000~8,000명 전사

위에 도깨비 요설, 문경주 해석
판옥선 156척 침몰 및 실종이란 주장도 악의적인 모략이다.
판옥선156척x승선 정원150명은=23.400명인데. 조선수군 참가자가 총14.000명이라고 주장한다면 별안간 9.400명이 어디서 더 나타났다는 것인가?
이순신을 영웅으로 주장하는 사람들은 엉터리 선동꾼들이며 이를 믿는 사람들은 대개 무식한 자들이라서 어용 지식인들로부터 세뇌당해 아는 척을 하려는 터무니없이 모자라는 반품짜리들이다.

왜적 피해는 세키부네 8척 침몰 일본 수군 500명 전사: 가토 요시아키 부상이라는 것이다.

문경주 상황분석
일본의 세끼부네 최대 승선인원 40명이며 적정한 전투인원은 25~30명 정도임은 "고니시 유키나가"가 조선에 침략 올 때 "세끼부네"770척에 18.700명을 싣고 왔다.

(이를 대입해보면 18.700÷770=평균24명임) 결과: 일본군의 압도적인 승리로 조선 수군은 남해안 제해권을 완전 상실했다.

영향:

일본군은 한산도 통제영 점령 및 파괴 일본군의 남해안 제해권 완전 장악 정유재란의 확전(擴戰)

도깨비 요설에 문경주 해설

이순신 영웅 주장하는 사람들은 항상 제해권을 들먹이는데 이순신이 제해권을 막은 사실이 없다.

일본군들은 제해권이 필요 없으며 조선의 제해권은 항상 열려있었다.

일본에게 제해권이 왜? 필요한지부터 설명해야 할 것이다.

왜적들에게 제해권이 필요치 않은 이유로서 식량문제는 조선의 식량이나 일본의 식량이 같기 때문에 조선의 농가로부터 탈취해 왔었다.

1) 뱃길을 이용하려면 반드시 항구가 필요하다.

예를 들어 한양으로 물자를 수송하려면 인천에서부터 강화도를 돌아 마포에 도착해야 하는데 그 물길 경비군사 배치 등이 막막하여 많은 왜적들을 경비 초소에 묶어두어야 가능하다.

일본군이 물자를 수송하는데 꼭, 한산도 해협이나, 울돌목을 거쳐야 한다. 라고 생각하는 발상 자체가 쪽, 대가리 수준이 라는 것이다.

일본은 이미 몇 천여 년 전부터 바다를 통해 당나라도 가고 베트남도 왕래해 왔었다.

일본이 제주해협을 통과하여 인천. 황해도 몽금포도 왕래할 수 있는데 그 까짓 대동강 한양을 왕래하는 것은 별일도 아니었다.

군이 제해권을 따진다면 이순신 문제가 아니라. 정작 서울 평양 인근의 선착장이 안전 하냐 와 그곳에서 하선하여 일본군 주둔 부대로까지 어떻게 접근할 것이냐의 문제가 더 중요하다.

왜적들과 전투를 벌였다는 장소를 꼼꼼히 살펴보면. 하나같이 갯고랑에 정박된 배를 때려 부순 것이었다.

다시 이야기하면 넓은 바다에서는 절대로 왜적을 따라잡을 수가 없다는 사실은 왜적선의 속도가 조선 판옥선의 배정도 빠르기 때문에 왜적선을 따라 잡을 수가 없으니 왜선의 항로는 항상 열려있는 것이나 마찬가지이다.

예컨대 군수물자를 한양이던 어느 깊은 촌락까지 배송해야 되는데 한양 또는 인천 항구에서는 어떻게 할 것인가? 방법 불문하고 결국은 등짐으로 나르는 수밖엔 없다.

관련하여 일본군의 군수품이란 것은 장검 또는 조총은 각자 소지하고 실탄은 조선인들을 납치하여 등짐 지워 나르고 식량은 조선 민가에서 탈취하여 경비군 감시 하에 조선의 아낙네들을 겁박하여 밥과 부식을 만들도록 하는 방식이었다.

실제로 임진왜란 당시에 일본군들은 평양근처에서 조선의 민가로부터 강탈한 전리품들을 농가의 소달구지를 탈취해 내륙의 강줄기 근처까지 운반하고 낙동강 상류에서는 나룻배 겸 고기잡이 거룻배를 빼앗아 물품들을 운반해서 부산 "구렁대" 왜영의 본부 까지 물품들을 실어 날랐다.

이순신의 몰락

"가토 기요마사"가 일본에서 "도요토미 히데요시"에게 정유재란의 실행 계획안을 브리핑(briefing)하여 전쟁계획수립을 허락을 받고 그 준비를 위해 조선으로 건너 올 때 이를 못마땅하게 여긴 "고니시 유키나가"가 일본어 한국어 통역관 "요시라"를 시켜서 경상 우병사 김응서에게 "가토 기요마사"가 정유재란, 준비를 위한 실무 기획단들을 대동하고 부산에 온다는 정보를 전해 준 사건에서 발단되어 이순신으로 하여금 "가토 기요마사"의 부산 상륙을 막으라는 명령을 내려 달라는 요청에 대하여 선조의 명령을 받은 이순신이 출동을 거부한 사건을 말한다.

그 전말은 이렇다.

이순신 영웅 만들려는 "빠"들은 요시라,의 이간계로 이순신을 부산앞 바다로 끌어내어 부산 일원의 포대에서 육전대포 사격으로 이순신을 잡으려는 유인 작전인데 똑똑한 이순신은 알아차리고 출동을 하지 않았으나, 선조임금은 그것도 모르고 이순신을 사지로 내 몰려했다. 라는 주장이었다.

따라서 이순신은 유능하고 선조임금은 아주 멍청한 놈이라고 비난하며 이순신은 판단력이 정확한 영웅이라는 요지이었다.

과연 그럴까?

"고니시 유키나가"는 이순신은 겁쟁이라서. 이순신에게 정보를 주어도 절대 출동하지 않을 비겁자라는 사실을 잘 알고 있었으며 만약 이순신이 출동하지 않아 "기요마사"가 무사히 부산에 상륙하면 "고니시 유키나가"가 곤란해질 경우엔 이순신을 잡을 이간계라고 둘러댈 것은 뻔했다.

하지만 그것은 이순신이 출동하지 않았을 경우이고 이순신이 출동했 었더라면 정유재란을 막았을 가능성이 매우 높다.

당시의 대포는 사정거리가 길지 못해 겨우 150보 200보 정도이기 때문에 바다에 떠가는 판옥선을 육지에서 공격할 타격 거리에 도달하지 못하며, 서기 2024년대의 미사일처럼 멀리 가는 무기가 아니었다.

이순신이 출동해서 바다를 지키면서 가토 기요 마사의 상륙 시도에 접근하며 함포를 쐈다면 가토 기요마사는 분명 돌아갔을 것이다.

하지만 이순신에겐 절대 그런 배짱이 전혀 없었다.
선조가 사람을 잘못 봐도 한참 잘못 봤으며 고니시 유키나가는 이순신을 정확히 판단하고 있었던 것 같다.

고니시 유키나가가 이순신을 잘 몰랐었다면 절대로 조정에 정보를 흘려줄 까닭이 없다..

1) 이순신을 용감한 맹장으로 봤다면 그 정보를 아무도 모르게 슬그머니 이순신에게 흘려주었을 것이다.

선조 임금은 그 정보가 자신에게 왔다는 자체로서 진성정보(眞性情報)임을 알아차리고 출두 명령서를 써서 봉합해 선전관에게 주면서 절대로 열어보지 말고 이순신에게 직접 주면서 왕명이라고 강하게 압박하라고 당부했던 것이다.

2) 진성정보라고 확신한 이유는 이렇다.
(가)진성정보가 아니고 이순신을 유인해서 잡으려는 목적이었다면 그 정보가 임금에게까지 오게 할 미련한 적군은 지구상 엔 절대로 있을

수 없다.

왜냐하면 임금은 여러 신하들에게 의견을 물을 것이며 그 과정에서 함정의 미끼일 수 있으니 그 뒤에 군사를 더 딸려 보내라는 대비책을 강구할 수도 있기 때문이다.

나) 고니시 유키나가 가 그 정보를 조정에 흘려보낼 때는 이순신이 용감하지 않다는 것을 알고 있다는 증거이었다.

만약 이순신이 용감하여 "가토"의 정보를 주면 바로 출동할 그런 위인으로 여겼으며 그 정보가 진짜로 이순신을 유인하여 잡으려 했다면 미쳤다고 임금에게까지 덧을 놓아 너의 조선에 유능한 이순신을 잡으려 한다고 광고할 미련한 적군도 있을 거라고 생각하는 사람들이 많다는 것은 450여 전의 일본 쪽발이보다 못하고 선조임금님 보다도 분별력이 없는 돌대개리들에게 막대한 돈을 들여 고학력자로 만들어 그 비지머리로 교수도 하고 작가도 하고 정치도 하는 나라가 조선에 이은 대한민국의 돈 버러지 들이다.

고니시의 정보가 정말로 이순신 유인 작전이라면 조정에서 알게 될까봐 쉬쉬~하면서 저들끼리 처결하려 했을 것이다.

그 정보를 경상도 우병사 김응서에게 주었다는 자체가 진성 정보임에 틀림이 없었으며 김응서가 조정과 선이 닿아 있다는 사실을 알고 있기 때문일 것이다.

선조임금은 그 정보의 확실성을 믿으면서도 몇 번을 재검토했던 것이다.

그 사건의 처음 발단으로 돌아가서

어느 날 갑자기 이순신의 수군 기지인 전라도 좌수영을 한산도로 옮겼다.

고니시 유키나가의 불안은. 이순신이 여수에 있을 때는 경상도 전투를 기피한다는 느낌을 받았던 이유가 수시로 순찰을 도는 군대는 원균의 부하들뿐이었으며 이순신은 뒤늦게 나타나서 전함이 원균 보다는 훨씬 많은데도 앞장서 공격하는 것을 못 봤으며 언제나 외곽만 겉 돌아서 이순신은 겁쟁이로 여겨 아주 비굴한 놈이라고 생각했었다.

그런데 한산도에 수군 진을 옮겨온 사람은 당연히 원균이어야. 맞을 텐데 의외로 수군 기지도 없이 떠도는 원균이 오는 게 아니라. 전라도 좌수사 이순신이 경상도의 한산 섬으로 수군 진을 옮겨왔다.

고니시는 좀 긴장했을 것이다.
혹시 이순신이 한산도로 진주하면 빡세게 순찰을 도는 경우 왜군들이 위축되어 조선 농가습격 식량탈취 활동이 지장을 받지 않을까?
걱정되었을 것이다.

고니시 유키나가의 임무는 일본으로부터 가까운 조선의 동남부 해안 농가들을 집중 공략해서 초토화시켜 조선인들이 살수 없는 곳으로 만드는 것이었다.

1) 해안가 조선인들의 촌락을 습격하여 식량을 탈취해 삶을 최대한 궁핍하게 만드는 목적과 식량을 빼앗는 것이었다.

2) 장차 징집대상의 젊은 청장년 남.여들을 납치하여 일본으로 데려다가 노예로 삼고 남는 것은 "시모노세키" 항구의 국제 노예 시장에 내 팔아서 전쟁비용에 보탠다.

3) 일본과 가까운 조선의 동남부 해안에 조선인들을 강압적 쫓아내어 일본의 전쟁 목표대로 해안이 접하는 조선 땅을 황무지로 만들어서 전쟁이 끝나면 일본의 민가들을 조선으로 대량 이주시킬 공간을 확보해 두는 것이었다.

위와 같은 목적으로 조선의 해안가 민가 들을 초토화시키는 침략 전쟁이었는데 원균은 고양이처럼 악착같이 순찰을 열심히 살펴서 왜군들의 노략질 활동이 목표에 1/5도 달성이 못되었다.

왜군들의 조선민가 식량 노략질 활동도 각자의 주관적인 것이 아니라. 안택선에 타고 있는 채점관(さいてんかん)이 식량 노략질 활동을 꼼꼼하게 채점하여 전쟁이 끝나면 호족들 개인별 실적 통계에 의한 비율(percentages)을 계산하여 각자 인센티브(incentive)를 주겠다는 약속에 의해서였기 때문에 자신의 일보다도 더욱 열심히 노략질을 해야 되는 것이었으며. 고니시가 알 수 없는 것은 전라도 좌수사 수영이 여수에 있는 게 맞는다고 여겼는데 별안간 이순신의 진영을 여수에서 경남의 한산도로 옮긴 이유가 무척 궁금하고 두려웠다.

왜냐하면 원균이 순찰을 너무 조밀하게 돌아 식량탈취 작전이 부진하여 안택선에 타고 있는 채점관의 눈초리가 싸늘했는데 이순신이 한산도로 와서 원균보다도 더 순찰을 적극적으로 돌게 된다면 채점관의 점수는 바닥일 것인데 큰일이 아닐 수 없었다.

그렇게 몇 날이 지나도 이순신은 아예 순찰을 돌지 않았으며 허구헛 날 군영에 무슨 집을 건축하느라 호들갑을 떨고 있었다.

고니시의 첩자들은 몇 날을 더 지켜보다 가 아예 관심을 끊었다. 왜냐하면 전쟁터에 거창한 고급 주거지 미화 작업이 필요할리 없는데 이사를 오자마자. 가옥 짓는데 골몰하며 왜군들 노략질을 살피는데 관심이 전혀 없는 듯 왜선들이 가까이가도 본체도 하지 안했었기 때문이었다.

훗날에서야 알게 된 일이지만, 이순신의 어머니 그리고 아들 조카 2명에 이순신 개인 몸종 "계생이"까지 7명이 거처할 큰 저택을 지으면서 이순신이 "시"를 쓰면서 사색할 수 있는 운주당(運籌堂)이란? 정자를 지었는데 운주당의 한자 뜻은 "꾀를 궁리" 하는 집이라는 것이며 좋게 생각하면 전쟁에서 승리할 "꾀"를 궁리하는 집일수도 있지만. 이순신의 캐릭터(character)로 볼 때 아래와 같이 추정된다.

32
이순신이 운주당을 지은 이유

1) 권력을 이용할 궁리하는 집
3) 시어(詩語)를 궁리하는 집
4) 전법을 연구하거나 남의 전공을 가로챌 궁리하는 집
5) 선비의 품격을 과시하는 집

정확한 뜻은 이순신 본인만 알리라. 각설하고 전쟁터에서 이런 호화판 발상을 하는 사람들이 글 배운 것들이다.

...나의 소견...

나라에 임금은 조선의 끝자락 의주 땅에 쫓겨 가서 피를 토하듯 내나라 강토를 되찾으려 노심초사(勞心焦思)이었으며 백성들은 왜적들에게 식량을 탈취당해 굶주리며 자녀 또는 남편을 납치당해서 뼈가 으깨지는 아픔을 토하는 고통에 허덕이며 죽어가는 신음소리가 들릴 듯 말듯 꺼져가는 가련한 시체가 조선의 뜨락에 함부로 나뒹구는 통한으로 몸부림치는 이 산하에서 권력의 빽 줄을 잡아 원균 장군을 모함하여 쫓아내고 달 밝은 한산 섬 운주당(運籌堂)에 편히 안자서 또 무슨 꾀를 궁리하여 누구를 모략하려 무엇을 더 꾸미더란 말이냐...?

아~뒷배 없어 원통하게 쓰러져가는 병졸들에 가련한 죽음의 눈알에서 조차 먹이를 구하는 똥파리의 자손도 아니라면 야~ 네 어찌 통곡하는 백성들의 힘겨운 흐느낌을 들으려 하지 않고 "운주당"에서 궁리해낼 흉측한 매국노의 교활한 미소가 아니기를 꿈속에서라도 백성들의

통곡이 더 들려 뉘우침으로 참된 인간이 되기를 소원하는 구천의 원귀는 휘파람처럼 한숨을 토해낸다.

부산 왜영에 주둔하는 일본의 세끼부네 500척은 항상 조선의 해안을 기웃거리면서 식량노략질 하는 것이 주된 임무였을 정도로. 왜적들에게는 해안가의 조선 농가들이 사냥감일 뿐! 여느 삶의 민가들로 보이지 않았으며 그렇기 때문에 식량탈취 행위에 오직 두려운 복병은 원균이었다.

왜냐하면 그냥 바다에서 원균을 만난다면 그는 심심풀이 놀이 감에 불과한 것은 세끼부네의 속도가 조선 판옥선보다 월등히 빠르기 때문에 생쥐가 코끼리와 장난치는 것과 비슷하지만. 식량 노략질을 위해 세끼부네를 해변에 정박시키고 마을로 들어갈 경우라면 꼼짝없이 원균의 함포와 박치기를 당할 수밖에 없었다.

문경주 : 임진왜란 사 연재
내가 쓰는 역사속의 임진왜란 분석은 목적이 있다.
첫 째: 이순신을 영웅이라며 앞장서서 외치는 사람들의 주장 속엔 친일파들이 아주 많이 섞여있다.

둘 째: 무식한 사람들도 상당히 많다.

셋 째: 매우 나쁜 사람들이 또한 많다.

*가장 중요한 사실은 이들이 매번의 선거마다. 악질적으로 부패한 매국노들에게 투표 한다는 사실이다.

이들의 사고방식을 바로잡아 주지 않고는 이 나라에서 선거를 아무리 많이 해도 정의로운 지도자를 선출할 수 없다고 여겨져 이 작업을 이어가는 것이다.

이순신 장군이 3도수군통제사가 되어 걸리적거리는 사람 없이 올곧은 소신으로 능력 껏 전쟁을 수행한 진짜 실력은 아래 제시되는 기간이다.

서기1592.5.7일~1593.8.15.일까지

이순신은 임진왜란 발발 4월13일~5월7일 약22일간을 참전하지 않고 기피하다가 23일후에야 왕명을 받고 서기 1592년 5월 7일부터 첫 전투인 "옥포해전"에 참가는 했으나, 전투는 기피하여 사기를 쳐서 전공만 가로채는 등으로 1년4개월간 출세 공작이 성공하여 드디어 3도 수군 통제사가 되었지만. 서기1593년8월15일~1597년2월 24일까지 장장 4년간에 이순신 장군이 지휘한 전쟁은 1594.10.03일 제19차 장문포 해전 단. 한건뿐이며 그나마 전적결과는 비어있는 거룻배 2척 때려 부순 게 전부이다.

전적지: 경남 거제군 장목면 장목리 총괄 지휘자: 이순신. 참가 조력: 윤두수 곽재우 김덕영이 전투에서 조차도 이순신 군대가 순찰 돌아서 왜적을 발견 한게 아니라. 육군의 제보로 출전하여 노략질을 끝내고 돌아가는 왜적들의 빈 거룻배 2척을 때려 부순 게 전부이다.

아~~슬프고 비참하도다.

대한민국 유권자의 90%이상은 이순신이 만고의 충신이며 전쟁영웅으로 숭상하는 실체가 이런 군인이었다는 것이 가슴 답답하지만, 이게 사실인데도 이런 분을 전쟁 영웅으로 우러러 모시는 이 나라의 인격자들의 지식은 과연 어떻게 다듬어 졌더란 말이냐? 이순신이 원균을 모함하여 쫓아내고 꿈에도 그리며 이름도 거룩한 "3도수군 통제사"가 되어 조선의 수군대장 자격으로 수행한 전적이 4년간을 통 털어서 단. 한건의 전투인 제19차뿐이었을까?

그런데 원균장군은 경상우도 수군통제사로 재임하여 서기1592년4월15일부터 서기1593년 8월15일까지 1년4개월간에 18번의 전투를 지휘해서 전부 승리했지만, 모두 이순신이 지휘한 것으로 조작하여 이순신의 전공으로 꾸며 영웅으로 행세한 것이다.

이순신 영웅 신봉자들이여! 제발 상식적으로 판단을 해보시라. 전라도 사령관이 경상도에 파병 갔으면 경상도 지휘관의 예하로 배속 되는 것은 군사운영 상식인데. 모두다 원균장군이 16개월간 왜적과 18차례를 싸워서 전부 승리했다는 것이다.

이순신이 본격적으로 유성룡에게 원균을 모함하여 파직시키고 유성룡의 도움으로 조선 삼도수군통제사가 되어 전투를 기피하고 장장 4년간을 은거했으며 왜적들은 그 동안에 활개치고 조선 연안을 돌아다니며 양민들을 납치해서 시모노세키 항구의 노예시장을 개설하고 서양의 노예상인들에게 팔아넘겼다.

일본 입장에서 본다면 이순신이 삼도수군통제사가 되자마자 일체의 해상 순찰을 돌지 않고 한산 섬 달 밝은 밤마다 운주당(運籌堂)수루에 앉자

일성호가 들리는지를 살피는 이순신 덕택에 마음 놓고 왜놈들이 노략질을 해서 조선의 해안가 양민들과 청년들을 납치하는데 대성황을 누렸지만,..원균을 사지로 몰아넣어 이순신이 제2차로 3도수군통제사로 복귀했다*

20차 "어란진" 전투 무승부
21차 "명량" 해전 왜적 31척 격침 승리
22차 " 왜교성 전투" 무승부
23차"노량 전투" 이순신 사망
위에 5건의 전투가 이순신의 진짜 전적이다.
19차   무승부
20차   무승부
22차   무승부

──────────

3건의 전투는 무승부이고
21차 명량해전 1승
23차 노량해전 패전 (사망은 패전임)

1~18차 전투까지는 경상도에서의 전투로 경상 우수사 원균장군이 지휘했으며 이순신은 파병 군으로 보좌했을 뿐이었다.

여기서 중요한 것은 1592.04.14~1593년8.15일까지의 문제뿐만 아니라, 이순신이 3도 수군통제사가 되기 이전엔 원균이 경상도 우수사

직함으로 3척의 전함뿐인데도 불구하고 임진왜란..초전 23일간을 혼자서 매일 전투했다.

당시의 상황에서 원균은 일기를 쓸 시간도 없었겠지만. 일기를 안 써서 원균의 전적을 알 수 없을 뿐이지? 진실은 거의매일 왜적과 싸웠을 것이다.

생각해보시라! 일본 육군들이 24일간 한양까지 치고 올라갔는데 군량확보를 위한 조선양민들 식량노략질이 주된 임무인 일본 수군들은 장기 두었을 것이라고 생각하십니까?

그 24일간 원균 장군은 가장 치열하게 싸웠을 이유로 왜적들 식량노략질에 의한 군량확보는 어떤 것보다 중요한 이유가 조선인 의병들이 게릴라(guerilla)전이라도 시도하여 왜군 본영을 공격하는 경우 일본말로 도시락 싸 들고 다닐 수 없었을 테니 우선 인근의 조선인들 민가에 침투하여 숙식을 해결하고 청장년들의 조력을 받게 뻔~하므로 왜.영 주둔지 가까이로부터 초토화 시키면서 반경을 넓혀가야 할 겁니다.

일본인들은 조선을 도우러 온 것이 아니라. 국토 침략자들이기 때문에 숙적이 곧 조선인들이지요.
따라서 고양이가 쥐 잡을 때 어린 쥐 늙은 쥐를 가려서 공격하나요?
연령 관계없이 눈빛이 살아있고 생김새도 그럴듯한 조선 사람들부터 납치하고 죽이겠지요.

장차 조선침략이 성공한 후에는 조선인들을 노예로 부리기 위해서 잘 길러야겠지만. 침략 당시엔 모두다 적일뿐입니다.

따라서 침략초기에 일본인들은 가급적 무섭게 보여야하기 때문에 사나 울 수밖에 없으므로 가장 치열하게 싸웠을 것이며 굳이 원균장군의 전적을 따진다면 서기 1592년 4월14일부터 경상도 해안지역 농가들을 매일같이 습격하여 식량 노략질을 계속했을 왜적들과 피터지게 싸운 것이다.

왜냐하면 가장 시급한 것이 먹는 것이며 먹지 않고는 아무것도 할 수 없으므로 왜적들이 쳐 들어올 때 아마도 3~5일분 정도의 비상식량은 가져왔을 것이며 전투가 개시된 4월14일부터 동시에 식량 탈취가 시작되었을 것이다.

그렇다면 원균장군이 식량 노략질 왜선들을 100%발견은 못했을지라도 최소한 3일에 한번쯤 찾아내어 싸웠다고 가정해도 4월14일~5월7월이면 총 24일간으로 24일÷3=8차례로서 그 치열한 싸움에서 전부 다 이겼으니 살아남은 것이다.

세끼부네의 속도는 조선 수군의 배정도 빠르기 때문에 도망치면 왜적에게 거의 100%가 따라 잡힌다.

조선의 판옥선과 일본의 세끼부네가 정면대결 한다면 100% 조선군의 승리이며 다만. 원균장군의 칠천량 전쟁은 예측된 패전이었다.

칠천량 전투의 패배 원인 서기1597년1월 "가토 기요마사"가 "도요토미 히데요시"로부터 정유재란의 지휘 전권을 맡겨준다는 담판을 받아서 "오키나와"에 상륙 정유재란의 전략 기획가들과 작전을 구상하고 있다는 비밀 정보를 "고니시 유키나가"의 부하들이 입수하여 조선으로 먼저 와서 고니시에게 알려주었으며. 고니시가. 전쟁을 종식시키고 싶

어 했던 이유는 이러했다.

1) 명나라 참전으로 조선 정벌은 사실상 불가능
2) 조선 정벌에서 일부 승리한다고 해도 "가토 기요마사"의 공으로 돌아갈 것이며 고니시 에게는 실익이 없다.
3) 가토 기요마사.는 1만여 명의 가병들을 동원 했으나. 고니시는 18.700명의 가병을 동원했는데 가토 기요마사.가 위험한 전투를 기피하여 고니시의 군사가 대신 싸우느라 더 많은 피해로 7천여 명 정도의 가병을 잃었다.

따라서 정유재란을 승리한다고 해도 그 공로는"가토 기요마사"에게 돌아가며 고니시 에게는 별 소득 없이 자신의 군사들만(가병)잃게 되며 동시에 도요토미의 신임을 받지 못해 영향력도 잃을 것이다.

4) 고니시는 천주교 신자로서 이 전쟁이 신앙적으로도 양심에 반한다는 등으로 전쟁 지속에 회의론자였으므로 "고니시"의 전쟁확대 기피로 요시라를 통해 밀서를 조선 조정에 보내어 조선 수군이 출동해서 부산 앞바다를 봉쇄해 준다면 가토 기요마사는 조선 상륙이 불가해 돌아갈 수밖에 없을 것이며 그렇게 되면 도요토미 히데요시는 대노하여 가토를 힐책할 것이다.

가토 기요마사!에게 절박한 입장조성

"정유재란을 확대하면 조선의 왕자들을 납치하여 선조임금으로부터 항복을 받아서 하삼도(경상도.전라도.충청도)를 일본 영토로 편입시키겠다는 주장이 모두 다 너의 허풍이었더냐?"

이런 상황을 만들 수 있다면 가토 기요마사.의 헛소리는 결국 끝장이라고 판단한. 고니시 유키나가의 구상이 맞아 떨어져 가토 기요마사의 과욕은 물거품이 되는 것이다.

고니시의 계획은 조선 전쟁을 종식시킬 절호의 기회였으나, 결과적으로 졸장이었던 이순신장군이 출전하지 않은 때문에 조선의 운명은 정유재란으로 박살났던 것이었다.

*원균의 사망과 함께 조선은 쑥대밭으로 변했으며 교활한 이순신은 죽어서도 영웅이 되었지만. 대한민국 국민 90%이상은 매국노 사상으로 부패되어 박정희 전두환 노태우 이명박 박근혜 윤석열 각하를 모시고 행복한 동부권역 유권자들의 세상이 되어 천공 거니 콩*을 섬기는 사이비 매국적 동포들처럼 썩어 문드러져가고 있다.

*원균장군은 "요시라" 밀서 사건을 지켜보면서 내가 지휘자라면 곧바로 전함을 이끌고 부산 앞바다에 진을 치고 버티어 가토가 상륙을 못하고 쫓겨 가도록 만들었을 텐데 이순신 그 겁쟁이기 **중요한** 기회를 놓쳤다며 평소의 스타일대로 상소를 선조임금에게 올렸던 것이지만, 선조임금 또한 진짜로 원균이라면 가토 기요마사의 상륙을 막았을 것이라는 생각에 아쉬워했었다.

그런데 때에 맞추어 이순신의 후임으로 적합한 삼도수군통제사를 찾던 중이라, 원균의 장계를 읽고 잘 되었다싶어 덥석 원균을 불러들여 후임 삼도 수군통제사로 임명 했던 것이다.

이로써 유성룡. 권율. 이순신. 삼총사가 조선의 군권을 잡고 권력 파티를 즐기다가 이순신이 체포되어 고심하던 처지에 꼴도 보기 싫은 원균이 삼도 수군통제사로 왔으니 울화통이 터질 지경이었을 것이다.

만약에 원균이 잘 나갔다면 권율 유성룡 할 것 없이 한 그물에 옭아매어 끝장낼 텐데 가만히 지켜 볼 패거리들이라면 처음부터 시작도 안했을 것이다.

1) 또한 죽을 지경인 것은 조선 수군들이었다.

이순신 밑에서 4년간을 순찰은 전혀 돌지 않고 허구헛날 훈련을 빙자하여 막걸리내기 활쏘기 시합을 즐겼었는데 빽도 없는 원균장군이 와서 매일 순찰을 시키면서 바다로 내몰리는 터에 왜적을 만나면 활 쏜다고 상판위에 올라섰다가는 왜놈들 조총의 타겥(target))이 될 것이고 왜적이 조선 수군의 판옥선에 올라온 다면 칼로 승부를 내야 할 텐데 검술 훈련은 전혀 안 받고 활 쏘는 훈련만 받았으니 한마디로 갑갑한 일이었을 것이다.

2) 원균 또한 사정이 죽을 맛이었다.

수시로 권율 도원수에게 불려가서 부산의 왜영(倭營)본부를 치라는 명령이었으며 부산 왜영(倭營)공격은 이미 5년 전부터 시도 했으나, 수군만으로는 절대로 불가능하며 육군이 위에서 공격을 해준다면 수군은 바다에서 도주로를 차단하여 왜적을 박멸할 수 있다는 작전검토를 했던 바도 있었다.

그게 언제이냐 하면 임진왜란이 일어나던 서기1592년9월1일 왜놈들이 여름 철 옷을 입고 출전하여 음력 9월이 되자. 서리까지 내리는 함경도 지방의 추위를 견딜 수 없을 정도로 집단 고뿔=커프(cough)기침이 심해서 남쪽으로 피난하여 성을 쌓고 월동하는 작전으로 변경하고 그동안 민가와 관청으로부터 약탈한 물건들을 운반하기 위해 농가의 달구지들을 탈취하여 물품들을 싣고 줄을 지어 남쪽으로 내려가고 있었던 것이다.

당시에 멍청한 유성룡의 발의로 부산 왜영을 치러갔다가 왜적들이 왜영의 수군 정박지 포구 뒤편 언덕에 사정거리가 긴 대포를 설치하여 내려다보면서 발사하여 정운장군이 전사한 것은 이미 전술한 바 있다.

그 때의 경우를 상기하여 원균장군은 육군과 합동작전 아니면 안 된다고 항변했다가. 권율장군이 원균에게 군영으로 들어오라는 명령으로 출두해서 볼기를 뒈지게 맡고 비참하기도 했지만 분개해서 술을 퍼마시고 밤새워 고민 끝에 내린 결론이 여하튼 명령이니 따르기는 해야겠기에 부산으로 출동했던 것이다.

권율 장군의 일갈은 이순신이 부산으로 출동하여 가토 기요마사를 막으라는 왕명 거부에 대하여 원균 네놈이 나라면 부산으로....

출동하여 가토의 상륙을 막았을 것이며 정유재란은 끝날 전쟁이라고 임금에게 상소를 올려놓고 이제 와서. 부산의 왜영을 치라고 하니 육군과 합동작전이 아니면 안 된다는 개소리냐며 사정없이 두들겨 팼다.

원균은 그때와 지금도 같은 경우라며 가토가 부산으로 올 때 해상을 봉쇄했으면 가토의 정유재란 기획단들이 상륙을 못해 도망갔을 것이지만, 지금의 경우는 부산 왜영을 치라는 것인데 이는 완전히 다른 경우이다 부산을 치려고 들어갔다가는 정운장군처럼 전사할 수밖에 없으므로 내가 올린 상소는 부산항을 봉쇄하여 가토 일당이 상륙을 못하게 해야 한다는 뜻이지! 왜영을 박살내라는 주장이 아니지 않느냐고 항변했다가 이유가 많다며 볼기만 사정없이 두드려 맞아 걸을 수도 없었다.

그렇게 살아있기는 하되 송장 꼴이 되어 부산앞바다로 들어서기는 했지만, 공격은 턱도 없이 견고했다.

부산 왜영은 예전보다도 더욱 견고하게 포대도 좌우로 보강되어 안으로 들어갔다가는 개박살날 것이 뻔~했다.

하루를 더 버티었는데. 다음날은 정체모를 왜적선 들이 난데없이 부산항 앞바다에 새카맣게 덮여오고 있었다.

원균은 너의 들 잘 만났다는 생각에서 노 꾼들을 닦달하여 다가가면서 살펴보니 군인들을 가득 실은 왜선 세끼부네였다.

원균장군은 저놈들이 어떤 무기를 가졌는지의 무장된 정도가 불분명하여 함포를 쏴 봤다. 순간 왜군들은 전속력으로 노를 저어서 도망치기 시작했다. 왜군들이 조선군의 함포공격을 받고 도망치는데 자신감에 도취되어 노 꾼들을 휘몰아 최대한 빠른 속도로 노를 저어 봤지만, 그놈들은 사정거리 밖으로 도망쳐 한척이라도 부술 각오로 용을 써 봤으나 소용없는 일이었다.

결국은 대마도가 바라보이는 근처까지 추격했으나. 왜선들은 대마도 가까이에 어느 한 섬 뒤편으로 사라져 그제서 야 정신을 차리고 배를 돌려 얼마쯤 돌아오는데 별안간 돌풍이 불어 판옥선, 십여 척이 원균함대의 대열에서 이탈되어 파도너머로 표류 하여 노(oar)가 부러졌는지? 선원들이 노 젓기를 포기하여 고의로 표류 시키는 것 같아 내막을 알 수없이 점차 멀어져서 시야를 벗어났다.

나중에 전해들은 바로는 울산 왜군기지 부근에 떠 밀려와서 전원 사살 당했다는 풍문만 들릴 뿐이었다.

그렇게 남은 전함을 수습하여 밤늦게야 부산 근해 가덕도 가까이에 오자. 노 꾼들이 목이 말라 탈진 상태라며 아우성을 쳐서. 가덕도 해변 갯벌에 배를 대고 선원들은 앞 다투어 내려 물통 하나씩 들고 어둠을 헤치며 숲이 우거진 섬으로 들어가 물을 찾아다녔으나, 낯선 섬 어디에 물이 있는 줄을 어찌 찾는단 말인가? 얼마 후에 섬 뒤편으로 상륙해 온 왜적들에게 포위당해 비무장 상태로 물을 찾아 헤매던 조선 수군 병사들이 몰살을 당했으며 일부의 수군들은 탈출하여 전함으로 되돌아 왔으나. 그 사이에 썰물이 되어 정박 되었던 배는 갯벌에 비스듬히 누어 꼼짝 없이 왜적들의 칼날에 몰살당했으며 원균의 본대는 썰물 따라 300여 미터 밖으로 밀려나 함포의 사정거리 150미터를 벗어나 있었고 조선 수군 400여명과 판옥선 3척을 고스란히 왜적에게 탈취 당했다.

이때 원균이 만난 왜적들은 지난 1월 달 "가토 기요마사"가 도요토미 히데요시"를 만나 정유재란을 승인받고 정유재란 작전 기획단을 꾸려 부산으로 오는 것을 막으라는 "요시라"의 밀서를 받아 이순신에게 주며 가토 기요마사의 정유재란 기획단의 부산 상륙을 막으라는 선조임금의 명령을 이순신이 거부해 가토 기요마사의 계획대로 실행되어 정유재란 본진의 세끼부네 1,000여척의 육군 수송 선단이 조선으로 오는 것을 원균이 쫓아갔던 것이다.

실체적 전투의 분석

1) 조선 판옥선보다 배나 빠른"세끼부네"선단을 따라간 것은 무조건 잘못이었다.

2) 일본군들이 대마도까지 조선 수군을 유인했다고 볼 수도 있다. 왜냐하면 왜선 1천여 척은 속도를 조절하여 많이 떨어지면 쉬고 함포의 사정거리 안에 들어오면 노를 힘 것 저어 사정거리 밖으로 따돌렸었다.

3) 결과적으로 일본군의 작전에 완전이 말려들었던 것이다.

왜냐하면 조선 수군을 유인하여 일본의 "대마도" 근처로 따돌리고 "세끼부네"는 가장 빠른 속도로 되돌아와서 무사히 부산의 왜군기지에 도착했던 것이다.

(가) 원균 장군이 왜적을 추격하여 대마도까지 쫓아간 것은 임진. 정유재란을 통해서 유일하며 가장 용감한 장수이었다.

(나) 동시에 원균장군은 가장 어리석었으며. 왜냐하면 왜선의 속도가 조선 수군들의 판옥선보다 배나 빠르기 때문에 절대적으로 따라가서는 안 되었다.

(다) 왜적이 원균 장군을 대마도까지 유인 한 목적은 무엇일까?

(1) 우선 살기 위해서 도망쳤을 것이다.

(2) 조선 판옥선이 부산을 지키고 있으면 조선 땅에 상륙이 불가하여 대마도쯤으로 조선 수군을 유인해 놓고 왜선들은 조선수군보다 배나 빠른 속도를 활용하여 신속 하게 부산으로 돌아와서 재빨리 조선 땅에

상륙하기 위해서 도망치는 척 했을 것이다.

(3) 우선 다급하여 도망치면서 생각해보니 조선 수군들을 대마도에 유인해 놓고 최고 속도로 부산으로 되돌아와서 왜군 본영으로 무사히 상륙하면 좋겠다는 판단일 뿐! 사전에 계획한 것은 아니었을 것이다.

도깨비 요설에 대한 문경주의 해석

원균은 권율 도원수로부터 볼기까지 맞고 출전한 장수로서 분노와 오기가 복받쳐 합리적인 판단을 할 정신적인 여유가 없었을 것이다. 아마도 이순신장군이라면 대마도를 쫓아가기는 고사하고 자신의 진지로 도망 쳐 왔을 것이다.

원균 장군은 권율 도원수로부터 볼기를 맞고 왜군의 본영 공격이 불가한 줄을 이미 알고 있지만. 빽 없는 조직생활에서는 어쩔 수 없이 제도권 폭력에 굴종 당하는 울분으로 이성을 잃고 도망치는 왜적을 잡아서 공을 세우고 큰소리를 치고 싶었을 것이다.

원균도 사람인지라. 얼마나 비참 했겠는가? 안 되는 놈은 뒤로 자빠져도 코가 깨진다는 말이 있다.

장수가 전쟁에 나갈 때에 목욕재개 하는 이도 있으며 주변의 친지들이 정한 수 떠 놓고 손 모아 빌어주는 이도 있다고 한다. 하물며 볼기까지 두드려 맞고 전쟁터에 참가 한 원균에게 무엇인들 제대로 되겠는가?..훗날 선조임금은 이때를 가리켜 하늘의 뜻이 우리를 버렸다. 라고 한탄했다.

*그 말에 나도 동감은 하지만. 장수는 하늘도 어찌지 못할만한 용맹한 투지와 명석한 예지로 뛰어난 판단력을 갖추고 *운명 너 까불지 마라*의 배짱도 있어야 한다.*

바로 그 왜적들이 가토 기요마사의 야심찬 정유재란 침략 본대이었다.

1) 원균의 잘못은 애당초 부산에서 왜적을 쫒지 말고 상륙저지 작전을 폈어야 했다.

2) 기왕에 왜적을 쫒았으면 마무리를 잘 했어야 한다. 예컨대 물을 뜨러가는 병사들 뒤에는 전투병이 무장하고 따라 갔어야 하며 전함도 비워두지 말고 노꾼들 일부가 남아서 물길 따라. 배를 바닷물에 담가 놓았어야 했다.

그렇게 칠천량으로 돌아와서 정박하자. 비통한 원균의 처지와는 다르게 이순신의 옛 부하들이 신이 났는지? 원균의 실패 상황이 어떤 경노로 이순신을 통해서 권율 장군에게 전해져 권율의 호출을 받고 원균이 불려가서 볼기를 무지막지하게 맡고서 절뚝거리며 부대로 돌아와 배설을 비롯한 장수들에게 외곽 갯고랑에 경비를 철저하게 서라는 지시를 해놓고 울화를 참느라 술을 퍼 마신 뒤에 깊은 잠속으로 빠졌다.

원균의 패배 요인
1) 졸장 이순신 휘하로부터 무려 4년여를 한산도에서 술내기 활쏘기 놀이를 했던 병사들이 싸울 의지가 있었겠는가?

2) 이순신의 옛 부하들은 권율 휘하들과 지면이 있을 정도로 자주 내왕해서 권율 장군의 영내에서 백의종군 중인 이순신에게 정보를 제공

하면서 내통한 것은 분명한 것 같은데 이순신 또는 권율장군의 구체적인 첩보 활동 지시가 있었는지는 밝혀진바 없다.

3) 칠천량 해전 바로 전날 배설 장군을 포함하여 외곽 경비함정 50% 이상이 도망쳤다는 사실은 안위에 *해소실기(蘇實紀)*와 조경남의 난중잡록(亂中雜錄)에도 밝히고 있다.

이순신 밑에서 4년간을 놀고먹은 조선 수군들은 정신세계가 썩어서 도저히 쓸 수 없어 한 마디로 잡것들로 변모했던 것이다.

그들 외곽 경비대원들은 약 50여척 이상의 군사들이 지휘 장수 1명당 판옥선 10~20척씩 단위로 은밀히 빠져나가 한산도 본영으로 가서 포탄과 식량을 배가 가라앉지 않을 정도로 가득 싣고 한산도 기지를 폭파한 후에 경비병들과 함께 도망쳤다는 것이다.

그들은 각자의 연고가 있거나. 선호하는 섬에 숨어서 어부로 가장하여 살았으며 이순신과는 계속 내통하다가 훗날 명나라. 수군이 파병오자. 일거에 돌아와서 수군에 복귀하여 이순신과 합류했다.

도망친 배설장군이 이순신 일당에게 발각된 것은 서기1597년.02월.24일 이순신이 하옥되자. 갈 곳이 없어진 이순신의 개인몸종 "계생이"가 배설 장군의 전함 12척 중의 한 척에 승조원으로 탔다가 배설장군이 장흥군 회진면 회룡리 회룡포로 숨어들자. "계생이"가 배에서 도망쳐 경상남도 거제군 초계면 모여리 권율장군의 막사로 달려가 배설장군이 도망친 사실을 이순신에게 보고하여 알게 되었던 것이다.

해소실기海蘇實紀 조선 중기의 무신 김완(浣:1546~1607)의 시문집. 목판본. 3권 1책. 고려대학 중앙도서관 소장. 서기1918년 11대손 우상(羽祥)등이 간행. 장석영 (張錫英).유필영(柳必永)의 서문과 이매구(李邁久)의 발문이 있다.

내용은 시. "용사일록(龍蛇日錄)"서술 (敍述)·부록 등으로 구성되어 있다.

〈용사일록〉은 임진왜란 ·정유재란 당시 전투에 참여했던 저자의 일기인데, 병란으로 많은 부분이 유실되고 순찰사 장계에 기록되어있는 일부만이 수록되어 있다.

위 문헌과 관계없이 문경주 해석

이순신은 서기1597.01월까지 장장 4년여 간 전혀 해양 순찰을 돌지 않고 한산도의 운주당(運籌堂)의 수루에 앉아서 시나 쓰면서 병사들과 함께 완전 허송세월 했었다.

이순신은 참으로 영악하여 그 기간 동안 기지에서 활쏘기 놀이하는 것은 죄가 아니며 왜군과 명나라 군이 공식적으로 휴전했기 때문에 휴전을 최대로 즐기며 놀아나도 누가 뭐라고 할 사람이 아무도 없었기 때문에 이순신 밑에서 꼭, 철부지 소년들처럼 재미지게 활쏘기 놀이로 소일하며 순찰을 전혀 돌지 않아서 왜적들이 조선 농가들로부터 식량 탈취와 조선의 청장년들을 납치하는데 있어서는 이런 천국이 또 있을까? 싶었을 정도였을 것이다.

왜적들은 마음 것 해변 골짜기를 헤집고 다니며 식량 노략질과 조선 청장년들을 납치해도 악착같이 순찰 돌던 조선 수군의 원균 장군은 충청도로 쫓겨나고 새로 등극한 이순신 삼도통제사님은 명왜협약(明倭

協約)을 철저히 지키는지? 순찰을 아예 딱 끊고 운주당(運籌堂)에 앉자, 시문이나 읊조리고 있었으니 가히 문벌 의 운치가 드높았을 것이다.

그렇지만, 명.왜 휴전협정이란 것은 명나라와 일본 간의 휴전협약이며 명.왜는 아직 해전이 시작되지도 않았으므로 육군전투에 국한된 협약이었을 뿐만 아니라. 조선은 그 휴전협상에 참여도 못했으므로 발언권도 아무런 영향력도 없었다.

관련하여 조선군은 협상에 참여하지도 못했으니 노략질 중지를 요구하지도 못했으므로 당연히 일본 수군들의 조선 농가들 식량 노략질 문제는 의제에 오르지도 않았으므로 명나라군의 관심사도 아니었다.

따라서 왜적들은 여전히 식량 노략질을 활발하게 했지만. 매국노들의 영웅이신 이순신 어른께서는 순찰이고 검찰이고 팽개치고 한산도의 운주당(運籌堂)에 좌정하고 한산 섬 달 밝은 밤에 운주당 툇마루에 홀로 앉아서 어디서 일성호가 들리나 여수며 시문이나 쓰시고 계셨을 것이다.

*대체로 "시" 좋아하는 사람치고 부지런하거나, 용감한 사람 드물며 꼼수에 밝은 게으름뱅이들이 많다. 그렇게 한가로운 군대생활을 하다가 서기1597년 2월 24일 이순신이 체포 되고 새로 부임한 원균장군이 오자마자 이제 것 편하고 즐거웠던 군인생활 4년여의 천국이 완전 지옥으로 변했던 것이다.

새로 부임한 원균 삼도수군통제사는 눈만 뜨면 순찰 돌라하고 조선 민가 주변을 항해하는 왜적들을 보면 소탕작전을 감행하여 고달프기가 말이 아니었을 것이다.

빽없는 원균 밑에서 허구헛날 순찰 돌고 피터지게 싸워야 했었는데 대장이란 작자는 수시로 도원수에게 불려가 엉덩이에 곤장 맡고 절뚝거리며 기어들어와 술을 마시고 퍼질러 잠자는데 그 밑에 부하들이 제대로 전투할 의욕이 생길리가 만무했다.

불과 얼마 전까지 이순신 밑에서 막걸리 마시며 활쏘기 시합으로 천국 왕자님들 놀이처럼 편했던 군인들에게 원균이 3도수군통제사로 부임해 와서 일과처럼 권율에게 불려가 조인트 까이고 볼기맞아 걸음도 제대로 못 걸으며 술을 퍼마시고 잠속에 분노를 파묻는 그런 상관이 경계 잘 서고 순찰 열심히 돌라하면 18 song을 부르지 않을 놈들이 과연 있을 까?

33
원균의 칠천량 패배 원인

서기1597년 7월 16일 (양력 8월23일)원균의 뒤에는 아주 빠르게 움직이는 날렵한 왜선들이 1~3 척 정도가 따라다녔다.

그날도 멀리 갯고랑에 숨어서 원균의 함대를 지켜보고 있는데 초저녁이 되자. 외곽 경비함들이 하나 둘씩 갯고랑을 빠져나가고 있어서…저 것들이 포탄 보충하러 가나? 싶었는데 얼마 뒤에 또한 무리들이 야영 보초를 접고 빠져나가자. 왜군의 정찰선 하나를 본부 기지로 보내 조선군 동태의 이상 징후를 보고했다.

그렇게 밤 10시경까지 빠져나간 조선 수군은 외곽경비대가 거의전부 이탈했으며 그 배들은 다시 돌아오지는 않았다.

왜군들은 정찰대가 총동원되어 분명 무슨 이상 징후가 있는 것 같아 모종의 작전을 준비했다.

마침 빗방울이 점점 굵어져 제법 큰 비로 바뀌어도 이탈한 조선 전함들은 귀대 하지 않았으며 칠흑같이 어두운 밤으로 갈수록 비는 더 줄기차게 쏟아졌다

드디어 "간드레" 작전 하나가 발동 되었다.
"간드레" 작전이란? 카바이드(carbide)등불을 의미하는데 이 경우는 "카바이드"폭파를 지시한다.

잔뜩 긴장하여 조선 수군의 외곽 경비대가 비운 갯고랑으로 접근해도 보초병이 없었으며 밤11시경 헤드쿼터(headquarter)경비병들도 불이 꺼졌다.

왜군들은 자정에 전마선의 노(oar)에 아주까리기름을 붓고 놋좆(oar hinge)에서 삐걱 소리가 안 나도록 조심해 접근해야 했다.

서서히 다가가서 먼저 조선 수군 탄약선 안으로 침투했으며 안에는 예상대로 아예 인기척(숨소리)도 없었다.

그곳에 인화성 기름을 붓고 화물선 3척과 대장 경비선 모두 4척의 도화선을 연결하여 불을 붙인 다음 신속하게 빠져나왔다.

한 십여 분이 지나자. 탄약선 들이 폭발하면서 헤드쿼터(head Quarter) 전체가 박살나서 아우성이 터져 나올 때 세끼부네 20여척이 주위를 둘러싸고 불타는 조선 판옥선에서 조선 수군이 보이는 족족 조총으로 명중시켜 하나씩 바다 속으로 곤두 박쳤다. *이 상황은 칠천량 해전 기념관의 영상에도 "상영되고 있으며 누구라도 가볼 수가 있다가" 비가 억수로 퍼부어 초병들이 설마! 이렇게 비가 오는데 왜적들이 오겠느냐며 보초를 서지 않고 일찌감치 잠자리에 들어갔다는 배경설명이 나온다.*

엄밀히 따지면 원균의 패전은 이순신으로부터 잘못 길들여진 군졸들 탓이기도 하다

1) 이순신의 패당이었던 권율의 갑질(甲叱)로 원균을 미친개 잡듯 두드려 패는 썩은 정권의 군사 권력조직의 폭력 탓이다.

2) 이순신의 군사조직이 식량 노략질하는 왜적을 발견했다는 기록은 단, 한건도 없다.

3) 임진왜란 전투에서 18차까지는 전부 경상도 원균 장군의 관할에서 이루어 졌으며 전라도에서는 단. 한건도 없었다.

*가장 중요한 임진왜란 초기에 원균 장군이 이영남 장군을 이순신에게 보내어 2차에 걸쳐 경상도 파병을 요청했으나. 이순신의 대답은 "내가 맡은 구역은 전라도이다."였다.

조선은*제승방략*제도를 채택하고 있었으며 제승방략이란 인근에 병란이 일어나면 주변의 모든 병력이 출동하여 전란을 함께 제압하는 제도이었다.
부산에는 판옥선이 단. 한척도 없는 상태에서 경상도 우수사, 원균이 겨우 판옥선 3척으로 싸우고 있었다면 이순신은 무조건 부산으로 출동해야 하는 것이 제승방략제의 순기능이다.

만약 이순신이 제대로 된 군인이라면, 조정의 명령관계 없이 난리가 나면 무조건 이순신이 원균에게 자진 출병하여 부산의 침략자부터 막아야 하는 것이 제승방략 제도하의 군인 사명이다.

물론 서기2024년의 시점이라면 전화 무전 등등의 통신수단이 있으므로 명령 없이 임지를 이탈할 수 없지만. 서기1592년 당시는 한양과 통신하는데 아무리 빨라도 2주일은 걸려야 임금의 명령을 받을 수 있던 시대인데 침략을 당해 위급지경에 처한 나라에서 내가 맡은 구역이 전라도라며 출전하지 않은 이순신을 충신영웅이라는 대한민국의 국민들이 제정신입니까?

이순신이 원체 앞뒤 꽉 막힌 돌대가리의 석두(石頭)인간이라고 해도 이러한 위급 지경에 너의 구역 내 구역 찾으며 제자리 지킨 군인이 그냥 녹봉 축내는 밥버러지라면 몰라도 어떻게 충신 영웅입니까? 군대는 명령에 죽고 명령에 사는 조직의 유기적(有機的)단체로서 제승방략 자체가 명령이며 이 원칙이 정해졌다면 기계처럼 움직여야 되는 것입니다.

"제승방략"원칙이란, 조직의 군법체계이며 적이 나타나면 인근의 군진이 자동적으로 달라들어 개미떼처럼 필사의 응전을 해야 하는 것이다.

이와 관련하여 원균 장군은 이순신이 파병을 거부하자. 즉각 특송선을 띄워서 선조임금에게 제승방략대로 이순신을 경상도로 파병해달라는 요청서를 보냈다.

선조의 답변
1) "짐이 천리밖에 있어서 그곳 사정을 잘 모르니 이순신과 상의 하라 이었다."이는 아마도 유성룡이 이순신을 위험한 전투에 참가시키지 않으려는 꼼수로 그렇게 답변하라고 선조에게 조언했을 것이며 전투경험이 없는 선조임금은 좋다고 따랐을 것이다.

2) 원균은 두 가지 중에 하나를 선택해야했다.
(가) 부산을 지킬 판옥선 80척+대맹선 20척 =100여척을 지키려, 해도 원균의 전함3~4척으로는 도저히 불가능하여 곧 왜적들에게 조선의 부산 방어용 전략자산 100여척을 탈취 당할 위기였다.

(나) 왜적들이 조선 민가를 대상으로 식량을 노략질하는 강도행위가 날로 심해지는데 왜적들의 노략질과 조선의 청장년층 남.여들을 납치하는 행위를 막을 것이냐? 두 가지 문제로 고심했다.

결론은 차라리 조선의 전략자산 판옥선 100여척을 격침시키지 않으면 왜적들이 원균의 다급한 사정을 앎과 동시에 공격해 올 경우 조선 전략 자산을 고스란히 왜적들에게 탈취당할 것은 뻔~했다.

*만약에 선조임금이 어째서 이순신을 경상도로 파병 보내 줄 것을 원균이 요청하는지? 그 중차대하고도 급박한 사정을 알고도 이순신과 상의해서 처리하라고 했다면 그것은 임금도 개뿔도 아니다.

그러나 선조임금의 비답(批答)이 아니라. 틀림없이 유성룡의 농간일 것이다.

유성룡이 군권을 지렛대로 영의정을 계속해먹기 위해서 육군에 권율 수군에 이순신을 심어놓은 상태라서 원균이 조선의 전략자산인 부산 방어용 판옥선 100여척을 지키면서 왜적의 조선 양미들 식량 탈취를 막자면 조선 수군의 막강한 판옥선 26척씩이나 가진 이순신이 경상도로 파병 와야 된다는 원균의 연락관으로부터 급박한 하소연을 듣고도 만인지상의 유성룡은 이순신은 저의편이니...위험한 곳에 보내기 싫었을 것이다.

이순신 생각대로 하는 것이 부정직한 집단이기주의 보스(boss)로써 합당한 처결이라고 여겨 선조임금으로부터 그따위 답을 내리도록 역할을 했을 것으로 본다.

빽 줄의 배려가 그러하니 이순신은 출전하지 않았으며 원균은 할 수없이 조선의 전략자산을 포기하고 식량 노략질하는 왜적들이나 최선을 다해 막으려 했을 것이다.

결국 나중에 원균이 조선의 전략자산과 수군 기지를 모두 잃고 보트 나발(boat naval)로 떠돌이 처지가 된 후에 선조임금이 뒤늦게 이 상황을 알고 이순신을 포함한 조선 수군들 모두를 경상도로 총 출동 시켰으나. 그때는 이미 모든 게 늦었다.

독자여러분들의 생각은 이순신이 경상도에 와서 원균을 제쳐놓고 진짜로 용감하게 싸웠으리라고 생각되십니까?

내 생각은 전혀 그렇지 않을 것으로 짐작되며 내가 만약 선조 임금이었다면 유성룡 권율 이순신, 이들 세 놈은 반드시 목을 쳤어야 한다. 라고 여겨집니다.

정유재란 당시였던 1597년 (선조 30년) 7월 16일 새벽, 경상도 거제도와 칠천도 사이의 해협 '칠천량'에서 조선 수군이 일본군의 기습을 받자, 삼도수군통제사 원균이 막다른 해협으로 함대를 몰아넣어, 함대를 스스로 불사르고, 육지로 병력들을 내려 흩어지게 해 모두 학살당하게 한 패전. 후폭풍은 엄청났다.

**도깨비 요설에 문경주 반론)
원균의 편을 들으려는 것이 아니라. 거두절미 하고 이런 식으로 써놓으면 꼭 원균 장군이 고의로 조선 전함을 왜적들에게 내어 주거나. 불태우고 죽고 싶어 환장 병에 걸렸는지? 원균도 왜적에게 자살목적으로 죽었다는 내용과 같다.

그렇게 따진다면 한산도 군영도 막다른 골목이 아닌가? 아무리 개활지라 해도 도망치려 한다면 조선 판옥선보다 일본의 세끼부네 속력이 배가 빠르기 때문에 반드시 따라 잡힌다.

판옥선을 불태울 경우라면 노 꾼. 포수. 탄약 장전병사 등등 모두합해 150명이 승선 정원인데 그들 중에 10%만 부족해도 정상적으로 전투를 수행할 수 없으며 전투 불가이면 불사르는 것이 왜적에게 전함을 **빼앗**기는 것보다 낫지 않겠는가?

하지만 이순신 영웅 만드는 매국세력들은 과장 날조가 심하여, 그들의 선동내용을 꼼꼼하게 검토해보면 거짓이 훤~히 들어나는데도 세뇌당하는 사람들이 많다는 것은 국민들의 지식적 분별능력이 부족하여 자질적인 문제가 심각하다는 것이다.

도깨비들의 요설
서기 1597년1월12~14일 일본군의 부산 재상륙부터 정유재란으로 보기도 하나, 양측은 이전과 똑같이 대치 시위 및 소규모 국지전만 있었다.

하지만 7월 16일 해전으로 힘의 균형이 깨지면서부터 일본군이 움직이기 시작했다. 즉, 정유재란이 시작된 전투다. 조선군의 바다 방어선이 뚫림으로써, 전라도가 왜군에게 장악 당했다.

일본 수군도 바보는 아니어서 '왜 자꾸 조선 수군에 패하는지'를 분석해 반영했다. 판옥선은 세키부네보다 훨씬 크고, 화포. 총통 발사가 주력이며, 제자리에 선회가 되며, 장갑이 견고하다.

따라서 판옥선 1척당 세키부네 5척이 붙어서 화포와 총통을 무력화시키고 백병전을 벌여야 한다.

세키부네는 첨저선이고, 판옥선은 평저선이다.

왜선이 더 빠르므로 사정거리를 넓혀서 전투를 피하면 판옥선의 노꾼들을 지치게 할 수 있다.

대신 세키부네는 이동의 곡률반경이 커서 내해에서의 싸움은 불리하므로, 해상전은 피하고 외해에서의 해상전은 할 만하다.

조선 수군에 맞설 전력을 강화하기 위해 대형선박인 아다케부네 다수를 건조하였다.

아다케부네는 판옥선에 대항하기 위한 선박이었으며 히데요시는 조선(造船)전문가인 구키 요시타카에게 군선 설계를 맡기고 도쿠가와 이에야스를 비롯한 전국의 모든 다이묘들에게 기한을 정하여 함선건조 척수를 할당하여 군선을 만들게 하였다.

도깨비 요설: 문경주 해설

어린 아이들에게 탱자를 주어서 놀게 하면 다음에는 개부랄 보고도 탱자라며 그것을 따 달라고 떼를 쓴다는 말이 있다.

이순신을 영웅 만드는 작가 또는 이순신 영웅 신봉자들의 수준이 꼭 개 불알 보고 탱자라며 안 따 준다고 우는 어린 아기들 수준이다.

1) 일본의 "도꾸가와 이에아스"는 도요토미 와 라이발(rival)로서 도요토미도 도꾸가와를 꺾지 못해 사실상 맞수였다.

구체적으로 말하면 도요토미가 일본 천하통일 했다고 하나, 도요토미는 일본 서부지역을 관장하고 동부지역은 도꾸가와 가 관장하는 동맹관계이었으며 도꾸가와는 조선에 가병을 보내지 않았으며 다만 조선정벌을 위해 출병하는 일본군들에게 식량만 한 차례 지원했는데 이는 인사치례 정도였다..

뿐만 아니라, 1598년9월18일(음력 8월18일) 도요토미 히데요시가 죽으면서 즉시 조선에 침략나간 왜군들을 무조건 철수하여 자신의 외아들 9세의 왕권을 지키라는 명령을 했었으나, 도꾸가와 이에야스가 도요토미 왕궁을 포위하고 조선침략군을 불러들이라는 명령을 못 나가게 막아서 사실상 대리 통치하여 3개월 후에 조선 침략군을 철수하게 하여 우리 조선은 그 3개월 동안...

(1) 왜교성 전투 1598, 9월 20일~10월 7일까지 연2회...

(2) 노량해전 1598년 11월 19일 싸우다가 조선 수군 300명과 명나라 수군 500명 그리고 명나라의 "등자룡"장군, 조선의 이순신 장군 등이 사망했는데 아마도 죽은 사람들은 도요토미 히데요시가 3개월 전에 이미 죽은 줄도 모르고 싸웠을 것이다.

2) 일본의 도꾸가와 에게 도요토미가 "안택선"을 만들도록 지시했다는 주장은 터무니없는 도깨비 "씨"나락 까먹는 소리이다.

3) 안택선 아니라, 할아버지 선을 만들어도 함포가 없으면 무용지물이다.

위 내용들은 그야말로 소설적인 허무맹랑한 거짓말로서 일고의 가치도 없다. 일본은 해전 하러 온 군대가 아니고 육전에서 승부를 내려는 것이며 실제로 선박 없이 함경도까지 침공하여 종횡무진 한 일본군대이므로 육전에서 승부를 내려는 것이었다.

*아다케부네*를 만들어 봐야 재질이 틀리고 함포제조 기술과 탄약 등 몇 개월에 해결되는 문제가 아니었다.

우선 목재에서 조선 육송을 베어 그늘에 5년 정도 음건(陰乾)해서 송진을 굳혀야 함포의 후폭풍을 견디는 단단한 전함이 되는 것으로 알려졌다.

조선 전함의 위력은 함포와 더불어 당파 전술이 뛰어나게 강한데 이는 육송의 강도가 받쳐주기 때문이다.

따라서 일본군이 조선 수군을 작정하고 공격한 해전은 "절이포" 해전 단 한건 밖에 없다.

(1) 한산 해전(조선 전함이) 판옥선 2척으로 유인하여 왜적들이 말려든 전투에서 왜적들이 참패했으며 만약에 원균 장군 혼자 싸웠다면 싸운 줄도 모를 이유로서 원균은 전공 자랑하거나 일기를 써 놓아 후세에 자랑할 목적이 아니었기 때문이다.

(2) 명량해전도 이순신이 계획한 전투가 아니며 산도라는 자는 세끼부네 120척을 가지고 식량 노략질과 조선 청장년 전문 납치하는 해적단으로서 경상도에서부터 주로 강줄기를 타고 해적질을 하면서 낙동강 섬진강을 거쳐 영산강을 겨냥하고 오던 길에 이순신의 매복 작전에 걸려 명량 밑의 해남군 임하도 숨어있던 이순신의 위장 유인작전에 걸려 대패했던 것이다.

다만, 다른 것은 자신의 개인함선 120척에 일본의 해전 기록관 안택선과 그를 호위하는 10여척이 합세하여 130척 또는 133척이 되었던 것으로 여겨지며 그 내용을 알게 된 것은 경상도에서 납치되어 산도와 함께 일본까지 갔다가 명량해전과 전남 무안군 영산강을 주변을 약탈했던 "전풍상"이 조선 측에 귀순하여 밝혀진 사실이다.

*선조실록*에서 "전풍상" 포로의 명량해전 증언*
일본군의 피해상황은 일본군에 사로잡혔던 조선인 포로의 증언을 통해서도 나타난다. 〈선조실록〉에는 정유년에 일본군 포로가 되었다가 이듬해 탈출한 전풍상의 증언이 실려 있다.

이 증언에 의하면 "산도"라는 일본 무장의 부하장수인 우다능기의 종으로 따라다녔는데, "산도"는 정유년 6월에 전함(세끼부네) 120여척을 이끌고 부산에 상륙하여 칠천량해전과 남원 성 전투에도 참가하였고, 9월에는 휘하 전선들을 이끌고 명량대첩에 참가하였다.

*도깨비 요설*반박 문경주 해설
여기서 전풍상은 이순신 통제사(統制使)와 접전하여 왜적의 반이 죽거나 부상당했습니다."라고 말한다.

산도라는 무장의 부하 중 반인지, 전체 일본군의 반인지는 불확실하며. 산도의 배가 120척이라고 해도 이것이 전투선과 비전투선 모두 합친 수치일수도 있다.

문경주 해설
산도의 전함 120척에 도요토미 직속 전투 승률기록관이 탄 안택선 1척과 그를 호위하는 함선 13척을 더하여 133척인데 도깨비들은 이순신을 영웅으로 만들 목적에서 자꾸만 일본군들이 마치 이순신만 제거하면 전쟁에서 이기는 것처럼 터무니없는 거짓말을 꾸며대는데 이순신이 있어도 왜군들은 조선의 땅 끝 함경도까지 치고 다녔으며 이순신이 있어도 서해 동해를 마음 놓고 휘졌고 다녔다

도깨비 요설 이어가기

산도가 누구를 의미하는 것인지는 실록만으로는 정확히 알 수 없지만, 그가 명량대첩에서 죽지 않았고, 일본의 한 지방을 다스리는 영주였으며 120척의 선단을 이끌었다. 라고 전풍상이 증언하는 걸 보면 산도는 구루지마 미치후사나 그 휘하 장수와 동일인물이 아니라는 점은 확실해 보인다. 즉, 구루지마 이외의 영주들도 막대한 피해를 입었다는 사실이 확인되며, 일본의 실제 피해는 31척을 넘어가는 것이다.

강항의 〈간양록〉에도 칠천량 해전과 명량대첩을 모두 봤다는 조선인 포로의 증언이 나온다.

여기서 그 포로는 "(생략) 급기야 여러 왜장이 서해를 따라 서쪽으로 올라가 전라도우수영(全羅道右水營)에 당도하였는데, 이순신이 과선(戈船) 십여 척을 이끌고 힘껏 싸워 물리쳤다. 왜장 내도수(來島守)가 패전하여 죽고, 민부대부(民部大夫)는 바다에 떨어져 겨우 죽음을 면하고, 그 나머지 작은 장수도 죽은 사람이 여러 사람이었다."라고 말하였다. 강항은 정유년에 쳐들어 온 적장들의 명단에서도 진도까지 왔다가 배에서 죽은 자가 있다고 했으니, 그의 증언으로도 일본군의 피해는 구루지마 미치후사 휘하 병력 이외에도 상당히 컸음을 알 수 있다.

결국 일본군 피해 31척이라는 건 의도적인 축소로 보고이거나 격침을 확실하게 확인한 것만 31척이라는 의미이지, 전체 피해는 그 이상이었다고 보아야 한다. 완침은 면했다 하더라도 일본 선박들은 승선인원이 대거 몰살당하여 전투력은 상실한 경우가 많았을 것이다.

명량대첩 이후 조선 수군이 전력을 재건하는 동안 일본 수군은 조선 수군에게 도전할 엄두도 내지 못 했단 사실을 생각하여 보면, 명량대첩에서 일본이 엄청난 피해를 입었을 것이라는 추측이 충분히 가능하다.

도깨비 요설에 문경주 해설

위에 도깨비 요설 내용을 살펴보면 어떻게 하던지 왜적들을 많이 죽인 것으로 과장하기 위하여 기교를 부리고 있으나, 터무니없는 요설이다. 도깨비들이 아무리 용을 쓰면서 부풀려도 이순신 보다도 더 믿을 수 있을까?

이순신이 선조임금님께 분명하게 왜적 133척과 싸웠다고 썼으며 난중일기에도 그렇게 썼는데 무엇 때문에 이순신이 왜적의 숫자를 줄였을 것이라고 생각하며 자꾸만 부풀리려 하는가? 이들에게는 분명 목표가 있을 것이다.

1) 이순신이 비겁하고 형편없는 졸장임을 알기 때문일 것이다.

2) 이순신을 띄워서 국민들을 속여 영웅 충신으로 과장하여 자신들은 친일 매국노가 아님을 인정받으려는 꼼수로 짐작 된다;

3) 만약에 실제로 왜적을 많이 주살하고도 줄여서 전공보고서를 썼다면 .이순신이 겸손했을까? 멍청한 국민들 속이려는 것이다

도깨비 요설

  명량대첩은 이순신도 천운이었다고 말할 정도로 압도적으로 불리한 여건 속에서 이루었기에 더 값진 승리였다. 이런 엄청난 승리를 거둔 이순신은 싸우던 곳에 정박하고 싶었지만, 풍랑이 심하고 탄약 소모량도 많아서 어쩔 수 없이 북쪽 당사도로 진을 이동한다. 다음날에는 어외도로 진을 옮기는데, 3백 척의 피난선들이 먼저 와서 수군을 환영하였으며, 나주진사 임선 등이 찾아와서 승리를 치하하고 군사들에게 먹일 양식을 주었다. 명량대첩의 모습이 백성들에게는 매우 인상적으로 각인된 것이다.

  일본 수군은 조선 수군이 북쪽으로 이동한 틈을 타서 서해로 진입하는 데까지는 성공한다. 그러나 그것으로 일본이 얻은 것이 있다면 일본 유학에 큰 영향을 끼친 강항을 포로로 잡았다는 것 정도. 그것도 결과적으로 봤을 때 얘기이지, 전쟁에 있어서 얻은 건 아무것도 없었다.

  일본 수군은 끝내 전라도 해안을 벗어날 수는 없었고, 따라서 충청도의 육군에게 보급도 해줄 수 없었다. 더 이상 바다로부터의 보급을 기대할 수 없는 일본 육군에게 서서히 겨울까지 다가오고 있었다. 그 어느 누구도 임진년의 악몽을 되풀이하고 싶지 않았기에 결국 충청도까지 올라간 일본군은 다시 남하하여 남해안 일대의 왜성에 머문다.

  명량대첩은 단순히 소수로 다수의 적을 물리친 게 아니라 전쟁의 방향을 완전히 뒤집은 전투였다.

도깨비 매국노의 요설에 문경주 반론

우선 인본군의 충남 천안 철수는 명량해전이 있기 2주전이다.

국민들이 멍청하니 위와 같은 매국노들이 터무니없는 글을 마구 써대는 것이다. 임진왜란에서 왜적들은 함경도까지 쳐들어갔는데 그 때는 왜적들이 어떻게 보급했다는 것인가? 도대체가 매국노들의 논리를 보면 도저히 말이 안 되는 주장이지만, 대한민국의 멍청한 국민들은 아주 잘 속아주니 친일매국노들이 날 뛰는 것이다.

왜적들에게는 보급이 필요 없으며 조선을 도우러 온 것이 아니라, 침략자이기 때문에 조선인들을 가급적 많이 죽여 없애는 것이기 때문에 식량탈취와 납치가 우선이었다.

이순신은 명량해전이 끝나고 그 밤으로 도주하여 명량->당사도->홍농->위도->변산반도->고군산열도(군산,선유도)까지 6일만에 도착하여 10월2일까지, 약12일을 숨어 있다가 다시 돌아오기까지 17일을 더 소모하여 10월 29일까 약 45일간을 도망쳐 숨어 다녔다.

10월 29일 명량에 다시 가봤으나, 그곳에 살았던 사람들은 이순신과 함께 도망치면서 어린이와 노약자들이야, 아무리 왜놈들이라도 어쩌랴? 싶어서 도망칠 배가 모자라서 남겨두었는데 왜놈들이 들이닥쳐 모조리 학살하고 주민들이 살았던 가옥은 모조리 불태워 잿더미가 되었으며 노약자들의 시체는 썩어서 뼈만 남아있었는데 너무도 흉측하여 겁쟁이인 이순신은 곧바로 선단을 되돌려 명량을 황급하게 빠져나와 나왔다.

그렇게 몇 개월 후에 진도 내륙에 살았던 사람들이 왜놈들이 무서워 벌벌 떨면서 유골을 묻어줄 엄두도 못 내다가 왜적들이 잠잠해지자, 용기를 내어 명량으로 가서 230여 유골을 거두어 진도군 고군면 도평리, "오일시" 마을 앞산에 묻어서 방치해 왔었다.

그러다가 1961년 박정희가 쿠데타로 정권을 잡은 후에 이 처참한 학살에 대한 사연을 듣고 왜놈들의 학살로 표기하면 박정희도 친일파이기 때문에 꺼림직 해서인 듯 학살로 처리하지 않고 왜군에게 항거하다가 죽은 것으로 조작하여 기왕에 죽은 사람들이 일본 놈들하고 싸우다가 죽은 것으로 기리는 것이 좋다고 여겨서인지? 정유재란순절묘(丁酉再亂殉節墓)라고 친필 현판까지 써 주었다고 하나? 현재는 아래와 같은 인쇄체 현판으로 바뀌었다. 만약에 왜군에게 항거하다가 죽었다면 사적지로 만들었을 테지만, 명량해전은 이순신의 수군과의 전쟁이지! 육군 전쟁이 아니며 진도엔 육군이 상륙한 사실이 없으므로 일본 놈들이 잔인한 조선 양민 학살을 덮어주려고 친일파답게 박정희가 조작했다??

결론적으로 이순신은 조선의 바닷가 어민들 식량 탈취하는 왜적들도 막지 못한 게 아니라, 순찰을 돌지 않았으니 막으려 하지도 안했으며, 나중엔 전라도 해안가 사람들이 왜적의 습격을 피해 재물과 곡식을 있는 대로 싣고 목포근해 서해상으로 피난 오는 사람들을 이순신 휘하 부대가 막아서면서 해로 "통해첩(海路通海牒)"이란 글씨를 써서 강제로 큰 배는 쌀 3섬 중간 배는 2섬 작은 배는 1섬씩을 받고 통과시켰다.

따지고 보면 이순신을 자랑할 이유를 나는 찾지 못했다.

명량이 아니라 임하도에서 전투했다.(명량은 정박불가)

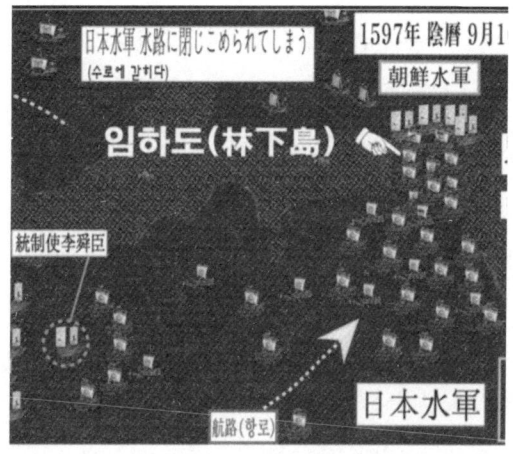

하지만 왜적들은 서해에도 진출하여 해상에서 납치학살 당한사람들이 "강항"선생을 비롯하여 부지기수(不知其數)이다.

이 당시에 납치당했다가 나중에 일본으로부터 풀려나 조선으로 돌아온 사람도 있지만, 외국으로 팔려간 사람들은 통계에 잡히지도 않는다.

거짓말을 해도 정도 껏 해야지요.

임금이 의주까지 쫓겨 가고 숫하게 학살당한 양민들이 부지기수(不知其數)인데 이순신이 나라를 지켰다는 게 말이 됩니까?

이것도 역사 교육이라고 시키고 후세들이 올바른 국가관을 갖으리라고 생각하십니까?

이순신 한사람 영웅 만들기 위해 마치 일본 수군이 해전하려고 조선에 온 것처럼 부각시켜 이순신 영웅타령으로 국민들을 속여먹고 있는 것이다.

이순신이 영웅이 되려면 애시 당초에 왜적이 쳐들어왔을 때 전함 26척을 부산으로 출동하여 이미 상륙한 제1진은 못 막았을지라도 2~7진까지는 막았어야 하는 것 아닙니까?

제2~7진을 막았다면 왜군 1진은 사기를 잃고 자진하여 철군하든가? 항복했을 겁니다.

이순신은 겨우 한다는 짓이 열심히 싸우고 있는 진짜 충신 원균 장군을 모함하여 전장에서 내쫓고 한산도로 6명의 가족들 데리고 들어가서 7명의 가족별장 생활처럼 즐기면서 운주당(運籌堂)을
지어 놓고 시문이나 읊은 사람이 나라를 구했습니까? 하하하
부산왜영 화재 전공 가로채려던 가증스런 이순신
*극우 친일파들의 사상을 바꾸지 못한다면 사회정의 구현도
민족통일도 불가하다*

34
부산 왜.영 방화 이순신의 공훈 조작 시도

문경주 해설

이순신이 서기1596년12월27일에 성첩(成貼)한 삼도수군통제사(三道水軍統制使) 이순신(李舜臣)의 장계는 아래와 같다.

거제 현령(巨濟懸令)안위(安衛) 및 군관 급제(及第) 김난서(金蘭瑞),군관 신명학(辛鳴鶴)등이 여러 차례 밀모(密謀)하여 은밀히 박의검(朴義儉)을 불러 함께 부산의 왜.영(倭.營)을 불태우기로 모의했습니다.

그 결과 박의검은 아주 기꺼워하여 김난서 등과 함께 죽음을 각오하며 굳은 맹세로 거사를 약속하였습니다.

서기 1596년12월12일 밤 김난서 등은 약속 한대로 시간이 되기를 기다리는데 마침 지정 무렵 서북풍이 크게 불어왔습니다.

바람결에다 불을 놓으니, 불길이 세차게 번져서 왜적의 부산 본영(本營) 가옥들 1천여 호와 화약이 쌓인 창고 2개와 군기(軍器)등 잡물들과 군 양곡 2만6천여 섬이 쌓여있는 곳집이 한꺼번에 불붙어 탔으며 왜선(倭船)20여척 역시 잇따라 불탔고, 왜인 24명이 불타 죽었습니다.

경상수영(慶尙水營)도훈도(都訓導) 김득(金得)공도 마침 부산에 머물러 있었는데 그 현장의 목격담도 있어서 소개 올리는 내용은 아래와 같습니다.

그날 밤 불타는 모습을 본 경위 설명은 12일 2경(更)에 부산의 왜적진영의 서북쪽에다가 불을 놓아 왜적의 가옥 1천여 호 및 군기(軍器)와

잡물·화포(火砲)·기구, 군량 곳집을 빠짐없이 잿더미로 만들었습니다.

 그러자, 왜적들이 서로 모여 울부짖기를 '본국(本國)의 지진(地震)때에도 집이 무너져 사망한 사람이 매우 많았는데. 이곳에 와서 또 화환(火患)을 만나서 이지경이 되었으니, 우리가 어디에서 죽을지를 모르겠다. 라며 울부짖었다 합니다.

 안위의 편
 거제현령 안위의 주장을 전적으로 믿을 수는 없지만. 또한 그럴 리가 전혀 없는 것도 아닙니다.

 안위·김난서· 신명학 등이 성심으로 노력하여 일을 성공시켰으니 매우 가상 하며, 앞으로 대처해야 할 기밀(機密)의 계획도 한, 두 가지가 아니니 특별히 논상(論賞)하여 장한 공적을 북돋게 격려 하옵소서.".선조실록 선조30년(1597년) 1월1일-

 (문경주 해설)
 위에 이순신의 장계가 허위라는 증거
 후추 공 김신국(서기1572~1657)선생의 반박 장계에서 이순신의 장계가 허위라는 사실을 밝히고 있다.

 이조 좌랑(吏曹佐郎) 김신국(金藎國)의 서계(書啓)는 아래와 같습니다.
 "지난 날 부산의 왜적 소굴을 불태운 사유를 3도 수군통제사 이순신이 장계 올렸다고 합니다.

 그러나 이미 이원익 대감이 장계한 대로 도체찰사(都體察使)이원익 대감께서 거느린 군관 정희현(鄭希玄)은 일찍이 조방장(助防將)으로 오랫동안 경상도 밀양(密陽)등지에 있었으므로 왜적진영에 드나드는 사람들 중에 정희현의 심복이 된 자가 많았습니다.

왜적의 진영을 몰래 불태운 일은 이원익 대감이 정희현에게 왜.영 방화를 밀명하여 이원익 대감이 전적으로 도모 했습니다.

정희현의 심복인 부산 수군(水軍) 허수석(許守石)은 신분을 속이고 왜군 진영을 마음대로 출입하는 자로서 그의 동생은 부산 왜.영 우측 성곽 밑에 살고 있었는데 그가 주선하여 방화를 성사시킬 수 있었습니다.

정희현이 몰래 밀양으로 가서 허수석과 모의하여 거사 기일을 약속하고 돌아와 이원익 대감에게 부산 왜.영 방화계획을 보고하였습니다.

거사 실행날짜를 기다리던 얼마간 후에 허수석이 부산의 왜영 으로부터 이원익 대감에게 급히 와서 불태운 곡절을 보고했는데 마침 이순신의 당보(黨報) 또한 뒤늦게 올라왔습니다.

이원익 대감은 허수석이 거사 실행한 것을 분명하게 알고 있었습니다.
이순신의 장계 요지

이순신의 부하 군관이 소속된 부사(副使)의 복물(卜物船)을 운반하는 일로 부산에 도착했었는데 마침 부산 왜군영이 불타 던 날이었습니다.

그가 돌아가 거제 현령에게 사실을 보고했으며 거제현령 안위는 이 거짓 공훈을 이순신에게 보고하여 자기들의 공으로 삼은 것일뿐! 이순신은 당초 이번일의 실상을 자세히 모르고 치계(馳啓)한 것으로 여겨집니다.

그 때문에 이원익 대감이 신에게 사실을 바르게 주상께 계달하도록 지시여 이 장계를 올립니다.

또한 이번거사를 비밀리에 의논한 것은 이미 이원익 대감의 장계에 소상히 적혀 있기 때문에 재차 서술하지 않습니다.

-선조실록 선조30년(1597년) 1월2일-

사실여부 관계
위에 첫 번째 장계는 이순신의 부하들이 임진왜란의 침략군 본영이 있는 부산의 기지를 불태웠다는 사건에 관한 것이다
서기1596년12월12일 방화 거사를 했다고 주장 하면서도 15일후인 12월27일야 전공 장계를 발송하여 4일 후인 서기1597년1월1일 조정에 접수 되었다

문경주 해설

이순신의 장계는 허위가 분명하다.
1.방화 후 15일(2주일)을 기다려서 야 장계를 쓸 이유는 없으며 그렇게나 큰 공을 세웠으면 바로 자랑하고 싶은 것이 인간의 보편적 심리이다.
2. 이순신의 장계에서 왜적의 가옥 1천 채. 화약 창고 2개. 군량 26.000석과 왜선 20척. 왜군 24명이 불타 죽었다는 것이다.

이 또한 거짓이란 증거다.
당시엔 언론이 있는 것도 아니며 군사 기밀에 속하는 왜군의 화재 손실 현황을 떠벌일 리도 만무하기 때문에 그렇게 소상 하게 알 수는

없었을 것이다

3.거제 현령 "안위" 부하가 왜.영에 침투하여 방화(放火)했다는 주장을 믿을 수 없지만. 절대 그럴 리가 없는 것도 아니어서. 장계를 올리니 공로를 치하 포상해 달라는 내용의 장계이었다.

*이 대목에서 결정적인 거짓으로 짐작 되는 이유가 이순신은 장계를 쓸 때 자신이 전공을 세웠다 라기 보다는 부하가 어찌 어찌 싸웠다. 라고 하여 이순신 스스로는 지휘를 잘한 장군으로 인정받는 교활한 성품이며 만에 하나 전공 조작이 탄로 나더라도 부하의 거짓 보고를 핑계 대려는 못된 흉계라고 생각된다.

더욱이 왜군들이 울부짖으며 일본에서도 지진이 나서 사람들이 많이 죽었는데 이곳까지 와서도 화재를 만나 죽게 되었다는 한탄을 했다는 대목이다.

울부짖으면서 넋두리 했다면 분명 일본 말로 지껄였을 텐데 조선인이 아무리 일본말을 잘 알아도 울부짖는 한탄까지도 알아 듣기는 거의 불가능할 것이다.

교활한 자들의 거짓 주장은 그럴듯하게 꾸미려 하지만, 자세히 살펴서 이해하면 그들 주장들 속에 거짓이 고스란히 담겨져 있다. 따라서 이 장계가 사실이 아니라고 판단된다면 이순신의 여타(餘他)장계가 얼마나 거짓인지? 유추할 수 있다.

*김신국은 이순신의 장계가 도착한 다음날인 서기1597년1월2일 반박 장계를 올렸다.

김신국 장계의 내용

이원익 대감의 장계가 이미 조정에 접수 되었는데도 불구하고 이순신이 또 달리 자신의 전공이라는 장계를 올린 것은 이순신이 부하의 말만 믿고 사실상 허위 장계를 올렸을 것이니 김신국이 자네가 왜영방화(倭營放火)사실을 임금께 소상히 계달하라는 이원익 대감의 지시에 의한 장계라는 것을 밝히고 있어 이순신이 거제 현령인 "안위"에 거짓말만 믿고 결과 적으로 허위 장계를 올렸다는 사실이 탄로나 이순신이 단죄 될 것을 우려하여 이순신을 구명하는 내용의 장계임을 설명 하고 있다

사실관계

이원익 대감은 자신의 부하가 왜영에 불을 질렀다는 사실이 알려질 경우 왜적들은 이원익 대감 부하들을 소탕 한다는 구실로 조선 양민들을 무참하게 도륙 할 것을 염려하여 이번 방화 작전 자체를 비밀에 부치기로 선조임금께 이미 보고를 올렸었다.

그러한 사실을 모르는 이순신은 왜영이 방화된 후 2주일이 지나도록 부산왜군 본부 화재 사건의 진상이 밝혀지지 않는데 따라 그 전공을 가로챌 욕심에 허위 장계를 썼던 것으로 여겨진다.

*결과적으로 선조임금은 이순신의 교활 함을 알고 있었으며 또 한 번 이순신의 교활함을 느끼게 되어 저런 놈을 살려 둘 경우 장차 무슨 짓을 저지를지? 모르겠다는 두려움에서 이순신을 죽이려했을 것은 충분히 유추 되는데도 이순신 영웅 논리에 세뇌당한 사람들은 선조임금은 이유 없이 이순신을 죽이려했다. 라는 주장에 매몰되었다.

서기1597년 2월 24일 이순신이 문초받은 사실적 죄명

1. 기망조정(欺罔朝廷) 조정 속인 죄
2. 무군지죄(無君之罪), 임금 무시 죄
3. 종적불토(縱賊不討).적을 쫓지 않은 죄
4. 부국지죄(負國之罪), 나라 배신한 죄
5. 탈인지공(奪人之功) 원균 전공갈취 죄
6. 함인어죄(陷人於罪), 원균을 모함한 죄
7. 무비종자(無非縱恣) 무기탄지죄(無忌憚 한없이 건방진 죄*

선조는 위와 같은 죄목으로 이순신을 죽이려 했으나. 유성룡과 그 일당인 이원익 대감의 만류로 이순신의 목을 베지 못하여 조선도 망가졌지만, 결과는 대한민국에까지 뿌리내린 이순신을 추앙하는 허황된 극우 잔당들에 의해 아직도 친일파 위협을 걱정 하고 있었다.

오늘날 세계의 10~20대 선진국이라는 대한민국 국민들은
일본-〉친일파-〉박정희-〉어용 소설가들의 서로 다른 복석으로
조작해 놓은 이순신 영웅 논을 사실로 믿고 있다.

정작! 부산 왜영 방화를 주도한 이원익 대감은 조선인이 불낸 사실을 왜적들이 알게 되면 조선 양민들이 보복적으로 학살당할 것을 염려하여 선조임금에게 만. 보고하고 비밀에 부치기로 했었다.

그런데 이순신은 백성이야 어찌되었건 저의 전공에만 눈이 어두워져 가증스런 허위 장계를 올린데 대하여 선조임금은 치를 떨었을 것이다.

이순신의 변명이 허위 사실인 이유

이순신의 주장대로 거제현령 안 위.말만 믿고 부산 왜영 방화사건 성공의 포상을 구하는 장계를 썼다면 "안위"는 처형을 당해야 마땅하며 이순신이 먼저 안위를 처단했을 것이다.

하지만 안위는 체포 구금도 없었으며 끝까지 살아남았을 뿐만 아니라. 이순신만. 사형언도를 받았다가 백의종군으로 감형되었으며 결국 이순신은 이 죄목들이 재론되면 극형을 당해야 된다는 사실을 알고 있기 때문에 노량 전투에서 전사를 가장하여 자살한 것으로 여겨진다.

일본과 친일파들 그리고 일부의 독립운동가들 까지도 가세하여 이순신을 영웅으로 과장 날조하여 대한민국 정권들에 이르기까지 이순신은 터무니없이 조작 되었다.

35
이순신의 영웅조작 배경

첫째

조정대신들 상당수를 장악한 유성룡이 권력을 유지할 흉계로 육군의 권율장군 수군의 이순신장군을 결속시켜 조선의 군권을 지렛대로 영의정을 종신토록 해먹으려는 욕심에서 조작 질에 길들여져 국정농단(國政壟斷)의 1차적인 원인이 있었다.

둘째

이순신의 조카 "이식"이 인조반정에 가담하여 쿠데타를 성사시키고 이를 정당화하기 위하여 선조 수정실록을 조작하면서. 이순신의 일기들 중에 불리 한 것은 빼면서 해석을 부풀려 영웅으로 변조시키는 방법으로 원균의 전공을 이순신의 진공으로 둔갑시키는데 성공했을 것으로 여겨진다.

그 근거로 이순신의 난중일기 중에 280여일분이 유실된 점을 의심한다.

셋째

임진왜란 종료 후 30여년 뒤인 서기1630년대에 일본에게 전해진 유성룡의 "징비록"을 통해 조선 조정의 벼슬아치들을 간신잡배로 비하하며 이순신과 유성룡 빼놓고 나머지 조선 백성들은 무지렁이 같은 조센징들이므로 대 일본제국이 하루빨리 조선을 정벌하여 조선 백성들을 일본 천황 폐하의 신민으로 삼아야 한다. 라고 강조했다.

넷째

서기1910년대부터 일본의 조선침략 후엔 이순신의 충신영웅논과 선조임금 이하. 조선의 지배계층을 세분하여 친일 분자와 반일분자로 갈라치기했다.

1) 조선의 왕족은 제1의 패악 당으로 몰았다.
2) 지조 있는 민족주의 지식인들을 간신배로 취급하여 말살 시키려 했다.
3) 변절하여 일본을 위해 충성하는 사람들은 참된. 조선인으로 우대하여 내선일체(內鮮一體)신지식 층으로 분류 지사(志士)대접을 하면서 각종 경제적 이권을 주었다.

한민족의 뿌리를 이간질시켜 일본에게 맞도록 조선민중들의 정신세계를 개조하려는 시도로 조선인들을 분류하여 일본의 유도에 따르지 않는 계층을 비하 모략 하면서도 친일에 앞장서는 약삭빠른 매국노들을 국민교육의 대표적인 교본이 되도록 가르쳤다.

이와 같은 기조는 서기1945년 해방 후까지도 일본의 가르침이 계속되어 친일 매국노들에게 계승되어 교육. 사법. 행정. 경제 구조 골격은 그대로 존속 되어져 서기 2024년 오늘에 까지 이르고 있다.

서기 1945년8월15일 해방 후 조선에 잔류한 일본인들 130여만 명 중에 절대 다수의 왜인들이 일본과 가까운 경상남북도에 거류 하여 신분세탁 후 대한민국 국민의 신분으로 살고 있다.

일본인들의 조선 귀화를 적극적으로 환영하며 지위를 보장해준 이승만 정권에 힘입어 터 잡아 살면서 일본인들이 도드라지게 환영 받지는 못했지만. 지역적 특성 때문에 경상도를 선호 할 수밖에 없었던 것 같다.

가,

일본과 가까운 부산은 일본인들의 잔류 1순위 정착지였다.

나,

대한민국 경제인들이 해외와 소통하는데 있어서 좀 유용한 통상무역 창구가 일본으로서. 부관(釜關)연락 루트로도 활용하는 것이었다.

관련하여 일본인들은 경제적으로 풍요 했으며 지식도 조선인들을 압도하여 찌질 한 처지를 아직은 벗어나지 못한 조선인들의 우상이 되어갔다.

따라서 일본인들로부터 경제. 문화 사교 모든 면에서 압도당해 결국은 귀화일본인(歸化倭人)의 헤게모니(hegemony)를 추종 할 수밖에 없게 되어 조선인들은 일본에 문화복속(文化服屬)동화작용으로 일본인들보다도 더욱 선라도를 미위하는 것이다.

전라도를 공격할 때 북괴의 지령을 받는 다는 등 5.18 당시에 광주시민 일부가 예비군 무기고를 탈취하여 대항했던 사건을 두고 격하게 호남을 매도한다.

이 부분을 잘 분석해보면 일본인의 굴종 문화(屈從文化)를 따르는 종속성이 있는 것 같다.

아마도 일본인들이라면 대세가 기울 때 그들은 할복자살(割腹自殺)을 택하거나 항복으로 머리를 조아린다.

한민족은 끝까지 항전하여 죽임을 당할지언정 비굴하게 항복하지 않고 원한을 갚는 민족이다.

그러나 왜인들의 사상과 피가 섞인 지역 정서는 자신의 가족이 도륙당하는 경우라도 자신만 살수 있다면 제 가족이 학살당하는 지경에도 항복하여 제 목숨을 구하려고 권력에 편드는 자들이 스스로 배를 갈라. 자살하는 자들보다도 많다,

하지만 순수 한(khan)민족의 혈통을 가진 호남인들은 저의들 가족이 도륙당하는 광주학살 현장을 보면서 무엇이던 할 수 있는 최선을 다 해보려는 기질이 있었던 것 같다.

아마도 전라도를 비난하는 사람들은 저들의 가족이 학살당하는 처참한 지경에 처하면 우선 항복하여 저 혼자라도 살려 하는 자들이 더 많을지도 모르겠다.
한(khan)민족은 1인 최후까지 항전한다.
그래서 광주시민들은 무기고라도 부숴 단. 한 놈의 적도들이라도 죽이고 최후를 맞으려했을 것이다.

그 증거로써 무기고를 탈취한 사람이 살아서 그것을 자랑하는 자가 있었느냐이다.
아마도 전원 사망했을 것이다.

*일본의 조선침략, 통치시대 한(khan)민족 중에 유일하게 일본천황을 향하여 진충보국멸사봉공(盡忠報國滅私奉公)혈서까지 썼던 진짜 빨갱이를 지지하는 자들이 전라도를 빨갱이라고 매도하는 사람들이며 그들은 자신들이 친일 매국노가 아니라면 그런 발상 자체가 나올 수 없다.

임진왜란 사 에서도 이순신 단독으로 지휘한 전투에서 승리한 전투는 단. 한건이다.

1) 19회 장문포 해전 무승부
2) 20회 명량해전: 왜선31척 격파 승리
3) 왜교성 전투 무승부
4) 노량해전 이순신 사망 패전 원균 이순신 합동작전 (원균 지휘권)

1) 옥포 해전 원균 지휘　　　승리
2) 합포해전　　　　"　　　승리
3) 적진포해전　　　"　　　승리
4) 사천포해전　　　"　　　승리
5) 당포 해전　　　"　　　승리
6) 당항포 해전　　　"　　　승리
7) 율포 해전　　　"　　　승리
8) 한산 대첩　　　"　　　승리
9) 안골포 해전　　　"　　　승리
10) 장림포 해전　　　"　　　승리
11) 화준구미해전　　"　　　승리
12) 다대포해전　　　"　　　승리
13) 서평포해전　　　"　　　승리
14) 절영도 해전　　　"　　　승리
15) 초량목 해전　　　"　　　승리
16) 부산포 해전　　　"　　　승리
17) 웅포 해전　　　"　　　승리
18) 2차 당항포　　　"　　　승리
19) 칠천량 해전　"원균사망" 대 패전

위에 자료에서 보는 바와 같이 원균장군의 전공을 가로채어 이순신의 승리로 삼아왔다.

호남을 배척하는 사람들은 대부분 귀화한 일본인들이 생각하는 대로 동의에 추종하는 것이며 그들이 가장 싫어하는 호남을 무작정 비하 모략하는 것이다.

결 론

일본의 국가경영 전략은 끊임없이 한민족을 호남과 영남으로 갈라치기로 이어져 이순신을 영웅의 축으로 조작해 대한민국을 장악한 친일파들에 의해 행정. 경찰권. 검찰권이 일본식민 통치가 답습되어지고 있으며 여.야 국회의원들이 일부분 야합하고 친일언론들로부터 세뇌당한 어용지식에 오염되어 천하의 사기꾼 이순신을 영웅으로 띄우며 마치 저들도 이순신 같은 애국자로 행세하고 있는 것이 2024년 오늘날까지 대한민국 국민들에 정서 수준이다.

일본은 또 다른 교묘한 흉계의 목적으로 이순신 영웅 조작에 의해 대한민국 국민들 90%이상이 자신들도 모르는 사이에 친일 매국노들이 되어가고 있다.

이글은 마지막 회를 끝으로 중단된 연재물 이지만. 똑똑한 독자들 약10%정도는 이해했을 것이며 어용학자와 친일매국노들로부터 속아온데 대해 분개하지만, 절대다수인 약 90%정도는 글을 읽고도 거짓인지? 사실인지? 구분 못할 것이다.

매국노들로부터 속아 살아온 대한민국의 불행의 씨앗이다.

유권자들에게 술통령과 김 사기정권에 관해 여론 조사를 실시한다면 30% 정도의 지지층으로 나올 것이다.

그렇지만, 선거를 하면 50% 이상으로 지지세가 불어나는데 이들은 하나같이 이순신이 만고의 영웅 충신이라고 굳게 믿는 사람들이며 그 비율은 일본인들을 대상으로 이순신이 어떤 사람이냐고 묻는다면 일본인들 99%쯤은 이순신은 충신 영웅을 뛰어넘어 가히 *신*이라고 대답할 것이다.

관련하여 일본인들이 박정희 이순신을 99% 지지한다면 노무현 김대중 문재인 이재명을 물었을 때 아마도 10~30% 지지자가 나올 것이다.

그러나 이순신이 영웅이라는 사람들은 죽을 때까지 그 이유를 모를 것이다.

36
이순신의 전공사기 옥포해전

원균 장군의 조선 전략자산인 판옥선 80여척 폭파

원균장군은 눈물을 머금고 부산을 지키던 판옥선 80여척을 폭파 격침시켰다.

비로소 선조임금은 원균이 조선 전략 자산인 부산 방어용 판옥선 80여척을 지키려다가 도저히 불가하여 원균이 폭파시켰다는 보고를 받고 뭔가가? 크게 잘못되고 있음을 알았다.

이와 관련하여 이순신은 조정으로부터도 안타깝다는 내용의 가벼운 문책을 받았다.

이순신은 원균이 그렇게 참전해달라고 애원해도 불응했던 지은 죄가 있어서 뭔가? 판세를 뒤집지 않는다면 선조임금의 노여움에서 벗어나기 어렵다는 심적 부담을 가졌던 것 같다.

경상도 우수영 수군진이 파괴된 것은 심히 서운한 일이었겠지요. 크게 우려합니다.

유성룡이 아무리 이순신을 아낀다 하더라도 경상도가 버티어 주어야만. 이순신도 안전하지! 경상도가 우수영이란. 군진을 잃고 완전 뚫렸으니 유성룡도 이순신을 마냥 보호해줄 수가 없게 되었다.

이제 왜적들이 곧바로 전라도에 온다면 과연 누가 막을 수 있을 것인가? 왜적들은 식량노략질을 계속할 텐데 아무리 돌대가리에 비겁한 이순신이라도 마냥 놀고 있을 수는 없었을 겁니다.

　그때쯤 조정에서도 경상도를 버릴 수 없으니. 이순신에게 경상도를 지키라는 명령이 떨어졌지만. 이순신은 전라도 우수영과 충청수영도 파병 와야지. 저 혼자는 못 간다. 라고 버티자. 정운 장군이 더는 못 참겠다는 투로 이순신 부대가 먼저 출격해야 한다, 라고 졸라서 이순신은 더 이상 버틸 수 없어 마지못해 경상도 출병을 수락했던 것 같습니다.

　*서기 1592년 5월2일 이순신은 정운 장군 성화에 못 이겨 마치 도살장에 끌려가는 소처럼 느릿느릿 여수항을 출발은 했는데 무슨 유람선도 아니고 이순신이 직접 노 꾼들을 관장하면서 섬이라고 생긴 곳은 전부 둘러보며 한가하게 뱃놀이하는 여행객처럼 경치 좋은 곳은 배를 세우고 무엇을 관람하는지? 한동안을 머무르며 무엇인가를 골똘히 생각하는 것이었다.

　정운 장군은 견디다가 짜증이 나서 이순신에게 항의했다.

　이 수사님! 지금 뭐하시는 겁니까? 경상도의 원균장군은 수영의 진지까지 잃고 보트피플(boat people)신세로 떠 도는데 우리는 지금 유람하시는 거요?

　이순신은 불쾌한 듯 반박했다.
　*증(정)장군!
　당신이 무엇이 간디... 나한 티 이래라 저래라 지랄한 대유~~
　내가 시방 둘러보는 것은 유~~슴(섬사이) 새루다가 왜적이 숨었나?

보능규~~만역으로다가 왜적들이 숨어 있다가 나두 웁는디
여수로 딜여 닥치먼유~우리 어머니는 워 쩔 규~~~
사람이 그러믄 못 쑤~유~~

정운 장군은 그제서 야 이순신의 속내를 알 것 같았다.
자기가 경상도를 지원하지 못한 것이 어쩌면 어머니가 걱정되어서 그런 것도 같았다.

그렇다면 이순신은 보기 드문 효자일까? 아니면 마마보이(mama boy)라는??? 정신연령 미숙자일까?

사실 40대의 직업군인이 70대 가까운 노모를 전쟁터에서 모시고 지내는 사람은 지구상에서 아마도 이순신이 유일할 것이다.

그것도 모실 자식이 없다면 모를까? 토지를 18만여 평이나 소유한 거부이면서 본가에는 며느리이며 이순신의 마누라가 이순신의 아들과 함께 살면서 농사를 짓 자면 그 땅에 노비와 일꾼들을 관리 하는 집사까지 많은 식구들을 거느려야 할 텐데...여하튼 보통의 상식으로는 이해불가의 가족들이었다.

거기다가 군영에서도 이순신의 아들 이회씨 형제와 조카 이분씨 형제
그리고 개인 몸종 "계생이" 이순신의 개인적인 가족이 무려 7명이나 함께 사는 이런 군인이 어디에 또 있으랴 싶었다.

그 때문인지는 단정할 수 없지만 전쟁터를 극도로 기피하며 나라보다는 가족을 우선시하는 이순신이 전쟁 중인 경상도를 오가는 것을 끔찍하게 기피했었다.

하루면 도달할 거리를 무려 3일씩이나 지체하면서 늑장을 부려 드디어 5월6일 거제도에 도착했다.

원균은 이영남 장군으로부터 이순신이 도착했다는 보고를 받자,.의아한 감정이 들었다.

다급할 때는 그렇게 사정해도 오지 않았던 이순신이 기지도 파괴되고 전략자산도 없이 모두 망가진 경상도 우수영에 나타난 이순신에 대한 감정은 원망과 반가움이 교차했으나. 일단은 정처 없이 바다를 떠 도는 불안정한 처지에 있는 터라 반가움이 더했던 것이다.

앙금보다는 동질적 전우애가 앞서서 착잡한 감정과 다르게 다음날인 5월7일 아침 일찍이 노 꾼 병사들에게 어서 나아가자라는 명령을 내려 이순신 함대로 향했다.

이 수사 반 갑 소이다.
나는 기지도 군사 탄약 무기도 조선의 전략 장비도 모두 다 잃고 목숨만 살아남았소이다.
이순신...
얘기는 들었 슈~~아무리 그래 두 그렇치~유~~장수가 무기를 버리면 쓴 대유~원균은 기분이 묘했다.

아무리 생각해도 다급히 지원 와 달라고 통~사정해도 오지 않았던 이순신이 이제 와서 할 이야기는 아닌 것 같았으나. 여하튼 수군 장비를 자침 시키고 자결이라도 해야 했으나. 구차하게 살아남아 이순신으로부터 이런 비아 냥인지? 안타까움 인지? 분간 못할 수모를 당해도 패배한 것은 엄연한 사실이니 감내해야할 숙명이라 체념했다.

그렇게 잠시 이야기를 나누는데 첩보용 전마선(傳馬船)13호가 쌍 노를 바삐 저어 미끄럼 타듯 바람처럼 다가오고 있었다.

장군님!

옥포만으로 왜적50척이 들어갔습니다.

원균은 어부들을 통신 요원으로 지명해 사비를 지원. 노(oar)를 한 개씩 더 장착 해주고 어부들의 통신 연맹체 역할을 조직적으로 운영했던 것이다.

그들은 실제로 어부 이지만. 작은 거룻배에 쌍 노를 달아 속력이 세끼부네 보다 더 빨랐다.

일단은 적 선박들이 나타나면 무조건 도망쳐야 살 수 있었으며 왜적들에게 잡히면 배도 빼앗기고 납치당해 끌려가 행방불명되는 것을 알기에 원균을 적극 도와주는 충성스런 첩보 조직인 셈이었다.

원균 장군은 든든했다.

오늘은 전라 좌수영의 판옥선 26척 중에 3척은 전라 좌수영을 지키고 23척이나. 경상도에 왔으므로 저것(왜선)들 50척은 깜도 안 된다는 생각으로 이순신에게 말했다.

이 수사! 오늘은 가까운 옥포만으로 노략질 왜적선단 50척이 왔답니다.

저것들이 오늘 같은 날은 2~3백 척 왔어야. 한바탕 때려 부술 터인데...

이순신은 간담이 서늘했을 것이다.

자신의 전함은 23척뿐이며 원균의 전함이라야. 겨우 4척만 보이는데 뭘? 믿고 몇 백 척이 아니라서, 식상하다는 투로 허풍 떠는 원균을 식상하다는 듯 깔보며 속으로는 이렇게 경망한 놈이니 비워둔 조선의 전략자산 80여척과 수영 군진을 스스로 파괴했구나 싶어 이런 놈을 경쟁 라이벌(rival)로 여겼다는 자체가 쑥스러웠다

*원 수사!
무슨 묘책이라도 있소? 50척이면 적지 않은 왜선인 것 같은데 그렇게 큰소리칩니까?
웃을 일이 아니라, 죽느냐 사느냐의 살육전을 앞에 두고 너스레 떠는 저런 거푸집 같은 자와 함께 덤벙대다가는 개죽음 당하기 십상이라고 여겨져서 이순신은 속이 뒤틀렸을 것이다.

* 이 수사!
어서 출동을 서두릅시다.*
원균은 거두절미하고 자리에서 벌떡 일어나. 자신의 전함으로 돌아가 북을 쳐서 군사들에게 출동을 알려 함포 옆에 화약과 철편탄(鐵片彈). 곱돌. 등등을 준비케 하면서 깃발로 출정을 알리며 지휘대에 올라섰다.

이순신은 난생처음 수군 실전에 참가하는 터라. 입안의 침이 마르고 다리도 허둥거리는데다가. 괜히 가슴이 두근거려 숨까지 차서 헐떡거리게 가빠왔을 것이다.

원균 함대는 벌써 저만치 가고 있었으며 이순신 함대도 서둘러 원균 함대의 뒤를 따라가면서 살펴보니 옥포만이 상당히 넓어보였으며 조선 전함 27척과 협선10여척이 늘어서 전단을 이루자. 든든한 느낌도 조금

씩 생겨 좀 안정감이 돌아왔다.

드디어 "옥포만"에 들어서 얼마쯤 항해하자. 저~안쪽으로 왜적선 들이 빼곡하게 정박되어 있는 꼴이 마치 가난뱅이들 집단 마을의 판자촌락 같은 그림처럼 보였다.

선두를 이끌던 원균의 전함이 항해를 멈추고 이순신의 대장선으로 다가와 이순신과 마주섰다.
원균
이 수사님 당신의 전함이 많으니 선봉장으로 나아가 왜적을 치시지요! 이순신은 원균의 제안을 듣는 순간! 숨이 멎을 것 같았을 것이다.

속생각으로 그러면 그렇지? 네놈이 좀 전에 출발하면서는 왜적의 숫자가 몇 백 척은 되어야 하는데 너무 적다며 큰소리치기에 무슨 뾰족한 재주라도 있나? 싶었더니. 나를 믿고 허풍을 떨었다는 생각이 들어서 물렁하게 보였다가는 여기서 개죽음 당할지도 모른다. 싶어서 강하게 호통을 쳤다.
이순신
*원수사! 무슨 경망스런 망발 이래 유~?
나는 파견군이구먼~ 유~ 원수사는 이 지역 사령관 아닌 개비유~~당연히 원수사가 앞장서 싸워야 지유~ 나는 뒤에서 보조하면 되는 지원군이란 말이~유~~

이순신은 그 말을 하면서도 오금이 저려오는 것 같았다.
그 짧은 순간에도 겨드랑이에 땀이 젖어드는지? 손으로 겨드랑이를 만지면서 반론을 이어가고 있었다.

여수 군영에 두고 온 어머니를 손자 "이회"가 잘 모시고는 있을까?
염려하며 왜적이 쳐들어올 하등의 가능성도 없어 안전하기는 하지만. 요새형(要塞型) 판옥선 3척을 남겨주며 어머님을 단단히 챙겨 모시라 일러두고 왔을지라도 걱정되었던 것 같다.

한 편 원균은 이순신에게 전함이 많은 이 수사가 선봉에 서달라는 인사치레를 했다가 호되게 당하고 머쓱해져서 씩~웃으며 말했다.

*하하하 그렇지요. 내가 이 지역 사령관이니. 당연히 선봉에 서야지요. 나는 4월14일부터 매일같이 왜적들이 조선 농가 식량 탈취와 젊은 남녀들을 납치 하려는 왜적들을 싸그리~조져 부시면서도 늘 상 아쉬운게 판옥선의 속력이 느려서 도망치는 왜적을 잡을 수가 없다는 것이었어요. 하하~
오늘은 이수사가 왔으니. 도망치는 놈들 모조리 박살내어 주시오.
이 수사는 옥포만 저~가운데 정박하고 있다가 왜적들이
도망 나오는 방향으로 함포를 쏴시 져것들을 수장시켜 주시요

이렇게 당부하고 원균 함대가 옥포만으로 노 저어가자. 싱겁게 도 왜적선 24척이 떼 지어 도망치고 있었다.

왜적들은 그동안에 원균으로부터 많이 당해봐서 박치기와 함포 공격을 받으면 세끼부네가 박살난다는 사실을 알기 때문에 일단 도망치는 것이 상책임을 알아 차렸던 것이다.

원균은 도망치는 왜선들을 이순신이 어떻게 잡을까? 뒤 돌아보는데 옥포만 한가운데를 가로막으라고 단단히 일러두고 원균은 정박된 왜선들을 공격하러 왔건만...옥포만의 한가운데로 왜군들이 도주할 곳에 방

어선을 치고 있어야할 이순신의 함대가 아예 보이지 않았다.

나중에 알았지만. 겁쟁이였던 이순신은 원균의 지시를 따르지 않고 옥포만의 여분대기 골자기 안으로 숨어 있다가 저~건너편으로 왜적들이 도망치자. 사정거리 밖 5~10배가 넘는 빈 바다에 함포를 쏘고 있어 그야말로 헛 대포 질을 하고 있었던 것이다.

원균은 이 상황을 보면서 기가 막혔다.

저런 겁쟁이니 그 토록 경상도에 와서 조선의 전략 자산을 지키자며 이영남 장군을 두 차례나 보내어 사정했지만, 끝내 거절한 까닭을 알 것 같았다.

그렇다면 이순신은 왜적들이 도주하는 사정거리 밖에서 함포를 쏜 이유는 과연 무엇이었을까?

1) 전쟁에 참여했다는 의무로 쐈을 것이다.

2) 왜적이 도주하다가 자신에게 공격해올까 봐, 나도 함포 있다는 사실을 알려주어 공격을 포기케 하여 저 혼자 무사하려는 비굴한자의 잔꾀…?

3) 이순신 함대가 갯고랑으로 숨은 까닭은 혹시라도 왜적이 자신들의 존재를 알고 공격해오면 산으로 도망치려고 등등의 비굴한 이유가 있었을 것 같았다.

원균은 빈 배로 정박된 왜선 26척에 함포를 한발씩 차례로 먹여 못쓰게 만든 후에야 이순신 함대의 척후선이 골짜기를 나와 살펴보더니 정박되었던 왜적선 들이 차례로 부서지는 것을 확인하고서야 안전하다고 생각되었는지? 갯고랑으로부터 삐죽삐죽 나와 원균함대 쪽으로 조심스러운 듯 서서히 접근해오고 있었다.

원균 함대의 대원들이 부서진 왜선들을 수색하고 있을 때 마을로 식량 탈취하러갔던 왜적들이 몰려오다가 이미 배가 박살난 상황을 멀리서 바라보고 서 있었다.

순간! 원균의 군사들은 아연 긴장했으나, 그간! 여러 차례 경험한대로 왜선들로부터 노획한 조총으로 공포를 쏘아대자, 체념한 듯 되돌아서. 산으로 도망쳤다.

원균의 군대가 긴장했던 것은 왜적들이 육박전으로 공격해 온다면 조선 수군의 조총 사격이나. 칼싸움 정도의 실력으로는 도저히 대적할 수가 없다는 것을 알고 있어 판옥선으로 되돌아와 함포로 대응해야 하는데 왜놈들도 저들이 조선 수군을 공격해봐야 그들이 세끼부네에 두고 갔던 조총과 실탄이 많아서 승부를 확신할 수 없는데다가 저~뒤편으로 정체모를(이순신의)판옥선이 무시무시하게 서 있어 도저히 승산이 없다고 판단한 것 같았다.

원균장군과 군사들은 이 상황을 경험으로 터득해서 짐작 하지만. 이순신 함대의 승조원들은 전혀 이해할 수 없었을 것이니...다가오다가 왜적 떼가 몰려오자. 전진을 멈추고 도망칠 듯 관망하더니 왜적들이 산으로 기어오른 뒤에도 바싹 오지는 못하고 원균의 병사들이 마음 놓고 왜선들을 수색하여 왜적들이 소지하던 조총과 짚 거적으로 쌓여있던 탄약을 꺼내어 이순신장군 수병들에게 보라는 듯 흔들자. 이순신함대의 수병들도 간간히 손을 흔들어 주면서 판옥 너머로 고개를 내밀고 흥미진진한 것인지? 이 상황들을 공짜영화 보듯 구경하고 있었다.

왜적의 대장선을 수색하고 있을 때였다.

병사들이 갑판위로 올라와 조그마한 금병풍(folding screen)을 끄집어내어 흔들면서 금병풍도 있다. 라며 큰소리치자 찬란한 금병풍이 햇빛에 반사되어 눈부시게 빛이 반짝거렸다.

오늘따라 원균의 부하들이 유난히 호들갑을 떠는 이유는 이순신의 함대가 처음 참가하여 잔뜩 굳어있는 긴장감을 풀어주려는 목적과 우리들은 그간에 여러 차례 이런 기쁨을 경험했다는 전투 승리자로서의 자랑이었던 것이다.

사실! 금병풍을 노획한 것은 임진왜란 시작 이래 처음이었으며 그 뒤로는 그런 귀중품이 없었다.

옥포만의 일본 수군 전황 채점선"아다캐 부네"에서 노획한 보물들은 흔한 것이 아니라. 임진. 정유재란을 통 털어 처음이자. 마지막이었다.

**임진왜란에서의 대장선이라 함은 *안택선*으로서 지휘자가 타는 배가 아니며 전투에서 누가 얼마나 잘 싸우느냐를 점수 먹여 조선으로부터 노획한 토지 또는 재화의 가치를 평가하여 종전 후에 각각 호족들에게 전리품 보상할 자료용 기록으로 활용할 심판관의 채점표인 것이다.

멍청한 매국노 잔당들은 자꾸만 대장선이라며 아다케 부네는 무시무시한 전투력을 가진 전함이라며 사기 치는데 호화판 선박임은 맞지만 전투선이나, 지휘관은 아닐지라도 왜군들에게는 최고의 권위를 가지는 도요토미 히데요시의 특무 감찰로 인식 되어 그저 바라만 봐도 저들 스스로가 더욱 열심히 싸우는 감시 카메라의 무작위 지휘봉과도 같은 제도적 시스템인 것이었다.

하여튼 그렇게 전투를 끝내고 돌아와 각자의 전함을 정돈하여 숙영을 준비했다.

옥포 해전을 끝내고 원균의 함대처럼 이순신 함대도 바다에 정박한 채로 밤을 지내게 되었다.

원균은 생각다 못해 좀 떨어져 야영하기로 한 이순신에게 인사치례를 해야겠다는 생각으로 부관에게 협선(協船)을 대어 달라고 지시했다.

그렇게 이순신의 야영 함선을 찾아가서 덕담을 건넸다.

*이 수사 당신이 와 주어서 오늘은 아주 든든한 마음으로 왜적들을 쫓았습니다.

이 수사! 정말 고맙소이다.

그런데 말이요. 나는 그간 몇 차례를 싸웠는지? 알 수 없을 정도로 왜적들이 나티니면 출동하여 함포 탄알도 아까워서 들이박는 돌격작전으로 왜선들을 부셨어요. 하하하

왜선 저것들은 전함도 아니요
꼭. 나룻배 같은 것들이라 슬~적 밀기만 해도 아주 박살이 나요.

나는 이제 것 장계를 단, 한 번도 안 썼어요.
저까짓 도적선 몇 척 부신 것을 전공이라며 보고 하기가 얼굴 간 지러 워서 말이요.

하지만 오늘은 이 수사가 오셨으니. 입장이 달라서 전공 보고서를 써야 할까요?

이순신은 잠시 눈을 깜박이고 있다가 말했다.

원 수사!

왜놈들의 목을 하나도 베지 못했는디~유~ 무엇이라구. 장계를 쓴단 말이유~? 나중에 왜놈들을 몇 놈 베어 수급을 징표로 삼아 장계를 쓰지유~~.

원 균

하하~ 역시 이 수사이십니다

암! 그렇지요. 빈 배 몇 척 때려 부수었다고 장계를 쓸 수야 없지요 하하하

*그렇게 인사치레를 마치고 원균이 막~일어서려는 찰라 에 이순신이 말을 꺼냈다.

원 수사! 아까 보닝께~유~그 안택선 에서 조총하고 무슨 금병풍이 나왔다며 군졸들이 떠들던 디~유~ 그거 나에게 좀 보여줄 수 있슈~유~?

내가 그런 것에 관심이 쬐끔 있어서 유~...

*원 수사는 호탕하게 웃으며 대답했다 하하하 그럽시다.

그거야 뭐! 내 것도 아니고 언젠가. 주상님께 올려드릴 전리품, 인데요 하하하

부관에게 내 배를 따라오라고 하세요.

원균은 돌아와 낮에 왜선에서 탈취한 금병풍과 부채 그리고 조총 몇 자루를 이순신 부관에게 넘겨주었다.

그 후로 한동안 이순신을 데리고 다니며 합동작전으로 식량을 탈취하려는 왜적들을 소탕 했었다.

항상 작전 나갈 때마다 이순신은 무게를 잡는 듯 뒤로 빠졌다.

식량탈취 왜선 탐지는 쌍 노를 장착하여 기둥을 세우고 그물을 걸어두어 고기잡이배처럼 위장했으나. 기실은 빠른 쾌속선을 왜적 탐지 전용선으로 띄워 늘 순찰을 돌다가 왜적들의 노략질 선을 발견하면 즉시 원균에게 보고되어 출동해서 신나게 격파했다.

이순신은 꼭. 게으른 선비 같아서 전투엔 도움이 안 되었지만, 뒤에 23척의 판옥선이 버티고 있으니 겁날게 없어서 부하들과 전투 활동이 척척 맞아서 놀이 하듯 마구 적선을 때려 부수며 다녔다.

그렇게 근 한 달여 가까이 되던 1592년 6월2일날 *당포*에 왜적들이 식량노략질 중이라는 첩보를 받고 원균. 이순신의 함대가 함께 출동했다.

항상 하던 대로 왜적들을 사정없이 때려 부수어 21척을 작살내고, 나머지 왜적들은 도주했다.

왜적들은 조선의 판옥선보다 속도가 배정도 빨라서 절대로 추적은 불가하며 아무리 대세가 불리해도 조선 수군이 도망친다면 100% 왜적들에게 따라잡힌다.

관련하여 이순신이던 원균이던 살아있다는 자체로 전투에서 100% 이겼다는 반증이며 이순신이 경상도로 오기 전에 원균은 전함 4척으로 24일을 살아남았다는 사실로 모두 승리했다는 증거이며 속력 차이로 절대 숨거나 도망칠 수가 없다.

조선의 판옥선과 일본의 세끼부네는 비교대상이 안 된다.

이러한 전함을 가지고도 왜적을 이기지 못한다면 그야말로 군인이 되어서는 안 될 사람들이다.

임진왜란 발발 서기 1592년 4월 13일 일본이 부산 앞바다에 쳐들어 와서 다음날부터 육군은 한나절 만에 부산진과 동래성 전투를 승리로 끝내고 수군 역시 동래성에는 해자(垓字)가 있어서 보조 지원했으며 그 다음날부터는 일본 수군이 부여받은 임무대로 500척의 세키부네가 바로 조선 농가의 식량 탈취와 조선의 남부 해변의 청장년 남녀들을 납치하여 장차 조선에서 징집하거나 의병에 갈 군적자원을 고갈시킬 목적으로 납치 살인을 계속했다.

당시에 세계 최강의 조선 전함 판옥선 10척만 가지면 아무리 많은 왜적의 세키부네가 공격해 와도 끄떡없다.

관련하여 원규장군은 판옥선 4척으로 24일간을 왜적과 싸워서 이겼으니 살아남았으며 도망친다면 속도가 조선 판옥선보다 배로 빠른 세끼부네에게 바로 따라잡힌다.

우리나라 매국노들 앞잡이인 어용학자들은 온갖 요설로 조선의 판옥선은 개뿔도 아닌데 이순신이 영웅이라서 싸워서 이겼단다.

또한 원균은 도망만 다니다가 있는 점함 80여척도 자침시켰다며 모략하는데 저렇게 거대한 판옥선이 도망가면 속도가 배로 빠른 왜적선 세끼부네에게 금방 따라붙어 지렁이를 잡아먹는 개미떼 꼴이 되지 않겠는가? 어용학자들이야 친일, 매국, 돈벌이, 등등 목적이 있으니 사기 치겠지만, 속아 넘어가는 국민이란 작자들은 뭐냐이다.

원균이 조선의 전략자산 판옥선 80여척을 자침시킨 것은 왜적선 500척이 원균의 기지로 쳐들어와서 절반 정도는 빠른 속도로 원균의 판옥선 4척을 둘러싸며 빙글빙글 회전하면서 일부의 세끼부네가 판옥선에 달라붙어 판벽을 기어오른다면 왜적들의 조총과 현란한 칼 놀림을 당할 수가 없기 때문에 조선의 판옥선을 빼앗기는 것은 필연적이었다.

당시의 함포라는 것은 방아쇠를 당기면 포탄이 날아가는 것이 아니라. 화약과 곱돌 자갈을 섞어서 총신에 쑤셔 넣고 화약심지에 불붙여 타들어가 총신속의 화약이 터져야 발사되는 것이다.

그런 식의 포탄을 장전하는 사이에 왜적의 세끼부네는 빠른 속도로 판옥선 주위를 빙~빙~ 돌면 조선 수군은 포탄을 어느 방향으로 쏠지를 모르는 구시대의 함포였으므로 함포 보다는 판옥선에 달라붙었거나, 접근해 오는 왜적들을 공격하기 위해 평저선이라서 회전력이 탁월한 판옥선을 돌려서 박치기로 왜적 세끼부네를 박살내는 싸움인데 보통 10대일 정도도 벅차지만, 100여대 이상이 몰려와 일부는 판옥선 주위를 돌고 일부는 정박 중인 조선의 전략자산인 판옥선 80~100여척을 탈취하면 끝장이기 때문에 이순신에게 침략당한 경상도에 제승방략대로 참전해 줄 것을 그렇게 요청했지만, 짐승의 사고방식으로 사는 인간인지?

이순신은 끝내 나타나지 않다가 전략자산을 자침시키고 그 사실을 선조임금에게 보고한 후에야 왕명으로 나타난 사실상의 역적이나 다름없는 이순신을 충신이며 영웅이라는 이 나라 국민들이 과연 나라를 보존할 지적 능력이 있는 사람들입니까? 이순신의 죄상을 똑 바로 알았던 분은 선조임금 하나뿐이지만, 이순신 형의 친구인 유성룡 영의정에

농간으로 조선은 망국지변을 당했는데도 유성룡, 이순신이 영웅이라는 것이다. 하하하

본론

당포해전 승리 후 전열을 가다듬던 중에 어디선가 어선으로 가장하고 순시하는 선전관이 타고 다니는 배가 다가왔다.

때마침 해전에서 승리한 끝에 선전관이 와 주어서 기쁘기도 했었는데 별안간 이순신을 불러 세우더니 주상이 계신 북쪽을 향해 예를 갖추라고 하더니만. *정헌대부* 사령장을 주면서 옥포해전에서의 혁혁한 공을 세워주어 주상께서 특별히 포상한다면서 이순신을 칭찬했다.

다음으로 원균을 불러 옥포해전에서 이순신을 도와 공을 세우도록 보좌한 공로를 인정하여 "가선대부"로 승차한다는 것이었다.

그다음으로 이순신의 부관 권준을 불러 옥포해전에서 왜적선 26척을 때려 부수었다며 특상을 주고 그밖에 모르는 병사들을 여러 군졸들에게도 포상을 했다.

그런데 상을 받은 장병들은 모조리 이순신의 부하들이었으며 원균의 부하들은 한 놈도 포상을 못 받았다.

도대체 이게 어찌된 일인가?

나중에 알아본 즉. 옥포해전 후 원균이 인사치레 차 이순신을 찾아가서 장계를 쓸까? 말까? 상의할 때는 이순신이 빈 배 때려 부수었다는 장계를 어떻게 쓰냐며 면박을 주고 이순신이 금병풍 금부채를 보여 달라기에 자랑삼아 주었는데 이순신은 그것들을 받아서 바로 장계를 써서 원균 모르게 선조임금께 특송선(特送船)을 띄워 보냈으며 선조임

금은 그 승전장계와 금병풍 금부채를 받아들고 임진왜란, 시작부터 이제까지 계속 패전 소식만 듣다가 처음으로 승전보고(勝戰報告)를 받고 눈물을 흘리며 앞으로 이순신에게 이 나라의 운명을 맡겨보자며 울었다는 것이다.

이어서 재상들 모두다 울었으며 아무리 나라가 이 지경이지만 충신영웅 이순신에게 그냥 말수 없다며 장관급인 "정헌대부"로 승차시키고 이순신의 장계에 의하면 원균은 전함수가 적어 왜적을 보자마자, 부들부들 떨면서. 산모퉁이 갯물웅덩이에 숨어 있어서 이순신의 부하 권준이 앞장서서 왜적들을 작살냈다는 그 대목이 있었음에도 불구하고 원균은 겨우 전함 4척으로 왜적을 막아 버티느라 얼마나 고초가 많았겠느냐며 전공은 없지만. 원균에게도 차관급인 가선대부로 포상했다는 것이다.

아!!!
통탄하도다.
이 나라의 썩은 무리 매국노들아!
그래도 이순신이 영웅이며 원균이 졸장이더냐?

사실은 이 내용은 매국노들도 알고...이순신에 대하여 관심 있는 지식인들은 모두 다 아는 내용이며 만에 하나 모르는 사람이 있다면 그분은 진짜로 순수한 무지렁이 백성으로 차라리 없는 게 낳을 사람들로서 이 나라 대한민국의 불쌍한 국민들이다.

37
이순신의 전공사기 시작

이때부터 이순신이 사기 장계로 원균이 도망쳐 이순신 혼자 싸웠다는 내용으로 전공을 사기 치기 시작하여 원균도 빠짐없이 장계를 썼지만, 훗날 역사를 조작 하면서 원균의 장계는 빼 버리고 이순신의 장계만 올곧게 보관해서 오늘날까지 이순신이 전투했고 원균은 도망만 다녔다. 라고 이순신을 영웅으로 만드는 것이다.

이순신은 상당히 비급하고 한 마디로 재수 없는 사기꾼이며, 첫 전투부터 사기 장계로 전공을 가로채기 시작했다.

임진왜란이 시작된 서기 1592년 4월 14일부터 본격적인 전투가 벌어졌기 때문에 늦어도 1주일 후부터는 무조건 참전해야 하는 게 제승방략 제도에 부응할 이순신을 비롯한 모든 조선군에 의무이며 군인의 도리이고 백성 된 책무이다.

그럼에도 불구하고 원균 장군이 이순신을 부산으로 파병해달라는 장계를 받은 선조임금의 답변에서 경상도가 급하다는데 짐이 천리밖에 있어서 그곳 사정을 잘 모르니 원균과 상의하여 도와주라는 권고가 있었음에도 불구하고 23일간을 버티다가 왕명을 받고 마지못해 출전해서 전공을 사기 치는 그런 놈이 충신이며 영웅이라는 사람들은 이 나라의 주인일수가 없다고 여겨진다.

사실은 이순신을 영웅 만들기 위한 친일 매국노들의 정권이 조선역사의 중요 자료들을 없애버렸는지? 아예 기록이 없는 것들이 많지만, 경국대전을 포함하여 관련 자료들을 찾다가 보면 간간히 토막 자료가 나오는 것을 꿰어 맞춰 상식에 대입해보면 친일매국노들에 이순신 영웅화 작업을 얼마나 정교하게 조직적으로 조작했다는 것을 유추할 수가 있다.

맺음말

*이순신은 죽었지만, 그의 전공사기 기술은 432년이 지나갔는데도 서기 2024년까지 계승되어 수많은 사람들의 우상으로 전래되고 있습니다.

*호남차별의 교과서처럼 계승되어진 왕건의 훈요 8조 또한 서기1910년 이후 일본 사람들이 만지작거리며 꺼내들어 100여 년간 우려먹다가 이제 겨우 삭으러들고 있으나, 아직도 친일세력들이 함부로 뱉어내는 말 폭력에 무식한 사람들은 움찔 놀라기도 한다.

따라서 나는 틈틈이 노력하여 일본의 악행을 지우려고 잘못 해석된 역사 연구에 매달려 하나하나를 풀어왔으며 1천 여 만원을 들여서 "목포배로 코리아에 간 호남청년들"이란 책을 써서 책의 가격표시를 하지 않고 무료로 배포해 봤으나. 내가 만날 수 있는 사람들의 한계가 있어서 배포가 쉽지 않았다.

그래서 생각해낸 것이 출판 유통비용이 들더라도 관심 있는 분들이 보셔야 역사왜곡 억제에 도움이 될 것 같아 무료가 아닌 이유로 판매하기로 했습니다.

그렇다고 많은 사람들이 보기야 하겠습니까?

수요가 있다면 더 찍어서 유통업체에 비치할 생각이니 관심 있으신 애국자들만 읽어보시기바랍니다.

욕심 같아서는 매국세력들도 봤으면 좋겠지만, 그들에겐 독약 같은 느낌일 테니, 관심 갖지 말고 애국자들만 보셔서 매국노들을 가려내는 식견을 넓히시면 대단히 고맙겠습니다.

저자 문 경 주 올림

서기 2024년 겨울
사단법인 487호
통일코리아 지도자회 이사장 문 경 주

저/자/약/력

문경주

저서) 도적놈도 성공하면 존경받는다.
　　　운명 너 까불지 마라
　　　단군이 영어했다.
　　　잃어버린 100년
　　　호남 황해인 들이 개국한 코리아
　　　목포배로 코리아에 간 호남청년들

코리아의 가짜 영웅들
(Deportation Lie Heros of Korea)

발 행 일　2024년 10월 30일
발 행 인　문 경 주
편　 집　문 경 주
발 행 처　UF코리아 문예
주　 소　전남 무안군 무안로 434 보아스 블루
팩　 스　061-245-2285
E—mail　kzu2200kr@naver.com
등록번호　제495-2020-000002호
ISBN　979-11-971900-5-6-303000

값 10,000원
잘못된 책은 구입처에서 바꾸어 드립니다

저/자/약/력

문경주

저서) 도적놈도 성공하면 존경받는다.
　　　운명 너 까불지 마라
　　　단군이 영어했다.
　　　잃어버린 100년
　　　호남 황해인 들이 개국한 코리아
　　　목포배로 코리아에 간 호남청년들

코리아의 가짜 영웅들
(Deportation Lie Heros of Korea)

발 행 일	2024년 10 월 30 일
발 행 인	문 경 주
편　　집	문 경 주
발 행 처	UF코리아 문예
주　　소	전남 무안군 무안로 434 보아스 블루
팩　　스	061-245-2285
E—mail	kzu2200kr@naver.com
등록번호	제495-2020-000002호
I S B N	979-11-971900-5-6-303000

값 10,000원

잘못된 책은 구입처에서 바꾸어 드립니다